上海开放大学学术专著出版基金资助

JIAOYU XIANDAIHUA SHIYUXIA
SHEQU JIAOYU GONGJI YANJIU

教育现代化视域下社区教育供给研究

丁海珍·著

复旦大学出版社

目录

第一章 绪论 …… 1
  第一节 中国式教育现代化的时代要求 …… 2
  第二节 社区教育供给侧改革的发展诉求 …… 3
  第三节 人民群众丰富且多元的现实需求 …… 4
  第四节 社区教育供给研究的理论追求 …… 6

第二章 社区教育供给现代化发展的理论基础 …… 7
  第一节 教育现代化发展的相关理论 …… 8
    一、我国教育现代化的内涵 …… 8
    二、我国教育现代化的历史演进 …… 12
    三、我国教育现代化的时代指向 …… 16
  第二节 公共产品理论与社区教育准公共产品属性分析 …… 19
    一、公共经济学的理论框架 …… 19
    二、公共产品理论的核心观点 …… 21
    三、社区教育准公共产品属性分析 …… 23
  第三节 新公共服务理论与社区教育公共服务属性分析 …… 25
    一、新公共服务理论的理论框架 …… 25
    二、新公共服务理论的核心观点 …… 26
    三、社区教育公共服务属性分析与供给选择 …… 28
  第四节 社区教育供给性质分析 …… 30
    一、社区教育公共服务或公共产品性质 …… 30
    二、社区教育供给的现代化性质 …… 34
  第五节 社区教育供给与教育现代化的关系框架 …… 37
    一、教育现代化与社区教育供给的理论解构 …… 37

二、社区教育供给现代化发展的逻辑框架 …………………………… 40

第三章 基于政策文本分析的社区教育供给现代化的发展指向 ………… 44
　第一节　设计与分析 …………………………………………………… 45
　　一、文本选择 ………………………………………………………… 45
　　二、研究方法与工具 ………………………………………………… 52
　　三、研究结果及分析 ………………………………………………… 52
　第二节　我国社区教育供给的历史演变 ……………………………… 59
　　一、社会力量共同参与的社区教育供给起步阶段(1986—1999 年)
　　　　…………………………………………………………………… 60
　　二、以规模扩张为主的社区教育规范供给阶段(2000—2015 年)
　　　　…………………………………………………………………… 60
　　三、以内涵提升为主的社区教育多元供给阶段(2016 年至今) …… 61
　第三节　不同阶段社区教育供给政策演变的逻辑 …………………… 62
　　一、现代化理念:供给服务对象从青少年拓展到各年龄、各类型的
　　　　人群再到社区治理 ……………………………………………… 62
　　二、现代化治理:供给主体从民间力量供给到政府主导供给再到
　　　　多元供给 ………………………………………………………… 63
　　三、现代化内容:社区教育供给能力从规模扩大的外延式供给到
　　　　完善体制的内涵式供给发展 …………………………………… 64
　第四节　教育现代化视域下社区教育供给发展的未来展望 ………… 65
　　一、以坚持人民立场为根本的基本社区教育供给政策话语 ……… 66
　　二、以高质量发展为目标的社区教育供给政策价值取向 ………… 66
　　三、以多元化治理为核心的社区教育供给政策执行环境 ………… 67

第四章 基于实证分析的社区教育供给现状研究 ……………………… 68
　第一节　社区教育供给主体视角的实证研究 ………………………… 69
　　一、社区教育供给主体的样本情况分析 …………………………… 69
　　二、社区教育供给的政策日益完善但执行不足 …………………… 71
　　三、社区教育供给主体日益多元但协同不畅 ……………………… 74
　　四、社区教育供给内容丰富但精度不够 …………………………… 80
　　五、社区教育信息化稳步发展但智能化不足 ……………………… 82

  六、社区教育供给模式的深度不强 85
  七、社区教育供给保障有力但系统性不强 88
 第二节 学习者满意度视角的实证研究 96
  一、社区教育宣传工作还不足 98
  二、社区教育参与度有待提升 102
  三、个体需求仍以休闲娱乐为主 104
  四、社区教育课程仍以老年群体为主 106
  五、社区教育品牌建设不够 109
  六、社区教育参与形式多样性不足 110
  七、社区教育数字化学习资源尚不充分 111
 第三节 社区教育评价视角的分析研究 114
  一、社区教育的督导体系不够完善 114
  二、社区教育供给评价主体较为局限 118
  三、社区教育供给评价未成体系 119
  四、社区教育监测结果运用深度不足 121

第五章 教育现代化视域下社区教育供给面临的困境及原因分析 125
 第一节 我国社区教育供给面临的困境 126
  一、主体困境：多元主体协同供给能力不足 126
  二、结构困境：社区教育供需匹配失衡 127
  三、方式困境：多样化供给的积极性不足 128
  四、质量困境：社区教育供给水平亟待提升 129
 第二节 我国社区教育供给现代化发展困境的原因分析 131
  一、理念滞后：社会对社区教育供给价值认知不足 132
  二、制度缺位：社区教育供给缺乏有力保障 134
  三、机制缺陷：社区教育协同供给效能不佳 135

第六章 社区教育供给机制的国际经验分析与借鉴 138
 第一节 北欧民众教育供给的经验与启示 139
  一、基本经验 139
  二、主要启示：强调自主、自助、自治 143
 第二节 日本社会教育供给的经验与启示 144

一、基本经验 ………………………………………………………… 145
　　二、主要启示：强调立法保障和法制化 …………………………… 147
第三节　美国社区教育供给的经验与启示 ……………………………… 149
　　一、基本经验 ………………………………………………………… 150
　　二、主要启示：强调针对不同人群构建供给完善的体系 ………… 153

第七章　教育现代化视域下完善社区教育供给的对策 ……………… 155
第一节　供给模式：基于政府主导的多元主体协同供给 ……………… 155
　　一、重视政府在社区教育供给中的引导和协调作用 ……………… 156
　　二、发挥市场在社区教育供给中的重要推动力量 ………………… 157
　　三、拓展社会组织在社区教育供给中的空间 ……………………… 158
　　四、唤醒社区居民参与社区教育供给的意识 ……………………… 159
第二节　供给结构：基于高效治理的社区教育精准供给 ……………… 161
　　一、供给主体结构优化：增强社区教育供给协同化的内生动力 … 161
　　二、供给内容结构优化：提升社区教育供给现代化的能级水平
　　　　 ………………………………………………………………………… 164
　　三、供给形式结构优化：推进社区教育供给现代化的数字治理
　　　　 ………………………………………………………………………… 167
第三节　供给质量：基于体制重塑的社区教育供给保障 ……………… 170
　　一、以法规质：加快社区教育立法保障与顶层设计 ……………… 171
　　二、以量促质：形成以政府为主导、来源广泛的社区教育经费保障
　　　　 ………………………………………………………………………… 173
　　三、以督保质：建立基于公众导向的社区教育供给评价机制 …… 175

参考文献 ………………………………………………………………… 181

附录 ……………………………………………………………………… 192
　附录一　社区教育供给服务满意度调查问卷 …………………………… 192
　附录二　社区教育发展基本情况调查 …………………………………… 199
　附录三　访谈提纲 ………………………………………………………… 208

第一章

绪　论

　　我国社区教育自20世纪80年代起步以来,在发展规模、制度建设、管理体制运行、办学机构实体化发展、教学方式与模式创新、智能化发展、教师专业化等方面取得了很多成绩,特别是进入新时代社区教育在党和国家政策的引领下,在服务学习型大国建设、服务全民终身学习教育体系构建上发挥了特有的作用和价值。中共中央、国务院2019年2月发布的《中国教育现代化2035》为社区教育在新时代的发展提供了行动纲领,面对人民群众对高质量的社区教育的需求,社区教育要置于中国特色社会主义制度框架和教育现代化发展大局内,在教育现代化理念的引领下破解当前供给中存在的困境与桎梏,提高社区教育公共服务的供给效率和供给能力,寻找增加社区教育资源供给的有效路径,将社区教育供给服务推向更高水平,为社区教育供给政策完善和社区教育实践深入提供丰富的研究参考。

　　党的二十大提出的"推进教育数字化,建设全民终身学习的学习型社会、学习型大国"战略,对深入推进新时代教育改革发展提出了新要求。笔者长期从事社区教育实践探索,多年的社区教育基层实践经验使我对社区教育有更深的理解和体会,深知当前社区教育发展仍然处于瓶颈期,源于实践中的困惑和对理论发展的探寻,形成了对教育现代化视角下社区教育供给的思考,以期在厘清当前社区教育供给存在困境的基础上,寻求发展和完善社区教育供给的建议。当前,社区教育需要不断回应中国式教育现代化的时代要求、人民群众丰富且多元的现实需求、社区教育面向现代化的发展需求以及基于实践探索基础上的理论研究的研究追求,以不断铸牢学习型大国建设的终身学习基础,有效提升优质社区教育资源供给能力和办学水平,为居民提供智能灵活、普惠共享、公平可及的终身学习支持服务。

第一节 中国式教育现代化的时代要求

2019年2月,中共中央、国务院印发了《中国教育现代化2035》,明确提出"建成服务全民终身学习的现代教育体系""大力推进教育理念、体系、制度、内容、方法、治理现代化,着力提高教育质量,促进教育公平,优化教育结构"。2022年10月,党的二十大报告提出,我国要"以中国式现代化全面推进中华民族伟大复兴","高质量发展是全面建设社会主义现代化国家的首要任务",这就形成了关于中国式教育现代化的理论探讨和实践探索。中国式教育现代化是立足中国传统文化,以平等均衡、共同富裕为目标,实现中国教育走在世界前列的一种动态发展过程,[①]也对当前社区教育的发展提出了更高的要求。社区教育需要更公平、更优质、多元主体共同参与来回应时代和人民的需求,其中的关键因素就是社区教育的供给能力。

我国社区教育起步于20世纪80年代初期,是在国内终身教育理念传播以及借鉴国外社区教育发展经验,结合我国本土特点逐渐发展起来的,经历了从20世纪80年代起步、90年代摸索,到21世纪前十年社区教育实验试点、第二个十年广泛发展四个主要阶段,在提升居民精神文化素养、促进终身学习理念传播以及维护社区和谐稳定等方面取得了重大进展。进入新时期,党的十九大报告提出,优先发展教育事业,加快教育现代化,办好人民满意的教育;办好继续教育,加快建设学习型社会,大力提高国民素质。在教育现代化发展要求的引领下,"十四五"规划期间,我国教育事业的发展重心发生了重要变化,具体体现在从终身教育体系的构建向服务全民终身学习的教育体系构建的转向,表现

---

① 季诚钧,莫晓兰,朱亦翾,等.中国式教育现代化:内涵、问题与路径[J].浙江社会科学,2023,No.322(06):90—97+159.DOI:10.14167/j.zjss.2023.06.012.

为从外部的终身教育体制机制的建设与完善,开始转向内部终身学习需求的满足与质量提升、资源的利用与整合以及终身学习机会的创造与提供等精准化的个性服务。[①] 社区教育是终身教育的基本组成部分,在经历四十多年的发展之后,它也从理念传播、规模扩张、硬件布局阶段,发展到了以提高质量、提升内涵为核心的新时代。这在发展理念和思路上,就需要实现从需求侧改革到供给侧结构性改革的转变,即由注重规模和数量的发展转向注重结构、注重质量、注重效益、注重创新。面对当前人民群众越来越丰富且多元的学习需求,社区教育面临的资源供给不充分、不平衡的问题已经无法适应新时代下社区教育的发展要求,因此,社区教育现代化发展不可避免地从规模扩张转向质量提高,要从基础建设转向能级提升,要从行政驱动转向创新驱动,在教育现代化理念的引领下推进社区教育供给变革,以推进社区教育现代化发展。

✦ 第二节 ✦
社区教育供给侧改革的发展诉求

2015 年 11 月 10 日,习近平总书记在中央财经领导小组第 11 次会议上首次提及供给侧结构性改革,旨在提高我国经济增长的后劲,强化以"质量-效率"为导向的供给侧结构。2017 年 10 月,党的十九大报告中,更是将"深化供给侧结构性改革"作为实现经济高质量发展的关键。2022 年 10 月,党的二十大报告提出,"把实施扩大内需战略同深化供给侧结构性改革有机结合起来"。社区教育作为一种准公共物品和公共服务,在建设公共服务型政府过程中发挥着重要作用,同样亟待开展供给侧结构性改革。自改革开放以来,我国社区教育事业的发展成效显著,社会对社区教育的投入越来越多,其覆盖面也越来越广。然而,当前我国社区教育的实际供给已无法满足人们对高端、多样化、个性化和自主性的需求。2014 年,一项由教育部社区教育研究培训中心开展的调查报告显示,总体来看全国社区教育实验区、示范区和有一定社区教育工作基础地区的学习者对社区教育的总体满意度为 79 分,社区教育期望值高达 83.18%,而教

[①] 吴遵民.服务全民终身学习教育体系构建的若干思考——基于服务与融合的视角[J].中国远程教育,2020,41(07):16—22+68.

育机会、教育过程和教育评价三个维度的期望值分别为77.63%、77.9%和77.19%。① 进入新时代，随着社会经济的发展，社区居民对高水平、高质量的精神文化生活的需求愈加旺盛，社区教育的发展也呈现出多元化、复杂化的特征，在职人群、老年人群、青少年、外来务工人员等的学习需求也愈加丰富，面临这些复杂的需求与社区教育供给不平衡、不充分的发展之间的矛盾。特别是老龄化趋势愈加明显，根据2020年第七次全国人口普查数据，中国60岁及以上的人口总数达到26 402万人，占总人口的18.70%。进一步细分，65岁及以上的人口占到总人口的13.50%。80岁及以上人口占总人口的比重为2.54%，比2010年提高了0.98个百分点；占60岁及以上老年人口的比重为13.56%，比2010年上升了1.74个百分点。与此相对应，老年教育、社区教育等老年精神文化需求也将伴随人口老龄化而增长，并呈现出结构效应。总体来看，随着终身学习理念的深入和社区教育实践活动的广泛开展，越来越多的社区居民参与社区教育，然而，当前我国社区教育不管是从发展规模上还是从发展质量上来看，都与时代变革、社会发展、教育改革的需要以及人们对未来的美好期望之间存在距离。社区教育作为服务全民终身学习的教育体系的重要组成部分，必然需要突破传统供给模式，在结构、要素、质量等方面实现创新发展，不断提升社区教育的供给能力和供给质量。

✦ 第三节 ✦
人民群众丰富且多元的现实需求

随着四十多年来国家和政府对社区教育工作的重视和推进，社区教育已经逐渐形成了东部沿海地区广泛开展、中西部地区逐步推进，社区教育参与率和满意度逐步提升的发展态势。然而，面对现代社会的转型和教育现代化的推进，社区教育存在的诸多问题开始显现，离我国要实现"广泛开展城乡社区教育"的目标还存在一定的距离，还不能适应全面建成小康社会特别是学习型社会建设的要求，严重阻碍社区教育高质量、高品质发展。长期以来，我国社区教

---

① 张少刚.方兴未艾的全民终身学习：2014年社区教育满意度调查报告[M].北京：中央广播电视大学出版社，2015：29.

育供给一直处于粗放式发展的困境中,存在着供给资源配置不均衡、供给内容同质化等问题,迫切需要对社区教育的治理结构进行优化,以实现对社区教育的精准供给。① 2016年6月,《教育部等九部门关于进一步推进社区教育发展的意见》中提出,我国社区教育仍然处于发展的初级阶段,存在着"制度体系还不健全,各地发展很不平衡,社区教育工作者的专业化水平也不高,民间力量参与社区教育的程度不高"等现象。同时,东西部社区教育发展不平衡,以社区教育示范区和实验区为例,从教育部公布的全国各省社区教育示范区实验区的统计数据中可以看出,全国有30个省(自治区、区辖市)设立了社区教育示范和实验区,全国2850个县(市、区)中,截至2016年8月,社区教育实验区、示范区有273个,其中,上海市和北京市的覆盖率为100%,为全国之首;其次是处于东部地区的天津市、江苏省、浙江省等地,而西部的甘肃、贵州、云南、内蒙古自治区等省份的社区教育示范区和实验区占比在3%以下。可以看出,社区教育在东部沿海地区呈现出繁荣发展的态势,但是在中西部地区发展还十分缓慢,也体现出社区教育供给的区域不平衡。在社区教育师资队伍供给上,目前社区教育师资队伍尽管已经初步形成了专职教师、兼职教师、志愿者等包括在内的梯队模式,但在培养途径、职称系列和岗位编制等方面还未形成较为完备的专业化发展体系。在社区教育的供给与需求框架中,当前以政府为主导提供的社区教育资源和服务与人民群众的教育期待或者教育需求在数量、结构和质量上都存在着不匹配的现象,呈现出严重的供求关系矛盾。《中国教育现代化2035》中明确提出,要"扩大社区教育资源供给,加快发展城乡社区老年教育,推动各类学习型组织建设。"若要促进社区教育在教育现代化发展征程中实现同步发展,就需要重新通过系统性的思考和设计,遵循社区教育的内在发展逻辑,统筹推进社区教育供给改革和发展,解决新矛盾、促进新发展。

---

① 陈岩.精准供给视域下社区教育联盟的结构要素与实践策略研究[J].教育理论与实践,2020,40(22):14—17.

第四节

社区教育供给研究的理论追求

随着教育现代化发展目标的提出,关于社区教育现代化发展的研究也不断推进,相关研究主要围绕发展理念、理论解析、路径策略等,从社区教育供给的角度审视社区教育面向现代化的变革与发展的研究和关注较少,即四十多年发展以来社区教育供给状况如何,教育现代化发展对社区教育供给提出了哪些新要求和新挑战,教育现代化背景下社区教育供给如何改革等问题,当前的研究还未形成一个比较完整、体系化的研究框架,并且相当一部分研究更多从理论的角度去探讨社区教育供给策略,缺乏大规模的实证调查。从供给侧结构性改革来看,社区教育供给的发展和变革不是局部的完善和零敲碎打式的推进,而是需要将社区教育作为一个体系进行研究与分析,全面统筹社区教育各个要素以及要素之间的相互关联,以推进社区教育在体制机制、办学模式、保障发展等方面实现有效供给,满足新时期社区居民对精神文化的需求以及基层社会治理的需要。教育现代化与社会现代化的进程紧密相连,也是社会现代化发展的子系统,社区教育作为教育现代化进程中的基础性组成部分,社区教育供给也必将在教育现代化理念的引领下由理论探讨走向实践探索,因此,亟需社区教育研究者在教育现代化背景下对其进行全面、系统的审视,明晰教育现代化下社区教育供给面临的新需求和新要求,社区教育供给存在的困境,为每一位学习者提供泛在可选、灵活多样的学习机会,保障每一个学习者平等地接受教育的权利,从而促进社会和谐发展和个体全面发展。

第二章

社区教育供给现代化发展的理论基础

理论阐述是学术研究必不可少的一环,其目的在于通过梳理和总结已有的研究内容和研究成果来进一步考察和聚焦问题,当前,社区教育供给研究的视角、研究的深度以及研究的系统性都需要进一步推进;同时,社区教育供给的研究离不开相关理论的支撑,以公共产品理论、新公共服务理论以及教育现代化理论为核心的理论框架是本研究的重要理论来源。本章将首先进行文献综述,对社区教育供给方面的已有研究进行系统的回顾,包括国内外社区教育发展的历程和发展趋势、教育现代化发展的核心特征以及社区教育供给的相关研究,通过对这些文献的综合分析,能够对社区教育供给领域的重要趋势和研究热点进行把握和判断,以期呈现本研究完整的研究现状。此外,本章还将介绍相关的理论框架,以更深入地理解社区教育供给的复杂性和多样性,将探讨不同理论视角下的社区教育供给,例如公共产品理论和新公共服务理论,以及它们如何解释社区教育供给的运行机理和理论遵循,为本研究提供一个有力的分析工具,以更好地理解社区教育供给背后的驱动因素和机制,最终形成本研究重要的研究基础。

第一节
教育现代化发展的相关理论

理论基础是指一门学科或领域的基本概念、范畴、推断与推理,通过这些基础构成了该领域的理论框架和研究过程。在本研究中,针对教育现代化视域下社区教育供给这一问题的研究,既涉及公共产品领域和公共服务领域中社区教育由谁供给、如何供给、供给什么以及如何评价供给等问题,又需要将其置于中国式现代化和教育现代化发展的历史框架中。要回答好社区教育供给如何在现代化理念引领下不断发展,现有的相关理论已经为本研究问题提供了良好的理论基础和科学指导,本研究主要采用以下理论作为研究的理论基础。

一、我国教育现代化的内涵

(一) 我国教育现代化的渊源

《国家中长期教育改革和发展规划纲要(2010—2020 年)》提出:"到 2020 年,基本实现教育现代化";2019 年 2 月,中共中央、国务院印发《中国教育现代化 2035》,标志着我国教育现代化进入新的发展阶段,也意味着教育现代化成为推进和引领国家现代化的重要支撑力量。目前,学术界对教育现代化的内涵和内容特征、推进策略、发展路径等问题展开了广泛而深入的讨论和研究。但是对教育现代化这一概念并没有达成共识,因此,对教育现代化的概念根源和内涵特点进行界定,能够从理论层面深入理解和把握我国教育事业改革发展的总体规划和发展蓝图。教育现代化作为社会整体现代化的组成部分,既具有现代化的共同属性,又具有特定时空语境下的典型特点。教育现代化体现了传统教育向现代教育的转化与超越,并且是面向未来持续发展的整体变迁过程。因此,教育现代化这一概念并非是孤立和一成不变的,而是在社会环境的变化中不断调整。因此,有必要对教育现代化这一理念的起源以及它的形成历程进行探究,从而对中国的教育现代化的核心特征、关注焦点、演进模式以及它们所表现出来的不连续性进行考察。①

　　"现代化"一词对于我国而言是一个舶来品,国际上的现代化理论兴起于20世纪上半期,主要是探讨工业时代的现代化发展问题,而在社会现代化的影响和推动下,教育现代化在观念、物质和精神层面也实现了质的飞跃,突破了传统教育的束缚。在当今世界,伴随着社会现代化进程的不断深入,世界各国的教育都在发生深刻的变化,这一变化又使世界各国逐步深化对教育现代化的探索与实践。我国教育现代化的启动最早可追溯到洋务运动时期,在处于内忧外患的时代,一些进步人士通过"师夷长技以制夷",借鉴和学习西方国家先进的教育理念、思想和内容开展早期的教育现代化,我国逐步开始了被动性、非计划性、局部性的早期教育现代化变革。1862年,清政府创立了京师同文馆,以培养翻译和外交人才为主要任务,其教学内容和教学方式突破了传统教育模式,也标志着我国教育早期现代化的正式开始。我国教育现代化的理论渊源,与美国教育家杜威的教育思想密切相关,1923年,受"庚款"影响最大的张彭春在杜威那里学习,他认为中国的近代化必须从教育的内容上进行变革,②这成为我国早期教育现代化的理论基础。1925年,我国著名教育家陶行知在万国教育会议上的英文报告中提出:"近十年来,中国正处在使其教育现代化的过程中"③。1930年,陶行知深受杜威教育思想的影响在全国乡村教师讨论会上指出:"作为现代的人,要过现代的生活,就要受现代的教育",并提出"做人,做中国人,做现代中国人"的活教育思想,形成了关于我国现代化问题的重要理论,被有些学者称为中国教育现代化的先驱者之一。1933年,陈序经在《教育的中国化和现代化》一文中提出,教育的现代化就是新的教育,"全部的中国文化是要彻底的现代化,尤其是全部的教育,是要彻底的现代化。"此后,学术界逐渐兴起对早期教育现代化的研究和探讨。

　　中华人民共和国成立后,党和政府非常重视教育在现代化生产中的地位和作用,并强调教育现代化要与社会现代化建设相适应。"教育现代化"真正作为国家层面上的重要纲领,源于1983年邓小平在北京景山学校的题词"教育要面向现代化,面向世界,面向未来"。在此基础上,1993年,"实现教育现代化"被写入《中国教育改革和发展纲要》,并作为我国教育事业发展的总体目标,我国教

---

① 程天君,陈南.中国教育现代化的百年书写[J].教育研究,2020,41(01):125—135.
② Chang, P. C. Education for Modernization in China[M]. New York:Columbia University, 1923. 92.
③ 胡晓风,陈廷湘.论陶行知以新教育推进中国现代化的思想[J].社会科学研究,2003(02):113—117.

育现代化建设进入新的历史时期。其后学术界广泛讨论和积极响应,学者们从教育现代化的内容、过程、结果、功能等阐述教育现代化的内涵。李铁映的文章《社会主义现代化建设的奠基工程》在1993年3月2日的《人民日报》上第一次指出,教育的现代化,不只是学校的建筑和设施的现代化,更重要的是教育思想和观念的现代化,以及教育内容和方法的现代化。① 之后,以顾明远为代表的学者对教育现代化的内涵、内容和特征进行了系统的阐述,形成了大量研究成果,也推动了实践层面教育现代化的进程。顾明远对教育社会功能的转变及教育现代化的独到见解,为教育现代化提供了新的发展思路。党的十八大以来,习近平关于教育的重要论述以及《中共中央关于党的百年奋斗重大成就和历史经验的决议》《中国教育现代化2035》等文件的出台,为新时期教育现代化向纵深推进提供了新的契机。

(二) 我国教育现代化的内涵

现代化是国际社会和我国人民的共同使命和战略追求,教育现代化作为社会主义现代化的重要内容,是"推进教育强国建设,办好人民满意的教育"的重要实现路径。当前,学术界对教育现代化这一概念的理解还未形成统一的认可,推进教育现代化需要对教育现代化这一概念进行深入理解和多方面解读。从词源上来看,"教育"和"现代化"两个词语共同构成了"教育现代化",其中,"现代化"的英文单词为modernization,具体是指达到现代化的一种过程状态。我国社会学家费孝通在其主编的《社会学概论》中指出:"现代化是一种人为的、有目的的、有计划的社会变迁过程"。② 顾明远认为,"所谓现代化,是指人类认识自然、利用自然和控制自然(包括人类自身)的能力空前提高的历史过程,以及由此而引起的政治、经济、文化等社会各领域广泛而深刻的变革,其目标是创造高度的物质文明和精神文明"。③ 厉以贤认为,"现代化可以认为是指一种特殊的社会变革过程"。④ 基于对"现代化"的认识和我国教育实践发展的经验,目前,我国学术界对教育现代化内涵的界定主要包括以下三个方面:

一是过程论。关于教育现代化的过程论这一观点,学术界大多数学者认同,例如,在顾明远看来,教育现代化是建立在现代化的信息社会之上,在先进

---

① 杨东平. 教育现代化:一种价值选择[J]. 中国教育学刊,1994(02):19—21.
② 费孝通. 社会学概论[M]. 天津:天津人民出版社,1984:283.
③ 顾明远. 关于教育现代化的几个问题[J]. 中国教育学刊,1997(03):10—15.
④ 厉以贤. 现代教育原理[M]. 北京:北京师范大学出版社,1988:9.

的教学理念的指引下,利用先进的信息技术进行的教学改革,这是一个从传统教学到现代教学的转化的进程。① 冯增俊则从广义和狭义两方面阐述教育现代化的过程论,从更广泛的意义上讲,教育现代化是指从传统的父权制、封建制度下的教育向近代工业化、民主化、现代化的教育转变的一个历史进程;就其狭义而言,它是一种"后进",即后进国家向先进国家的"效仿",推进自己的"后进",实现自身的"追赶"。② 张炳林与宁攀将教育现代化视为伴随着教育形式的变化而来的一种教育现代性的发展与发展。③ 可以看出,从过程论的视角来观察,无论是我国学者着重强调的从传统教育到现代教育的转型,或者是由落后国家追赶发达国家的进程,都表明了教育现代化是一个动态的、复杂的、长期性的教育变革过程。所以,中国教育现代化的进程,并不只是一个扬弃传统教育的过程,更是对外国教育模式和理念有选择性地借鉴与吸收的过程,进而达到教育立足于社会功能的转变以及社会功能转变反作用于教育现代化建设的目的。

二是要素论。要素论强调的是教育现代化在向现代教育转化的过程中内部要素发生了变化,目前,学术界通常认为教育现代化是指物质基础、制度建设和价值观念层面的现代化。④ 从更具体的要素来讲,黄利群从教育观念、教育内容、教育目标、教育手段与方法、教师队伍等方面论述了教育现代化的内涵。⑤ 还有学者认为教育现代化包括基础教育、职业教育、高等教育、学前教育、继续教育的现代化,以及教育投入、教育过程、教育结果的现代化。但是,要素论仅仅是从教育现代化这一概念出发,从要素的角度对其进行更深入地阐释,而没有触及其本质。

三是水平论。水平论强调教育现代化作为一种价值目标,通过教育改革实现的一种教育发展水平。杨东平认为教育现代化包括至少三个层面:一是教育在数量和规模上的增长,在办学条件、建筑、设备和技术手段上的进步,在经费上的增长;二是从体制上实现了教育的现代化;三是教育价值观、观念和理念的现代化。⑥ 王胄认为,教育现代化是指以现代的教育思想和技术,全面地武装教育的方方面面,将一些不适宜于现代教育的教育思想、教学内容、教学方法、教

---

① 顾明远.试论教育现代化的基本特征[J].教育研究,2012,(9):4—10,21.
② 冯增俊.试论我国教育现代化的基本任务主要特征[J].中国教育学刊,1995(04):5—8.
③ 张炳林,宁攀.教育现代化内涵解读及推进策略研究[J].数字教育,2017,3(06):21—27.
④ 谢维和.关于我国教育现代化的几点思考[J].教育科学研究,1997(02):1—5.
⑤ 黄利群.论教育现代化[J].普教研究,1997(01):12—14.
⑥ 杨东平.教育现代化:一种价值选择[J].中国教育学刊,1994(02):19—21.

学手段以及学校的建设和设备,逐步提高到现代化的国际水平,培育出一大批具有国际先进水平的新的劳动者和高素质的人才,以适应国际上的经济和综合实力的竞争。① 项贤明教授认为,当代中国的教育现代化"是立足当代世界的现代化,是以世界最新、最高发展水平为目标的现代化"。② 从这一层面上来看,教育现代化的内涵是教育水平发展的较高阶段,意味着不论是教育理念、教育制度、教育内容等都更加注重质量提升,实现对世界一流教育的追寻。

二、我国教育现代化的历史演进

正如从前文现代化的内涵解释来看,现代化是一个时间性和持续性的概念,在其发展的不同阶段呈现出不同的内涵,而教育向现代化发展也经历了一个长期的孕育、酝酿、发展的过程。社区教育是教育事业发展的重要组成部分,要探究教育现代化视角下社区教育供给的演进与发展,也必然从整体性和系统性来探究社区教育现代化发展的逻辑脉络,以此在追寻教育体制变革和教育思想发展中寻求理性认知,加深对新时代社区教育供给的理解。教育现代化的孕育阶段大致在15世纪至19世纪,这一时期受欧洲文艺复兴的影响,人类的精神得以唤醒,使得教育从宗教使命转为世俗教育,强调人性的自由和理性,教育的根本目的发生了变化,科学技术也为教育现代性发展提供了原动力,推进教育不断发展和变革,形成了以卢梭、裴斯塔洛奇、赫尔巴特等先进的教育思想家,推进了西方教育的发展。教育现代化的形成和发展阶段大致在20世纪初至20世纪50年代,这一时期教育现代化主要是从传统教育中完全脱离出来,教育目的、教育方法、教育形式以及师生关系等都发生了巨大而深刻的变革,教育的全民性、民主性、个性化、平等性得以充分彰显。教育现代化的成熟与完善阶段大致在20世纪50年代末至20世纪90年代,这一时期主要以1958年美国国会通过的《国防教育法》为标志,该法案提出,美国要加强自然科学、数学、外语等的教学,更新教学设备等,以信息技术手段推进美国新课程改革,并形成了对科学教育空前的重视,其他国家也赋予了科学教育充分的地位,随后在人文教育、教学方法、教学管理、受教育权利等方面也日益现代化和民主化。③

---

① 王青.教育现代化研究综述[J].上海教育科研,1996,(5):38—49.
② 项熙明.创新人才培养是教育现代化的战略核心[J].中国教育学刊,201,(9):71—75.
③ 刘朝晖,扈中平.对西方教育现代化历程的回顾与思考[J].比较教育研究,1998(05):8—12.

相比于西方发达国家,我国教育现代化的进程步履缓慢,我国教育现代化的历程主要分为以下三个阶段。

(一) 早期教育现代化的酝酿与形成时期

我国早期教育现代化是一段特殊的时期,有学者将早期的教育现代化称为"与几千年来自给自足的封建农业经济基础和封建专制政体相适应的传统教育,逐步向机器大工业生产和工商业经济发展相适应的现代教育转化、演变的历史过程。"[①]从我国教育现代化的发展历程来看,我国在1840年到1949年的一百多年,是早期教育现代化的阶段。[②] 1840年鸦片战争之后,中国在列强威逼下被迫开启了早期现代社会,受西方资本主义列强的入侵,中国传统的封建社会结构面临严峻挑战,也让一批进步人士燃起寻求早期近代化的欲望。魏源等人提出"师夷之长技以制夷"的主张,倡导向西方学习,成为早期向外开放寻求变革之路的思想先导。19世纪60年代兴起的以"中体西用"为核心的洋务运动开办了洋务学堂,如外国语学校、工业技术学校、军事学校等,培养新式人才和开展实业教育,还派遣留学生出国深造,打破了仅以"中学"为中心的传统教育,逐步迈向真正意义上的现代化教育。

甲午战争后,一些进步人士认识到单单学习西方的技术无法改变和拯救中国,因此转向西方体制的学习,提出"政学为主义,艺学为附庸"的新主张,特别是1902年的"壬寅学制"、1904年的"癸卯学制"以及1912年的"壬子、癸丑学制"的制定和施行,把早期教育现代化推向了新的高度,将中国教育带入了普及化、制度化和实用化的轨道。1911年,中华民国建立,瓦解了几千年的封建教育体系,中国教育进入新的历史时期。1915年兴起的新文化运动和五四运动,"民主"与"科学"作为一种新的思潮进入教育领域,使中国教育观念发生巨大变化,在民主方面,追求教育的个性化和教育的平民化;在科学方面,追求教育的实用化和教育的科学化。这一时期,对传统教育的反思以及对西方先进教育的鼓吹推进中国教育改革进入主动自觉的阶段,其促成的新文化运动更是推动中国教育广泛和深入地融入世界性的现代教育发展潮流之中,[③]特别是出现了以蔡元培、黄炎培、陶行知、陈鹤琴等一批优秀的教育家。从早期教育现代化的发展过

---

① 王金霞,赵丹心.构建中国教育早期现代化分期研究的指标体系[J].河北大学学报(哲学社会科学版),2006(05):11—17.

② 谭来兴.中国现代化道路探索的历史考察[M].北京:人民出版社,2008:97.

③ 孙培青.中国教育史[M].上海:华东师范大学出版社,2009:80.

程中,可以清晰地认识到当时教育现代化在中学与西学之间起起伏伏,其中,对传统教育的超越过程实质上是教育西化的过程。

(二) 教育现代化的发展与曲折探索时期

1949年,中华人民共和国成立,中国走向了社会主义道路,为新式教育理念和模式的探索提供了更加广阔的实践空间,在中国共产党人的领导下开始了社会主义性质教育现代化的探索,标志着中国教育现代化进入一个新的历史时期。① 这一时期的教育可划分为两个时期:一是从新民主主义到社会主义的转型期,又称"全面苏化"时期;二是独立自主的社会主义教育,它表现为对社会主义教育现代化的封闭式的探索。② 中国的第一个阶段完全借鉴苏联的教育经验,1949年12月召开的全国教育工作会议提出,建设新教育"特别要借助于苏联教育建设的先进经验",③并将达到世界先进的教育水平作为教育发展的方向,也使得此时的教育现代化着重科学与技术教育,以适应国家建设的需要。

在第二阶段,面对中苏关系的恶化,我国开始独立探索社会主义性质的教育现代化,④也可以称为具有民族的、科学的、大众的新民主主义教育。1964年12月,周恩来在政府工作报告中号召全国人民"在不太长的历史时期内,把中国建设成为一个具有现代农业、现代工业、现代国防和现代科学技术的社会主义强国",并且当时"人民对于经济文化迅速发展的需求同当前经济文化不能满足人民需要的状况之间的矛盾"成为社会的主要矛盾,需要通过发展教育提升生产力。但由于政治运动的干扰,这一时期的教育现代化事业陷入停滞状态。

(三) 改革开放后教育现代化的重启与突破

1977年10月,我国恢复高考制度,标志着教育事业全面重启。1978年12月,党的十一届三中全会提出把全党的工作重点转移到社会主义现代化建设上来,并作出了改革开放的伟大决策,也对教育发展提出了新的要求。在此背景下,我国教育事业开始按照自身发展逻辑向现代化迈进,1983年邓小平提出的"三个面向"开启了真正意义上的教育现代化,也引发了学术界的广泛讨论。

---

① 邬志辉.中国百年教育现代化演进的线索与命题[J].中国地质大学学报(社会科学版),2002(04):45—49.
② 同上。
③ 中央教育科学研究所.中华人民共和国教育大事记(1949—1982)[M].北京:教育科学出版社,198:8.
④ 程天君,陈南.中国教育现代化的百年书写[J].教育研究,2020,41(01):125—135.

1985年,"三个面向"思想被纳入《中共中央关于教育体制改革的决定》,"教育必须为社会主义现代化建设服务,社会主义现代化建设必须依靠教育"成为新的历史时期的教育工作方针,在此方针的指引下,20世纪80年代积极推进教育现代化,包括组织大量人力新编教材、运用现代信息技术革新教育手段、繁荣教育科学等。① 在1993年发布的《中国教育改革和发展纲要》中,提出了建设社会主义教育体系、实现教育现代化的基本目标,教育现代化已成为国家意志、社会共识,是我国教育发展的一个重要内容,各级政府和学术界也进行了广泛关注和深刻实践,进一步推动了我国教育现代化的发展。

2007年,胡锦涛在党的十七大报告中明确提出,"优先发展教育,提高教育现代化水平,办好人民满意的教育"。2010年印发的《国家中长期教育改革和发展规划纲要(2010—2020年)》中,正式提出"到2020年基本实现教育现代化"的战略目标和"优先发展、育人为本、改革创新、促进公平、提高质量"的工作方针,对满足人民群众对教育的需求和实现全面建成小康社会奋斗目标具有重要意义。在国家战略的指引下,我国各地开展了区域教育现代化建设,例如,浙江椒江以"教育股份制"带动教育现代化的发展,上海徐汇以提供充足优质教育的终身学习体系带动教育现代化发展,珠三角以结构变革与信息化带动教育现代化发展,等等。② 总体来看,在国家战略和地方创新实践下,我国教育现代化发展取得重大进步。

2017年1月,国务院印发《国家教育事业发展"十三五"规划》,提出到2020年"教育现代化取得重要进展,教育总体实力和国际影响力显著增强,推动我国迈入人力资源强国和人才强国行列,为实现中国教育现代化2030远景目标奠定坚实基础"。2017年10月,党的十九大报告围绕"优先发展教育事业"作出新的全面部署,明确提出"建设教育强国是中华民族伟大复兴的基础工程,必须把教育事业放在优先位置,深化教育改革,加快教育现代化,办好人民满意的教育。"2019年,《中国教育现代化2035》正式出台,提出了更加注重以德为先、更加注重全面发展、更加注重面向人人、更加注重终身学习、更加注重因材施教、更加注重知行合一、更加注重融合发展、更加注重共建共享等八大推进教育现代化的基本理念,这是我国第一个以教育现代化为主题的中长期战略规划,为我国

---

① 蒋纯焦.中国共产党教育现代化探索的世纪历程[J].河北师范大学学报(教育科学版),2021,23(04):10—18.
② 谈松华.教育现代化的区域发展模式及其机制[J].教育发展研究,2006(13):48—52.

新时代教育事业发展提供了根本遵循和战略指引,特别是其中提出的"构建服务全民的终身学习体系"的战略任务,为新时期终身教育和社区教育发展指明了行动方向,也成为本研究关于社区教育供给现代化发展的重要政策基础。

习近平在党的二十大报告中提出了"以中国式现代化全面推进中华民族伟大复兴"的宏伟目标,推进了学术界对中国式教育现代化的理论追寻。当前,我国"正处于从基本实现教育现代化迈向整体实现教育现代化的重要战略时期"。[①] 党的二十大报告将教育、科技、人才提升到全面建设社会主义现代化国家的基础性、战略性支撑的地位,中国式教育现代化成为教育事业改革和发展的重要动力和理念支持。当前,中国式教育现代化仍然面临着核心教育资源供给不足、教育结构体系的优化调整相对滞后等挑战,[②]因此,需要加快强弱项、补短板,特别是通过教育供给的优化与调整促进教育公平与高质量发展,使每一位受教育者都能够接受优质的学习机会。

三、我国教育现代化的时代指向

从上文我国教育现代化的历史发展来看,真正意义上的教育现代化起步于中华人民共和国成立之后,特别是改革开放四十多年来党和国家推进社会主义现代化建设,优先发展教育事业,大力推进教育现代化建设。《中国教育现代化2035》的出台,标志着我国教育现代化开启新的征程,引领着教育思想、内容和方法的革命性变革,在教育价值、政策发展、理论探讨以及实践推进方面都呈现出新时代的特征。

(一) 价值指向

教育现代化的本质是教育现代性的增长,更确切地说是促进人的现代化。教育现代化存在的合理与否,归根到底取决于教育现代化能否促进社会的现代化和人的现代化。[③] 事实上,从国家教育战略以及教育现代化进程中可以发现,我国教育事业始终围绕着"培养什么人、怎样培养人、为谁培养人"这一根本问题,因此,教育现代化的根本归属是人的现代化,包括个人的价值观念、思想道

---

① 高书国.中国教育现代化六大趋势[J].人民教育,2020(08):36—41.
② 刘宝存,苟鸣瀚.中国式教育现代化:本质、挑战与路径[J].中国远程教育,2023,43(01):12—20.
③ 褚宏启.教育现代化的本质与评价——我们需要什么样的教育现代化[J].教育研究,2013,34(11):4—10.

德、知识结构、行为方式等现代性的发生和发展①。当前,关于教育现代化指标体系构建成为学者关注的重点,包括入学率、教育经费比、设备比、师生比、教师学历等可量化的指标,但是在教育观念、受教育者身心发展等价值层面还未引起广泛关注。教育的终极目的是育人,教育现代化的发展必然离不开对人性的培育与发展,并立足于人的综合素质提升来发挥人在社会发展中的作用,促进社会和谐发展。社区教育是服务全民终身学习教育体系不可或缺的一部分,其在推进终身教育普及化、全民化、全面化上发挥了积极作用,也日益成为社区教育参与社区治理的重要形式,因此,社区教育现代化同样要围绕"人"这一核心主体,通过社区教育资源的提供和教育形式的变革,促进社区居民在人文关怀、创新思维、思维素养、心理特性等方面的现代人格发展,从而发挥社区教育服务社区和谐、社会发展、国家繁荣的重要作用。

(二) 政策指向

从我国教育纲领性文件的发布来看,我国自改革开放以来共颁布三个文件,分别为1985年颁布的《中共中央关于教育体制改革的决定》、1993年颁布的《中国教育改革和发展纲要》、2010年颁布的《国家中长期教育改革和发展规划纲要(2010—2020年)》,它们在不同的历史时期指导和推动了我国教育事业的发展。2019年,面向新时代教育事业发展的要求,《中国教育现代化2035》提出了教育高质量发展的目标和实现教育现代化的具体实施路径,其中,构建服务全民终身学习的现代教育体系成为新时代中国教育现代化的主要目标方向,标志着我国终身学习和建设学习型社会进入实质推进、加快推进和高质量系统推进新阶段。② 从《教育现代化2035》的具体内容来看,注重终身学习和高质量教育体系建设是现代教育发展的重要方向,与2015年由联合国教科文组织发起的"2015年世界教育论坛"通过的《仁川宣言》中确立的教育2030总体目标"确保全纳、公平的优质教育,使人人可以获得终身学习的机会"相呼应,可以看出随着时代的发展,我国关于教育现代化的要求以及政策话语不断丰富和完善,政策目标也愈加清晰,在推进教育优质、公平发展上呈现出更明确的发展路径,也体现了政策层面上教育现代化的发展指向。社区教育在构建服务全民终身

---

① 郑永廷.人的现代化理论与实践[M].北京:商务印书馆,2003:350—351.
② 徐莉,杨然,辛未.终身教育与教育治理在教育现代化中的逻辑联系——实现《中国教育现代化2035》的思考[J].中国电化教育,2020(01):7—16.

学习教育体系中发挥着基础性作用,教育现代化政策的推进为社区教育现代化发展提供了有力的政策支撑。

(三) 理论指向

自 1983 年邓小平为景山学校题词"三个面向"以来,学术界针对教育现代化进行了系列研究,并形成了较为丰富的研究成果。进入新时代,随着《中国教育现代化 2035》的发布,国内学术界对教育现代化的研究不断深入,例如,杨小微探讨了 2035 年的中国教育现代化目标定位与目标细化,[①]褚宏启论述了教育现代化的 2.0 版本,认为 2.0 版本体现了教育的信息化、国际性、人道性、理性化、民主性、法治性、生产性等七个典型特征,[②]为理解新时期教育现代化的内涵提供了重要参考价值。教育现代化理论发展与教育事业实践以及所处的时代背景息息相关,从不同学者对教育现代化的理解和阐述来看,教育现代化是一个时空概念,时空性是现代化的重要维度。从时间来看,教育现代化体现的是世界教育发展的先进水平,蕴含了历史进程中教育的发展性和进步性;从空间来看,教育现代化体现的是全球共同状态的现代化,郑金洲认为,"教育现代化是教育整体上的深刻变革过程,是一种世界性的教育变迁,其结果是使世界范围内教育的共性增加。"[③]

(四) 实践指向

党的十九大报告指出,"中国特色社会主义进入了新时代,这是我国发展的新的历史方位"。现阶段,我国社会主要矛盾已经转化为人民日益增长的美好生活需要和不平衡不充分的发展之间的矛盾,对于社区教育而言,当前面临的矛盾仍然是社区居民日益增长的个性化、多样化的学习需求与社区教育不平衡不充分发展之间的矛盾,这需要社区教育供给以教育现代化理念为引领,从供给数量、供给结构、供给质量等出发,不断满足人民群众复杂性和多样化的学习需求,丰富社区居民的学习内容和形式。从当前社区教育发展现状来看,我国社区教育实验区、示范区在数量增长、区域扩大、领域拓展、适应外部需求等外延发展方面取得了一定的突破,在开展社区教育资源更新、社区教育教师队伍

[①] 杨小微.迈向 2035:中国教育现代化的目标定位[J].华中师范大学学报(人文社会科学版),2019,58(05):38—44.
[②] 褚宏启.教育现代化 2.0 的中国版本[J].教育研究,2018,39(12):9—17.
[③] 郑金洲.教育现代化与教育本土化[J].华东师范大学学报(教育科学版),1997(03):1—11.

建设、社区教育模式创新等方面已经积累了丰富经验,社区教育参与率和覆盖面不断扩大,在满足市民终身学习需求、服务社会和谐稳定等方面发挥了重要作用。但是,当前社区教育供给在社区教育供给总量上存在旺盛的需求和有限供给的矛盾,结构上多元化需求和同质化供给的矛盾,质量上高品质需求与低质量供给的矛盾,区域上协调发展的需求与区域供给不均衡的矛盾。① 为此,在社区教育实践中,要在资源配置、教学模式、教学内容、师资配备等方面寻求突破,注入教育现代化元素,推进社区教育供给与社区教育高质量发展保持同频共振,满足人民群众日益多元化的学习需求。

✦ 第二节 ✦
公共产品理论与社区教育准公共产品属性分析

一、公共经济学的理论框架

(一) 公共产品理论的雏形

现代西方经济学是20世纪60年代逐渐发展起来的一门学科,其理论来自财政学。1959年,标志着公共经济学形成的著作《财政学原理:公共经济研究》出版,其作者美国著名学者理查德·马斯格雷夫在本书中第一次使用了"公共经济学"这一概念。在后来的发展和完善中,公共产品理论成为公共经济学的重要组成部分。关于公共产品理论,"搭便车"现象最早可追溯到1739年,哲学家大卫·休谟在他的《人性论》一书中,就公共问题的解决方法进行了探讨,即在某些只能由集体进行的事情中,只有靠国家和官员才能完成,后来,这一表述被称为集体消费品,也成为对公共产品研究的起源。亚当·斯密于1776年追随大卫·休谟的脚步,在《国富论》中进一步论述了政府的作用,着重论述了公共物品的种类、供给方式、经费来源和公平性等主要问题。② "公共产品"一词首次被用

---

① 范会芳,张宁.需求视角下社区教育供给机制的构建——以河南省社区教育实践为例[J].成人教育,2021,41(04):23—27.

② 贾晓璇.简论公共产品理论的演变[J].山西师大学报(社会科学版),2011,38(S2):31—33.

于意大利学者马尔科的《公共财政学基本原理》一书中,并提出了边际效用概念和边际分析方法,区分了公共产品在消费上和交易上与私人产品的区别。

(二) 公共产品理论的形成

在此基础上,李嘉图、马歇尔、帕累托、庇古、凯恩斯、林达尔等经济学家对这一问题进行了系统和深入的研究,直到公共产品理论的奠基性人物保罗·萨缪尔森于 1954 年、1955 年分别在《经济学与统计学评论》上刊登《公共支出的纯理论》《公共支出理论图解》等论文后,学界对公共产品的概念形成了一致意见,并由此形成了一个规范的公共产品概念,成为公共产品的标准定义沿用至今。萨缪尔森认为,公共产品是与私人产品相对应的产品,指"每个人对这种产品的消费都不会导致其他人对该产品消费的减少",即每个人对某个产品的消费都等于该产品的供给总量,因此,每个消费者之间互不影响,或者说该产品存在消费上的非排他性与非竞争性。由此,非排他性和非竞争性成为公共产品的经典定义,也成了公共产品和私人产品界定的基本标准,在公共产品理论的发展史上具有划时代的意义。消费的非竞争性是指一个人对一种产品或服务的消费,不会对别人对它的消费产生影响,当一种产品或服务没有达到足够的消费标准时,增加一个人消费的边际成本为零。消费的非排他性是指个人消费商品和服务时,不能将别人的消费排除在外。[①]

(三) 公共产品理论的发展

继萨缪尔森对公共产品作出经典定义之后,学术界对其提出的公共产品概念进行了补充、发展以及质疑,甚至从其他角度出发重新定义公共产品的概念。丹尼斯缀勒认为,"公共物品是指能以零的边际成本给所有社会成员提供同等数量的物品"。[②] 20 世纪 50 年代末期,美国著名经济学家马斯格雷夫提出了产品的三分法,即产品可以分为私人产品、公共产品和有益品,他认为非排他性和非竞争性是公共产品的两个基本特征,只要某种物品满足其中的一个特征,就可以称为公共产品。公共产品与有益品之间的区别在于供给者是否尊重消费者的个人意愿和消费偏好。[③] 阿特金森和斯蒂格利茨提出了准公共产品这一介

---

① 王善迈. 教育服务不应产业化[J]. 求是,2000(01):52—53+57.
② 丹尼斯谬勒. 公共选择[M]杨春学等,译. 北京:中国社会科学出版社,1999:15.
③ 李成威. 公共产品提供和生产的理论分析及其启示[J]. 财政研究,2003(03):6—8.

于纯私人产品和纯公共产品中间的产品类型,进一步丰富了公共产品理论。

詹姆斯·布坎南在此基础上,进一步拓展了公共物品的内涵和外延,并在对比了纯公共物品和纯私人物品之间的区别后,创造性地提出了俱乐部产品这一概念,认为没有明确的界限能够将纯公共产品与纯私人产品进行分割,存在着介于纯公共产品与私人产品之间的某种商品,这种商品可以称为俱乐部产品。

(四) 公共产品理论的新发展

根据传统公共产品理论的观点,私人产品是由市场提供的,其供给主体是私人部门,在这种情况下,公共产品的提供往往是由国家提供的,因为它具有非排他性、非竞争性。西方学者对公共产品的外部性问题进行了详细的探讨,关于私人供给公共产品的可行性问题开始受到重视。德姆塞茨认为,在能够排除不付费者的情况下,私人企业能够有效地提供公共产品。[①] 首先,由于政府是唯一提供公共物品的主体,如果不存在竞争,将会造成资源配置的低效。可以看出,随着公共产品理论的成熟,私人和民间组织逐渐成为公共产品的重要供给主体,供给模式也从政府单一供给逐渐发展为多元主体供给。

二、公共产品理论的核心观点

(一) 公共产品的划分

前文中提到,萨缪尔森虽然划分了公共产品和私人产品的标准,但并未对公共产品划分的类别进行具体阐述和分析。基于此,曼昆把公共物品划分为私有物品,自然垄断物品,共有物品以及公共物品。其后,C. V. 布朗和 P. M. 杰克逊根据消费者的非竞争和非排他性,把商品划分为纯粹的私人商品、混合商品和纯粹的公共商品。[②] 奥斯特罗姆夫妇则根据产品是否具有消费的排他性和消费的共同性,将产品分为私益物品、公益物品、收费物品、公共池塘物品四大类。

从上文不同学者对公共产品的分类来看,通常来说,人们在日常生活中主

---

① 贾晓璇. 简论公共产品理论的演变[J]. 山西师大学报(社会科学版),2011,38(S2):31—33.
② 常伟,陈晓辉,苏振华. 农村公共产品的非政府供给[J]. 华东理工大学学报(社会科学版),2009,24(01):103—107.

要有两大消费物品：一种是私人物品，另一种是公共物品。这两者的区分标准在于该产品消费时是否具有排他性和非竞争性。此外，在纯粹的公共产品和纯粹的私有产品之间，存在一些同时具有两种商品性质的商品，我们称之为准公共产品。实际上，在实际生活中，只有极少数的几种纯粹的公共产品，可以被视为纯公共产品。

（二）公共产品的供给模式

1. 政府单一供给

在公共产品理论发源之初的 18 世纪 30 年代，大多数学者都认为政府是公共产品的唯一供给主体，从斯密到萨缪尔森都认为政府在公共产品供给中是天然的，我国学者王传纶、高培勇认为，公共产品或者劳务市场供给是失灵的，只能通过政府部门供给。① 对于政府单一供给公共产品的观点主要基于以下三个方面：一是因为在提供公共物品的过程中，市场将会出现失效，因此，必须有政府的参与与干预；二是公共产品的非排他性和非竞争性特征决定了政府在公共产品供给中更适合和契合其职能；三是政府提供公共产品的效率更高，可以避免"搭便车"现象。

2. 私人供给

在论述私人部门参与公共产品生产和提供可能方面，以戈尔丁、科斯等为代表的经济学家提出了相反的看法，他们肯定了公共产品私人供给机制的存在。但公共产品的私人供给需要满足以下三个条件：一是私人供给的公共产品一般是准公共产品；二是在公共产品的消费上必须存在排他性技术；三是私人供给公共产品需要有一系列制度条件予以保障。② 通常来讲，公共产品私人供给的形式包括私人的完全供给、私人与政府的联合供给以及私人与社区的联合供给。但是，公共产品的私人供给并不是完全脱离政府，需要政府对供给行为予以规范约束或者制度激励。

3. 第三部门供给

针对市场失灵和政府公共产品供给的不足，各种各样的非营利组织应运而生，并在公共服务供给中发挥着越来越重要的作用。美国学者莱斯特·M·萨拉蒙认为"第三部门供给"是指非政府、非市场的民间领域，它是非政府与非营

---

① 王传纶，高培勇. 当代西方财政经济理论[M]. 北京：商务印书馆，1998：18—24.
② 吕恒立. 试论公共产品的私人供给[J]. 天津师范大学学报（社会科学版），2002(03)：1—6+11.

利机构共同组成的,是一种与政府控制、市场营利机构不同的、具有自我组织性质的管理架构,①其公共产品供给方式包括独立提供公共产品、与公共部门合作提供公共产品、与市场合作提供公共产品。

4. PPP 供给公共产品

20 世纪 90 年代在英国兴起了一种新型公共产品供给模式,即 PPP 模式,该模式以政府部门和私营部门以伙伴关系充分协作为基础提供公共产品。该模式具有双主体供给、"政""企"分开、代理机制运行以及兼顾效率与公平等鲜明的特点。② 该模式作为公共管理改革方案,尽管存在一定的不足,对私营部门的要求相对较高,但其对推动公共部门支出效率提供了新的思路和视角,成为公共产品供给的一种较为有效的模式。

三、社区教育准公共产品属性分析

(一) 教育以及社区教育的公共产品属性

随着公共产品理论的发展,对公共产品属性的研究逐渐从理论探讨走向不同领域公共产品属性的分析,对教育产品属性的讨论也是建立在公共产品理论基础之上。教育产品又称教育服务,主要是指教育部门和社会、学校、社会组织等共同提供的产品。关于教育产品,学术界对其产品属性存在争议,例如,公共经济学权威阿特金森和斯蒂格利茨认为教育是"公共供应的私人产品",③之所以将教育看作私人产品,是以教育被提供的方式来衡量的;公共选择理论的权威布坎南认为教育是准公共产品。④ 我国学者也对此进行了相关研究,厉以宁根据经济学中所给定的公共产品、准公共产品、私人产品的定义,认为教育产品的性质分为具有纯公共产品性质的教育服务(义务教育、特殊教育、以广播、电视等形式的公共教育、国家公务员教育)、基本具有公共产品性质的教育服务(政府投资建立的各类学校,政府提供经费的各类成人教育、学前教育以及其他形式的教育)、具有准公共产品性质的教育服务(某企业、团体、组织、协会建立

---

① 孙建军,何涛,沈最意.公共服务供给理论的发展脉络:基于供给模式的分析[J].中共四川省委党校学报,2010,(03):36—39.
② 唐祥来.公共产品供给的"第四条道路"——PPP 模式研究[J].经济经纬,2006(01):17—20. DOI:10.15931/j.cnki.1006-1096.2006.01.005.
③ 安东尼·B·阿特金森,斯蒂格里茨公共经济学[M]蔡江南,等译.上海:上海三联书店,1992:637.
④ 詹姆斯·M·布坎南.公共财政[M]北京:中国财政经济出版社,1991:22.

的学校、培训班等或者政府提供经费的学校设立的自费班)、具有纯私人产品性质的教育服务(家庭教师、学徒以及营利性的补习班等)、基本具有私人产品性质的教育服务(在办学过程中得到一定补助并且收费适当降低标准的产品)。①劳凯声则认为教育事业作为公益性事业,核心价值在于造福他人、社会乃至全人类,这种特性决定着教育是一种典型的公共产品。② 可以看出,对这两种典型的教育产品属性的区分标准是不同的,有学者认为教育是不是公共产品依赖于它被提供的方式,另外一些学者认为教育的公共产品属性在于教育的外部性特征,即通过教育提高了受教育者的能力,从而促进社会经济增长和社会发展的巨大外部效益。另外,袁连生则认为教育的产品属性是由其消费特征决定的,教育同时具有直接和间接的消费特征,从直接消费来看,教育具有竞争性和非排他性;从间接消费来看,教育可以促进社会经济增长,具有非竞争性和非排他性,因此,教育是具有正向的外部效应的准公共产品。③

就社区教育而言,讨论社区教育的公共产品属性界定对认识社区教育的地位及其供给体系构建有其重要价值。关于学术界对社区教育属性的认识也呈现出一些差异,程仙平认为社区教育是公共服务型政府建设的重要内容,具有非功利性,因此属于准公共产品,④这一观点得到大多数学者的认同。柯玲、黄旭则认为应该跳出纯经济学讨论的范式,从社区教育的实际活动中去探讨其属性,并提出了从形式分析社区教育的产品属性的标准。⑤

(二) 社区教育:准公共产品

从上文对公共产品的分类中可以看出,真正纯粹的公共产品是少之又少的,很多产品是处于私人产品和纯公共产品之间的准公共产品。该产品具有不完全的竞争性和不完全的排他性,这类准公共产品也可以称为拥挤型公共产品,即当消费者人数超过一定的"拥挤点"时,就会减少每个消费者所获得的收益,也就不具备非竞争性的特点。从产品属性来看,社区教育属于准公共产品。

首先,社区教育具有一定的非排他性。联合国教科文组织曾就社区教育内

---

① 厉以宁.关于教育产品的性质和对教育的经营[J].教育发展研究,1999(10):9—14.
② 劳凯声.社会转型与教育的重新定位[J].教育研究,2002(02):3—7+30.
③ 袁连生.论教育的产品属性、学校的市场化运作及教育市场化[J].教育与经济,2003(01):11—15.
④ 程仙平.政府购买社区教育服务的理性思考和策略选择[J].河北师范大学学报(教育科学版),2014,16(06):117—122.
⑤ 柯玲,黄旭.社区教育产品属性界定与供给选择研究[J].当代教育科学,2010(18):3—5+28.

涵予以界定，指出"基于所有教育起始于社区，且并不是以获取社区的利益为目标，而是以提高社区居民生活质量为目的的原理，因此实现这一原理的活动即为社区教育"，[①]从该定义来看，社区教育具有公益性和非功利性的特征。社区教育是一种以社区为基础，对所有居民进行的一种教育活动。它的本质是一种公益服务，它的受益者以社区的所有人为主体。所以，这些活动并不排斥在社区内的人，但是，因为以社区为界限，所以在某种程度上，这些活动会排斥其他社区的人。

其次，社区教育具有一定的非竞争性，要想实施社区教育，就必须付出一定的教育费用，而且由于教育对象的差异，所开展的课程也存在差异，这就导致教育费用存在差异，与之对应的供给主体也牵扯到各种行业与部门，不能做到绝对的无竞争，这就导致社区教育属于一种带有俱乐部性质的准公共物品。

我国学者李新华认为，准公共产品具有有限排他性和竞争性、公益性、外部性等特征，需要采用复合型协同供给机制，即以准公共产品增值为核心的一种多元主体合作博弈的行为。[②] 因此，作为准公共产品供给的社区教育的集体行动与制度息息相关，其独特的性质决定了其供给模式、供给主体的多样性，并决定了其供给机制必须针对社会需求作出复杂的选择与安排。

✦ 第三节 ✦
新公共服务理论与社区教育公共服务属性分析

一、新公共服务理论的理论框架

新公共服务是在批判新公共行政的前提下产生的，所谓新公共服务，是指将公民置于中心位置的理论和思想，该理论对教育和公共服务运行发展具有重要意义。新公共服务理论受当时社会背景的政治民主化、经济全球化和权力分

[①] 吴遵民.关于对我国社区教育本质特征的若干研究和思考——试从国际比较的视野出发[J].华东师范大学学报(教育科学版),2003(03):25—35.

[②] 李新华.高职教育协同供给机制的审思与建构——基于准公共产品供给机制的分析[J].职教发展研究,2021(02):32—40.

散化的影响而形成,并且具有深刻的理论基础。

民主公民权理论是新公共服务理论的第一个理论基础,民主理论自产生以来就主张公民的主权,提倡人人生而平等,享有平等自由的个体有权利参与所在公共空间中的公共生活;公民权理论提倡重视公民权,公民权利被视为一种生活方式,它包括对社会和其成员的承诺、对公众事务的参与、将公众利益放在个人利益之前。

新公共服务理论的第二个理论基础是社区和公民社会理论。随着西方社会的发展,社区逐渐成为凝聚个体、利益整合的重要形式,它是以社会成员间的相互信任与合作为基础,以有效的交流与冲突化解机制为手段,对社会成员间的利益进行整合与调整。社区与市民社会理论着重指出,在民主的构建过程中,社区可以起到非常重要的作用,市民可以在其中就自身的权益展开辩论与交流,因此,政府要支持社区的发展,并在创建和发展公民与社区之间的联系过程中充当重要角色。

新公共服务理论的第三个理论基础是人本主义思想。人本主义至少包括三个主要观点:以人性化的态度对待组织中的每一个成员,都能提高组织的工作效率;通过人性化地对待员工,推动组织变革;对组织内的个体给予人性化的待遇,是组织自身所追求的目标。[①] 与新公共管理理论提高组织绩效、建立有使命感的目标不同,新公共服务理论强调组织要以人为本,倡导公民权,并追求社会公共利益的最大化。

新公共服务理论的第四个理论是后现代公共行政理论。后现代公共行政理论认为,在后现代世界中人与人之间都是相互依赖的,因此,治理会成为公民与政府间对话的基础,也就强调了公共对话的重要性,通过促进公众对话达成对公共利益较为一致的认识。因此,政府应该努力为民众提供一个交流和对话的平台,并在此基础上构建一个能够反映社会、让民众积极参与的政策制定体系。

二、新公共服务理论的核心观点

新公共服务理论把公民放在最重要的位置上,它强调公民的社会地位,强调政府、社区和公民之间的相互作用。概括起来,其主要思想有:

---

① 辛静.新公共服务理论评析[D].长春:吉林大学,2008:36.

(一) 政府的职能是服务,而不是掌舵

新公共服务理论的代表人物美国著名公共行政学家登哈特曾在其著作中称,"对公职人员而言,与其说是试图控制或支配新的发展趋势,不如说是通过以价值观为基础的公共领导方式,让人们清楚地表达并实现他们的公共利益。"传统公共服务理论强调政府的作用不是直接参与到社会公共服务和公共产品的供给中来,而是可以通过制定政策、民主协商以及立法等措施来引领人们走向正确的方向,进行社会公共产品的有效供给,在这个过程中发挥"掌舵"作用。在此过程中,国家不是直接对社会大众实施"支配"或"引导",而是作为"协商"或"中间人",为社会大众提供公共利益的表述与实现。

(二) 追求公共利益

不同于追求效率,新公共服务理论强调政府的公共利益和公共服务的职能,因此,政府需要构建与公民共同分享公共利益的体系,从而和公民一同追求和实现大众的利益或者共同的利益。在公共服务中,政府不仅要协调各方的利益关系,还需要寻求公正的决策策略来符合公共利益。同时,新公共服务理论认为,公共利益的实现是通过平等对话与社区沟通实现的,政府要帮助公民形成能够具有共享价值和公共利益的集体意识。

(三) 重视公民参与和社区建设

在传统的公共行政中,公共政策的执行通常是自上而下进行的,在这个过程中更加关注效率,而忽视社会公众的作用。在新公共服务理论看来,"满足公共需求的政策和项目可以通过集体努力和合作得到最有效并且最负责的实施"。[1] 因此,新公共服务将政策执行的焦点放在公民参与和社区建设上来,他们认为公民和政府官员都有责任参与问题的讨论并实施解决问题的方案,在这种公民参与的过程中,可以增加彼此的了解,增强公民参与公共事务的责任感和自豪感。

---

[1] 罗伯特·B·丹哈特,珍妮特·V·丹哈特,刘俊生,等. 新公共服务:服务而非掌舵[J]. 中国行政管理,2002(10):7.

(四) 政府服务的对象是公民

从新公共服务的角度看,公共利益并非是个体自我利益的集合,而是关于公共利益的对话。所以,政府官员不仅要关心客户的需要,还要关心他们的需要,并与他们建立起信任与合作。① 新公共服务理论将公民的利益作为重点,与将公民视为顾客的新公共管理理论不同,新公共服务理论认为政府应该服务于公民,而不是顾客,并将公民权作为一种生活方式来看待,鼓励市民参加公共事务,并强调与市民间的互信与协作。

三、社区教育公共服务属性分析与供给选择

社区教育是教育公共服务的重要内容,新公共服务理论的核心内核对社区教育供给的革新与发展具有重要的参考意义。

(一) 社区教育供给目标的均等化

"价值判断是公共服务供给的首要环节,其规定了供给过程和最终产品的存在意义与利益导向。"② 价值取向对社区教育供给具有重要的引导和规范作用,新公共服务理论主张政府的职责是服务而不是掌舵,强调追求的是公共利益而不是生产效率。特别是新公共服务理论源于民主公民权理论,关注公民、民主等,这些都对社区教育供给目标的价值取向确立提供了重要的理论基础。推进基本公共服务均等化已逐步成为国家重大改革命题和重大战略任务,党的十九大报告将"基本公共服务均等化"提高到"决胜全面建成小康社会的重点任务"的战略高度。但根据"基本公共服务均等化"这一目标,社区教育供给上还存在较大的差距,特别是中西部地区,收入水平、教育程度等较低的弱势群体还不能很好地享受社区教育服务,社区教育资源分布不平衡、发展不充分的问题依然普遍存在。为此,在社区教育供给目标上,应当是面向全体社区居民,确保服务人群的全纳性,同时,在供给范围、供给质量和供给形式上做到地域均衡、人群广覆盖,在供给上提供必要的社会资源与可及的参与

---

① 罗伯特·B·丹哈特,珍妮特·V·丹哈特,刘俊生,等.新公共服务:服务而非掌舵[J].中国行政管理,2002(10):32.
② 陈岩,赵丹.基于精准供给的社区教育公共服务:价值审视与实现机制[J].终身教育研究,2019,30(02):47—52.

渠道。

（二）社区教育供给内容的回应性

回应性是指社区教育公共服务满足社区成员需求、偏好或价值的程度。① 回应性有具体的参考指标，陈岩认为，回应性的衡量标准包含社会成员对所提供社区教育服务的认可程度、社区教育服务项目的执行对社区居民接受教育的需要和提高其福祉的程度、社区成员对社区教育的参与程度等。② 新公共服务理论也强调公民参与社区建设的观点，凸显了社区居民在社区教育供给中的重要作用。社区教育面向的群体复杂且多元，包括老年群体、在职人群、青少年群体、外来务工人员等，这些群体在学习需求和学习特征上存在较大的差别，这就要求社区教育供给内容要回应社区居民多样化、多层次、个性化的学习需求，同时，社区居民在社区教育内容的开发与实施中也可以发挥积极作用。

（三）社区教育供给主体的多元性

新公共服务理论强调了政府在公共服务过程中所扮演的角色，但也指出，公共服务不能仅由政府承担，必须由各方共同参与。一方面，对于社区教育供给而言，要充分认识到社区教育公共服务的政府责任，把做好公共服务作为其核心的价值追求，满足日益增长的社区教育需求，办人民满意的社区教育。另一方面，面对社区教育供需矛盾突出的问题，要改变传统的政府单一供给体制，充分发挥区域内办学机构、社会组织、企事业单位的作用，积极寻找合作伙伴，实现资源的共享和整合，从而将原本处于分散状态的社会群体、组织和个人资源有机地组合起来，形成一个共同的社区教育服务平台，营造全社会共同学习、交流的良好氛围，使社区教育成为真正惠及百姓的教育形式。

（四）社区教育供给过程的参与性

传统公共行政中，公共政策的执行往往是一种从上到下的单向性的执行模式，基于公民社会中的公民权理论、社区与市民社会模式、组织人文主义与组织对话理论、后现代的公共管理理论等，新公共服务理论也随之产生。社

---

① 陈岩，赵丹.基于精准供给的社区教育公共服务：价值审视与实现机制[J].终身教育研究，2019，30（02）：47—52.
② 陈岩.我国公共政策的伦理问题分析[D].大连：大连理工大学，2004.

区在民主政治的建设中起到了很大作用。所以,我们主张让公民参与到政策制定中,让公民和政府共同分享决策权。尤其是对社区公共服务的知情权、参与权和监督权的表达,在某种程度上,可以提升市民的社会责任意识。通过公民参与,可以重新树立市民对政府的信心,这对推动社区自治有着积极而显著的意义。

第四节
社区教育供给性质分析

社区教育的准公共产品属性和社区教育的公共服务属性是基于不同的研究视角而言的,在当前的学术研究中,公共产品和公共服务通常被替换使用,在本研究中也不作明确区分,但仍然从理论角度对两者进行简要分析,在深入理解的基础上为供给机制的实施与安排提供理论研究基础。同时,社区教育的准公共产品性质或公共服务属性在新时期也表现出发展性,特别是在推进教育现代化的新征程中,社区教育供给必然需要以教育现代化理念为引领,推进社区教育供给在发挥准公共产品属性和公共服务效能的基础上迈上新台阶。

一、社区教育公共服务或公共产品性质

(一)公共产品与公共服务的内涵之分

社区教育供给是教育公共服务供给体系的一部分,因社区教育的开放性、全民性、公益性、全程性等特征,其供给服务有其自身的典型特征,公共产品理论和新公共服务理论为社区教育供给的发展和完善提供了重要的理论基础,也为本研究厘清了社区教育供给的性质。公共产品和公共服务属于两个不同的学科,对公共产品的理解是从经济学中衍生出来的,对公共服务的理解则是从行政学中衍生出来的,但都是公共服务供给的理论来源。目前,学术界并没有对两者的概念达成共识,总体来看,大致可以分为以下三种情况:

一是同义关系。靳永翥指出,传统的政府行为和经济理论将公共服务视为

公共物品,[1]有学者认为公共服务和公共产品两者相互替代,张序认为,在公共经济学出现并发展起来的过程中,行政政治学开始对经济学与管理学的理念进行借鉴,认为两者的概念逐渐趋于统一,[2]柏良泽在研究西方经济学的基础上指出,公共服务和公共产品这两个概念之间没有清晰的界限,两者通常可以替换使用。[3]

二是并列关系。并列关系主要是认为公共产品和公共服务是政府职能中提供的两种不同的内容,公共产品是政府提供的有形产出,公共服务则是政府提供的无形的产出。杜万松则认为公共产品指的是工具性质的资源分配效率,公共服务是功能性质的公共利益的保障。[4]

三是包含关系。一种观点认为,公共服务包含公共产品,例如,王毓认为公共服务既可以提供公共产品,也可以提供混合产品或私人产品。[5] 另一种观点认为,公共产品包含公共服务,例如,许彬认为公共产品有各种形态,公共服务是具有服务形态的公共产品。[6]

在本研究中,公共产品和公共服务是政府公共事务的"一体两面",即从不同的角度来理解公共事务的表征,前者从供给效率来看待公共事务,更强调操作层面;后者从公正的角度来看待公共事务,更强调职能层面。公共产品与公共服务之间是内在统一性的涵盖关系,从狭义上来看,公共产品等同于公共服务;从广义上来看,公共产品是同时具备消费的非竞争性和非消费性特征的产品,这类产品可以等同于政府向社会成员提供的公共服务,因此,公共服务包含在公共产品之内。前文中提到教育产品分为纯公共产品、准公共产品和私人产品,前两种属性的教育产品属于教育公共服务的范畴。作为准公共产品的公共教育,其供给主体和供给方式可实行多元化供给模式,即政府不再是公共教育唯一的投资、供给主体,市场、社会组织以及志愿者团体都可以参与公共教育的投资与供给过程。总体来看,随着政府职能的转变以及对教育公共服务理论研究的进展,产出的流程和形态都发生了巨大的变化,公共产品和公共服务之间更加趋同。

---

[1] 靳永翥.公共服务及相关概念辨析[J].中共贵州省委党校学报,2007(01):62—64.
[2] 张序.与"公共服务"相关概念的辨析[J].管理学刊,2010,000(002):57—61.
[3] 柏良泽.公共服务研究的逻辑和视角[J].中国人才,2007(05):28—30.
[4] 杜万松.公共产品、公共服务:关系与差异[J].中共中央党校学报,2011,15(06):63—66.
[5] 王毓.政府公共服务改革:构建社会主义和谐社会的迫切要求[J].当代经理人,2006(07):221—222.
[6] 许彬.公共经济学导论:以公共产品为中心的一种研究[M].哈尔滨:黑龙江人民出版社,2003.

(二) 作为准公共产品抑或公共服务的社区教育供给性质

通过对上述问题的研究,可以看到,在准公共物品和公共服务这两个概念下,所体现出来的是在两种视角下的社区教育。准公共产品关注的是社区教育的非排他性和非竞争性,公共服务关注的则是社区教育是否符合公共利益。政府向民众提供公共产品或公共服务是现代政府的一项基本职能,但是在社会资源总量约束的条件下,必须关注公共产品或公共服务的供给效率和供给质量。明确社区教育供给的特征、属性、层次等,便于回答社区教育谁来供给、为谁供给、如何供给、如何评价供给等,对完善当前社区教育供给的决策、运行机制和评价、监督具有重要意义。

1. 社区教育为何供给:追求效率还是追求公共价值

在公共产品理论看来,公共物品需要集体行动来提供,而私人物品可以通过市场提供,原因在于私人提供公共产品难以实现帕累托最优效率,还会发生"搭便车"问题,因此,政府应当提供公共产品。科斯认为,政府供给公共产品的理由是为了节约交易成本,政府能够通过强制命令来配置公共资源。[①] 对于准公共产品而言,准公共产品的提供主体不同,导致的供给效率结果也存在差异,准公共产品可以由政府和市场共同提供。因此,作为准公共产品的社区教育,政府和市场共同参与供给。从公共产品理论的分析思路来看,公共产品由政府或者市场来供给,主要考虑的是资源配置效率是否最大化,这体现了明显的效率取向。

与公共产品理论不同的是,作为公共服务的社区教育更多基于公共利益角度的考虑。公共服务是一个政治学概念,强调为了满足公共需求、保障公民权利、维护公共利益等公共价值目的,政府向公众提供的社会产品和服务,公共价值是公共服务的出发点和归宿。[②] 作为公共服务的社区教育,强调为市民提供更丰富的学习机会,以实现社区居民综合素质和生活质量的提高,并进而推进社区治理和社会和谐发展,其基于对每个个体受教育权的实现,是对教育主体性和人民性的回应。

2. 社区教育为谁供给:政府意愿还是公共需求导向

在公共产品理论中,政府供给准公共产品是基于效率最大化,因此,其主要

---

① 李盼道,徐芙蓉.公共产品供给的理论逻辑与实践[J].西安石油大学学报(社会科学版),2019,28(04):15—27.
② 夏志强,付亚南.公共服务的"基本问题"论争[J].社会科学研究,2021(06):19—29.

源于政府自身意愿导向，由政府负责公共服务如何提供、提供效果如何等，而忽视了公众作为供给对象的参与作用，也就有可能出现供给缺位和供给错位的问题。例如，在当前的社区教育发展中，很多地方政府供给的社区教育资源未能充分了解社区居民的需求，造成了大量社区教育资源的重复和浪费。尽管从效率角度来看，政府大规模开展社区教育工作，最大程度地发挥了教育的社会性职能，但是也使得社区教育的精准化供给有所欠缺，特别是针对不同人群、不同年龄阶段社区居民的教育资源供给尚且不足。

与之相对应的，在新公共服务理论看来，在集体努力与协作下，符合公众需要的政策与计划能够最有效、最负责任地执行，同时，新公共服务理论注重"顾客"的需求，并希望公众参与到政府的决策中，从而更好地保障公共利益的实现。所以，政府在提供公共服务时，必须要将公共需求予以纳入，社区教育是一种与准公共物品不同的公共服务，在提供这种公共服务的过程中，服务提供者和服务接受者之间存在密切的关系，所以，政府不仅要主动介入社区教育，还要以社区居民的需求为出发点，了解供给对象对供给服务的满意程度，以此不断改善社区教育供给。

3. 社区教育如何供给：政府参与供给还是政府主导供给

在公共产品理论中，准公共产品由于具有非竞争性和非排他性的特征，政府供给准公共产品具有不可比拟的优越性。但是，经济学家并非认为所有准公共产品完全由政府提供，在他们看来，所有准公共产品如果全部由政府进行供给，不仅会影响供给效率，还会损害公平的实现，所以，政府提供的准公共产品实际上就是市场提供的补充。作为准公共产品的公共教育，其供给主体和供给方式可实行多元化供给模式，即政府不再是公共教育唯一的投资者和供给主体，市场、社会组织以及志愿者团体都可以参与公共教育的投资与供给过程。当前，我国社区教育的供给主要以政府为主，逐渐引入市场机制参与社区教育。

新公共服务理论强调政府的职能是服务，而不是掌舵。政府的核心目的在于实现公共利益，因此，在社区教育供给中政府仍然发挥着不可替代的作用，这种作用意味着政府在社区教育多元供给中要起到主导地位，其他主体则是作为补充的角色参与到供给中，同时协调好政府、市场主体和第三方组织在公共服务供给中的关系。因此，作为公共服务的社区教育，尽管有准公共产品的特性，但仍然要强化政府在社区教育供给中的主导地位。

综上所述，不论是作为准公共产品的社区教育，还是作为公共服务的社区教育，在社会资源有限的情况下，如何优化社区教育供给结构，扩大社区教育供给力量，拓展社区教育供给方式，丰富社区教育供给内容，加强社区教育供给监测，实现社区教育的高质量供给，这是我国当下社区教育发展面临的重要难题，需要以教育现代化理念为引领不断变革与发展。

二、社区教育供给的现代化性质

在我国加速推进教育现代化的进程中，终身学习已经从教育理念、教育行动上升为国家战略，社区教育作为构建服务全民终身学习教育体系的基础性部分，在推进教育现代化发展中发挥着重要作用，需要在现代化发展中保持根本性质的基础上不断适应、调整和创新，在供给机制、供给体系、供给结构和供给方式等方面赋予新的时代内涵。新时期，社区教育供给既需要以教育现代化战略为引领，又需要立足于公共产品理论和新公共服务理论和思想内核，以此回答社区教育供给什么、如何供给、如何评价供给等问题，从而寻求社区教育供给的实践逻辑和发展路径。推进教育现代化是建设教育强国和服务国家战略的必然选择，以理念提升、制度创新、物质基础为核心的教育现代化理念，为社区教育供给在新时期转型、创新与发展提供了理论指导和行动指南。就教育现代化的结构而言，教育现代化通常可以理解为教育在物质、制度和理念上的现代化，也是本研究中社区教育现代化的三个维度，即在教育现代化的理念下，通过观念、制度和物质三个层次的提升，达到与社会发展相匹配的先进水平为核心；通过满足居民的学习需要、提升生活品质的需要和提升就业能力的需要，进而推动个人综合素养和品质的全面提升，并推动劳动力的再就业和社会的协调持续发展的过程。① 基于对社区教育现代化的理解，社区教育供给也在理念提升、制度重构和物质基础上呈现出现代化的特征，更需要把握教育现代化在理念、制度和物质层面上的要求。具体而言，理念层面的现代化包含知识、道德、思想观念、行为方式等方面的现代化；制度层面的现代化包括教育法律法规、政策规划、体制机制、教育组织机构等方面的现代化；物质层面的现代化包括所有的设备设施和技术等条件在内的、除人力资源之外的一切教育资源的现代化。②

---

① 丁海珍.教育现代化视域下社区教育发展的路径选择[J].职教论坛，2020(03)：119—125.
② 杨小微，游韵.教育现代化的中国视角[J].教育研究，2021，42(03)：135—148.

(一) 社区教育供给价值理念:更加强调公平、均衡、高质量

观念的现代化是教育现代化的灵魂,也是教育现代化发展的核心,可以说,各种教育问题的产生和"悬而未决"问题,归根结底就是教育观念上的错误,尤其是在社区教育方面,社区教育的发展尚处于初级阶段,对社区教育甚至还未形成统一的认识,对其在促进经济社会发展的作用更未得到深刻体现。具体来说,对社区教育的内涵没有清晰地把握,对社区教育的范畴和功能等没有形成统一,有些将文明创建、基层党建、文化体育纳入社区教育工作的范畴,有些则认为社区教育就是老年教育、社区学校中的教育活动等。[①] 总体来看,社区教育在提升个人现代性和推进社会现代化发展的内容上还不够丰富,社区教育供给需要凸显"人"的价值性。一是社区教育要充分发挥教育的育人功能,满足社区居民日益多样化和高质量的学习和教育需求,以增进人的现代性为根本目的,以学习者的需求为导向,凸显社区教育供给的普及性、公平性、均衡化、高质量,并在此基础上不断增进人的现代性和社会现代化的发展;二是社区教育供给"人"的价值性还体现在社区教育供给是一个双向互动、有机循环、相互连接的发展过程,社区教育供给在给社区居民提供满足其需求服务的同时,也在激发和影响着社区居民的学习需求和学习能力,从而促进社区教育供给结构完善和匹配优化;三是在社会发展层面,关注群体发展、社区发展和社区治理的价值和作用,为不同年龄、不同收入、不同文化程度的社区居民提供多样化、多层次的社区教育服务,体现社区教育的普惠性和全纳性,并通过社区的学习化推进社区教育治理创新,助力学习型社会建设和社会和谐发展。

(二) 社区教育供给制度创新:更加强调法治、开放、治理能力

制度层面是精神层面和物质层面的中间层,现代化的制度是社区教育现代化发展的重要保障,也是教育理念现代化的一种彰显。制度的现代化是指建立与现代教育和经济社会发展相适应的教育体制、机制与法律法规等,教育现代化的过程实质上就是教育体制的不断创新,从而推动社会生产力的发展,改变人类的生存方式。[②] 通过制度层面的现代化一方面推进教育现代化增长,另一

---

① 丁海珍.教育现代化视域下社区教育发展的路径选择[J].职教论坛,2020(03):119—125.
② 田正平,李江源.教育制度变迁与中国教育现代化进程[J].华东师范大学学报(教育科学版),2002(01):39—51.

方面协调和控制教育现代化进程中可能出现的教育失范现象,从而保障教育事业的有序发展。社区教育政策是与社区教育现状和社区教育未来发展密切相关的顶层设计,指引和规划着社区教育实践的发展。当前,社区教育制度建设明显滞后于社区教育实践发展以及新时代人民群众对高质量社区教育的需求,从相关政策文件来看,关于社区教育的政策法规和纲领性文件较少,国家层面未有专门针对社区教育的上位法,各级政府也缺乏对社区教育政策发展的重视。受社区教育体制机制的影响,当前的社区教育供给主体仍然以政府主导为主,供给内容较为固定和单一,影响着社区教育供给的质量和供给满意度。

面对《中国教育现代化2035》提出的推进教育治理体系和治理能力现代化的要求,社区教育制度建设也必然从"管理"走向"治理",从关注政府走向关注所有利益相关者,从政府主导走向多元协商,从以行政手段为主走向多元主体平等合作的多元化手段。特别是《教育部等七部门关于推进学习型城市建设的意见》《教育部等九部门关于进一步推进社区教育发展的意见》《中共中央国务院关于加强和完善城乡社区治理的意见》等文件陆续对社区教育融入社区治理提出了要求。[1] 社区教育供给制度要立足法治、开放、治理能力,规范社区教育供给的配置和运行方式,在横向上突破社区教育管理体制的壁垒,加强与民政、财政等部门的协作,完善有关制度,建立完善的推进机制;在纵向上确定各级政府、社区教育主管部门、各组织、个人在社区教育供给中的责权和义务,并出台相应的配套政策和具体实施方法。

(三) 社区教育供给的物质基础:更加强调专业、智能、个性化

在教育现代化中,物质层面的现代化是最明显也是最容易接受的,物质层面的现代化包括教育规模、办学条件、师资队伍、信息化水平、经费保障等内容。当前,我国教育事业发展中仍然存在着发展不均衡、结构不合理、质量不高、评价不科学、保障不到位等诸多问题,使得教育的开放度、优质度、贡献度、协调度、共享度等离教育现代化的要求还有一定的距离,[2]这就需要社区教育供给在资源整合上更加多元、在供给配置上注重均衡、在供给内容上凸显数字化转型、在供给质量上注重个性化。特别是人工智能和互联网信息技术的高速发展,为

---

[1] 崔珍珍,何润燕.社区教育供给侧改革内涵与外延探究[J].广州广播电视大学学报,2020,20(03):1—5+106.
[2] 车富川,祁峰.教育服务供给侧结构性改革的思考[J].现代教育管理,2017(05):33—37.

缓解社区教育供给中的总量不足和资源不均提供了重要的支撑和保障，针对社区教育供给中不平衡、不充分等问题，利用多种先进技术，使社区教育资源覆盖老年人、青少年、在职人员、外来务工人员、下岗失业人员、外籍人士等更广泛的人群，并针对不同群体多样化、个性化的学习需求提供在职技能提升、文化休闲教育、老年教育、家庭等信息化服务；同时，以大数据、云计算、深度学习、物联网、实时感知等新一代智能信息技术以及各类智能设备和互联网为支撑，更新社区教育资源，实现社区教育资源的体验性和可视化，促进线上线下教育、区域之间及跨区域之间的资源整合。

✦ 第五节 ✦
社区教育供给与教育现代化的关系框架

前面章节的研究和论述分别对社区教育供给以及教育现代化的相关理论进行了系统和深入的梳理，本研究着眼于教育现代化视野中的社区教育供给发展与完善，并力求在教育现代化的支撑框架之内探讨当前社区教育供给存在的现状与问题，剖析社区教育供给与教育现代化发展之间的差距，因此，对社区教育供给与教育现代化之间关系的解释是下一步研究的重要基础。本节旨在探讨社区教育供给与教育现代化之间的关系，并对这一关系进行深入解构，以更好地理解社区教育在当今教育体系中的地位和作用，在此基础上为改进社区教育的供给模式和教育现代化的路径提供有益的启示和建议。

一、教育现代化与社区教育供给的理论解构

基于前文的文献综述和理论研究，可以清晰地看到社区教育供给不是一个孤立、单项的运行过程，其涉及供给主体、供给客体、供给形式以及供给评价等多种要素，归结起来大致包括供给模式、供给结构和供给质量三个方面，这不仅是社区教育供给侧改革的关键内容，也是推进教育现代化发展的重要动力。因此，本研究将社区教育供给置于教育现代化发展的框架之中，既是服务国家发展战略的需要，也是社区教育高质量发展的根本指向，社区教育的供给模式、供给结构和供给质量都需要形成与教育现代化发展相适应的水平，在理念更新、

物质重塑、物质提升上予以系统性和整体性推进,促进我国社区教育事业在建设学习型大国中发挥更为重要的作用。具体来说,教育现代化与社区教育供给关系如图2-1所示。

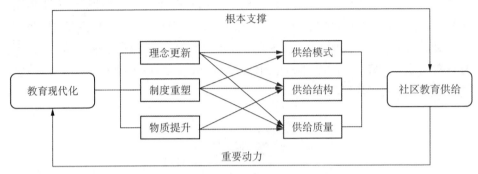

图2-1　教育现代化与社区教育供给的关系

(一) 教育现代化是社区教育供给侧改革的根本支撑

教育现代化的发展是教育在观念、制度、物质方面的现代化,其中,观念的现代化表现在教育价值、教育思想、教育观念等方面的现代化,教育制度的现代化表现在建立法治化、系统性、符合现代教育发展的教育体制机制以及体现教育治理能力的现代化,教育物质的现代化表现在教育在数量和规模、技术与手段、投入与保障等方面的现代化。从根本上讲,社区教育供给侧改革是社会发展的必然要求,是实现社会主义现代化的必由之路。因此,社区教育供给侧改革必须立足于教育现代化这个根本,在供给理念、供给制度和供给物质基础上凸显现代化的特征,三者相互协调,不断推进社区教育供给的发展与完善。

首先,在物质层面,社区教育供给的财力、物力、人力、资源等都需要不断提升,形成与教育现代化相适应的物质基础,这些物质基础不仅能够优化社区教育的供给结构,也在一定程度上影响着社区教育的供给质量。特别是党的二十大报告首次将"推进教育数字化"写入"办好人民满意的教育"部分,提出"推进教育数字化,建设全民终身学习的学习型社会、学习型大国",社区教育供给要充分利用现代信息技术在供给全流程中的价值,不断引领资源配置和资源结构更加科学合理,满足不同类型学习者的学习需求。

其次,在制度层面,社区教育供给的现代化要求建立法治化的管理体制和规范化的运行机制,包括明确的责任分工和权责制度、高效的决策机制和资源配置机制,以及科学的评价体系和监测机制。制度层面的现代化有助于确保社区教育供给的公平性、高效性和可持续性通过有效的供给政策、供给资源的优化配置和合理利用,促进社区教育服务的规范化和质量提升。

最后,在精神层面,中国式教育现代化要求我们加快建设更加公平、包容和民主参与的高质量教育体系,在保障全体人民受教育机会的基础上实现基本公共教育服务均等化,让教育改革发展成果更多更公平地惠及全体人民,努力让14亿人民享有更好更公平的教育。① 在社区教育供给中,要强化公平正义的供给理念,确保社区教育资源的公平配置,保证不同区域、城乡、类型的人群都能够享受到优质、高质量的社区教育服务。

这三个方面的现代化是相互关联、相互促进的。物质层面的现代化提供了物质基础和条件,为制度层面的现代化提供支撑和保障;制度层面的现代化规范了社区教育供给的运行和管理,为精神层面的现代化提供框架和引导;精神层面的现代化则是教育现代化的核心目标和动力,推动物质层面和制度层面的现代化不断地向更高水平发展。

(二) 社区教育供给侧改革是实现教育现代化的重要动力

党的十九大报告指出,中国特色社会主义进入新时代,我国社会的主要矛盾已经转化为人民日益增长的美好生活需要和不平衡、不充分的发展之间的矛盾。这一论断体现的是我国当前供需不平衡的矛盾,习近平指出,我国经济运行的主要矛盾仍然是供给侧结构性的,必须坚持以供给侧结构性改革为主线不动摇。② 建设现代化的经济体系,就需要牢牢抓住供给侧结构性改革这条主线索,这也正是教育服务供给侧结构性改革的经济背景。

自社区教育在我国起步与发展以来,其在教育体系中的地位逐渐上升,也逐渐在政策文本中得到体现。这既是一个将教育制度与经济发展要求有机结合的进程,又是一个提高优质教育提供能力的演变过程。在新时代背景下,国家对教育供给侧改革的决心,反映了人们对高质量教育的需求不断增加与教育供给不平衡、不充分之间的矛盾的现实。要想解决这个问题,最重要的一点就是要对教育的提质增效和高质量发展进行综合优化,从而不断地提高优质教育

---

① 申国昌,白静倩.中国式教育现代化的内涵、表征及实施路径[J].河北师范大学学报(教育科学版),2023,25(04):14—23.
② 中央经济工作会议举行 习近平李克强作重要讲话[EB/OL].(2018-12-21)[2022-10-02]. http://www.gov.cn/xinwen/2018-12/21/content_5350934.htm.

的供给能力。在当前国家提倡供给侧结构性改革的大环境下,人们对供给服务的要求越来越高,期待通过提高教育供给水平主动回应人民群众对高品质的社区教育的现实需要。在中国式教育现代化战略指引下,大力推进全民终身学习,建设学习型大国,是我国进入新时代教育改革发展的重大课题。社区教育现代化发展是建设学习型大国的重要环节,其中,社区教育供给的水平和质量是影响社区教育现代化发展的重要因素。正如教育现代化并非是孤立、狭义的数量增长,还反映了教育在内容、形式的变革以及内外系统的协调与平衡,社区教育供给现代化发展也并非单一的规模的增长,而是整体性、系统化的社区教育供给的建构。新时代社区教育要以满足人民群众日益增长的对优质教育的需求为出发点和落脚点,并将其融入全面建设社会主义现代化国家新征程,以高质量、高公平的教育服务回应人民群众对美好生活的向往。

二、社区教育供给现代化发展的逻辑框架

建设教育强国和实现中国现代化均对终身教育及社区教育发展赋予了新内涵,在此背景下,社区教育需要以社区教育供给模式创新、社区教育供给结构优化和社区教育供给质量提升上予以系统化推进,通过优化教育资源配置和创新教育体制机制,激活社区教育活力和实现动力机制转换,突破社区教育供需深层次管理和结构困境,以社区教育供给创新引领教育需求升级良性发展的变革实践。

(一) 供给模式

供给模式,即运用整体制度安排,对公共服务供给的融资、生产、数量、质量、组织等进行安排、监督和决策。[①] 正如前文中的理论阐述,受不同理论和政府职能转变的影响,公共服务供给模式也在不断地发生变化。公共服务供给模式主要有政府供给模式、市场供给模式和多元供给模式等。在当前经济社会的发展中,随着新公共服务理论以及多中心治理理论在公共服务领域中的渗透和影响,多元化供给模式成为一种重要的选择,仅由政府或者市场单一供给的模式已经无法适应逐渐旺盛的居民学习需求。

---

① 王安琪.公共服务多元主体供给模式研究[J].现代商业,2017(02):84—86.

1. 政府主导的供给模式

政府主导的供给模式指由政府部门主导并推动建设,经费投入以公共财政为主开展的供给,政府供给拥有组织成本和监管成本、财政权力优势以及应对非排他性和非竞争性等问题。以往政府在公共服务供给中,既是资金提供者,又是服务生产者,容易造成"搭便车"或者政府垄断的局面。这种类型的政府供给在推进教育公平、教育公共服务优势均衡发展上有很大的优势,但是在供给过程中无法将供给者和生产者进行精准区分,不利于供给服务的效率和质量,甚至忽视不同类型群众多样化、个性化的学习需求。在新公共服务理念下,政府在教育公共服务供给中的角色逐渐发生变化,政府更多的是作为供给政策的宏观管理与规划,为教育供给提供政策保障和经费支撑,并且发挥着对供给服务的监督和评价作用,最终政府从教育服务供给的直接经营中解脱出来。

2. 市场主导的供给模式

以市场供给为主的模式指社区教育供给的主体主要是私人、社会团体和其他组织等市场力量,供给主体不再是仅由政府承担,政府开始进行职能的转变,重视市场和社会力量的重要机制和作用,通过竞争机制来提高公共服务供给的效果,最终形成多元参与的供给格局。市场供给的核心问题是实现投资主体的效益最大化,利用市场机制进行资源配置,可以使社会公众对教育的各种不同要求得到最大程度的满足,从而达到帕累托最优。

3. 多主体供给模式

政府对教育供给的全权管理、大包大揽会产生教育供给效率低下甚至无法满足差异性的教育需求,过于市场化的教育供给又会引发教育的公共性危机。目前,基于其能够最大程度地对公共产品进行有效供给,多主体供给模式已经成了诸多公共产品供给的优先选择,以缓解单一供给的局限性和人民群众差异化的教育需求。所谓多主体供给模式,主要是指两种以上的主体进行有效组合形成的教育供给模式,通过分工与合作形成优势互补,进而满足各种供给要件。以美国的社区教育为例,政府、高校、社区、图书馆、博物馆、公共服务机构等均承担着不同的教育服务供给角色,以提供不同形式的社区教育项目,开展面向社区和老年人的教育服务活动。① 在多主体供给模式中,政府、市场、社会组织在教育服务供给中的角色与定位是其中的核心问题,它们之间可以采用志愿服

---

① 高茜,许玲."互联网+"时代美国老年教育服务供给模式探析[J].中国职业技术教育,2020(33):34—40.

务、合同、特许经营、政府购买等形式共同参与社区教育供给服务。

(二) 供给结构

根据对结构的通用定义,"建筑受力构件的构造""构筑""建造""勾结"等有许多不同的含义,本文选择了对这些含义的通用理解,也就是对构成该体系的各个构件的组合与排列。贺薇认为,供给结构的核心要素包括三个方面:由谁提供(供给主体结构)、提供哪些内容(供给内容结构)、以什么样的方式提供(供给方式结构)。① 支继丹认为,供给结构意谓各个供给要素之间的关联形式,以及各组成部分间的排列和组合式样,由地域布局结构、层次结构、科类结构、类型结构四个层面构成。② 在本研究中,社区教育供给结构包括供给主体结构、供给内容结构和供给形式结构三个方面。

1. 供给主体结构

伴随着我国治理体系与治理能力现代化的推进,社区教育供给的运行机制需要予以相适应,其核心就在于推进社区教育供给多元主体的发展,进而深化不同供给主体之间的合作信任与协调沟通,充分发挥各社区教育供给主体的资源优势,提升社区教育供给的效率和质量。在当前竞争日益激烈的社会环境下,社会公众对教育和学习的需求日益旺盛,也对社区教育公共服务提出了更高的要求,由政府单一供给社区教育的模式已经无法适应社区教育现代化的发展,需要对多元供给主体的定位与功能进行界定,明确政府、市场、社会在社区教育供给中的作用,摆脱对市场机制和社会力量的排斥,培养多个主体的共同参与。

2. 供给内容结构

社区教育的课程设置是社区教育供给的重要内容,直接反映了社区教育供给现代化的发展,既包括有形的社区教育资源,也包括无形的社区教育资源。要想加深社区教育的内涵,提高社区教育的供给质量,就必须强化社区教育的课程资源体系。教育现代化理念下,社区教育供给内容更加强调系统性、整体性、公平性与优质性,不仅是面向每一个个体的教育需求,更是积极引领和创造学习者的教育需求,以不断满足新时代下建设学习型大国的要求。

3. 供给形式结构

当前,推进教育现代化以及社区教育现代化离不开教育数字化战略,以及

---

① 贺薇.资源约束下的居家养老服务供给结构优化研究[D].武汉:武汉大学,2023.
② 支继丹.新时代中国高等教育供给质量优化研究[D].长春:吉林大学,2023.

教育数字化战略引起的社区教育供给模式的革新,在技术的赋能为社区教育供给提供更广阔的发展空间。可以看到,教育数字化转型发展在资源整合、信息共享、工作协同中呈现出技术创新和机制创新的特色优势,能够增进教育现代化理念引领下社区教育供给结构对需求变化的适应性和灵活性,并在解决社区教育供需主体间信息、资源与服务动态衔接问题上发挥着关键作用。

(三) 供给质量

供给质量是供给主体向社会需求主体提供的符合时代标准的供给产品和服务,社会需求主体根据供给产品和服务所具有的层次、水平和标准进行质量的衡量,其中,主观的满意度是重要的评价依据。[①] 当前,高质量发展已经成为我国建设教育强国的鲜明指向,也是教育现代化发展的核心要义,教育供给的质量直接受到教育体制和教育资源的分配方式约束,两者的低效会使得教育系统的自身反馈机制失灵,对外界社会的进步没办法作出及时的调整,从而造成社区教育有效供给的滞后。衡量教育供给质量的标准是多维的,本研究将根据实证研究的现状进行分析与研究。

---

① 支继丹.新时代中国高等教育供给质量优化研究[D].长春:吉林大学,2023.

第三章

基于政策文本分析的社区教育供给现代化的发展指向

教育现代化不仅是现代性增长的过程,同样带有一定的政策属性,即政策层面的话语表达和目标承诺是具体化、集中化、个性化层面关于教育现代化的现实谋划与实践运用。① 教育现代化发展的本质和要求迫切需要各级各类教育在政策推进和实践样态上协调发展与内在共生,对于社区教育而言,社区教育供给的演变和发展不仅反映着社区教育的整体性变革,也以一定的演变规律影响着未来社区教育供给的发展形态。社区教育供给政策是为保障社区教育资源服务生产、供给、管理等采取的政治行为或规定的行为准则,社区教育供给政策内含于社区教育的各类政策演进中,其政策变迁是社区教育供给演变历史梳理和逻辑剖析的有机结合。因此,通过梳理不同时期社区教育供给政策的发展特征,不仅能够总结和归纳社区教育供给政策的逻辑内理,也可以明晰教育现代化发展背景下社区教育供给调整与优化的政策取向和时代指向,推进社区教育供给的高质量发展。

在社区教育供给的历史变迁中,实践的探索与政策的推进同向而行,社区教育政策作为社区教育的宏观顶层设计,体现出社区教育在实践推进中的价值导向和基本特征,影响着社区教育供给整体的演变。因此,本章将从政策视角分析社区教育供给在不同历史时期的演变形态,阐释社区教育供给在不同历史

---

① 蔡亮.论"教育现代化"概念的三维向度[J].当代教育论坛,2022,310(04):1—10.

时期的制定与执行的科学性和合理性,这些顶层设计彰显出国家对社区教育发展的重视,是对社区教育供给现代化发展的新指向。尽管当前还未出台专门关于社区教育资源供给类的相关政策文件,但各类提及甚至专门针对社区教育的政策文件中或多或少地涉及社区教育供给主体、形式、模式等,包含政府对社区教育公共服务供给的指引和导向,对社区教育政策进行分析,可以从中寻求社区教育供给现代化的发展逻辑。本章首先利用 Nvivo 文本分析软件对社区教育政策进行分析,明晰社区教育发展不同阶段中社区教育供给的发展特征,在此基础上对社区教育供给特征进行总结和归纳,从中梳理出社区教育供给现代化发展的逻辑机理。

第一节 设计与分析

一、文本选择

教育政策是依据党和国家在一定历史时期的基本任务、基本方针而制定的关于教育的行为准则。教育政策研究是厘清政策发展宏观脉络的重要途径,是不同阶段教育发展重点的直接反馈。社区教育供给政策是国家机关、政党及其政治团体为保障社区教育资源服务生产、供给、管理等采取的政治行为或规定的行为准则。我国社区教育政策经历了从零起步到渐成体系、从零散提及到专门制定、从补充辅助到着重关注的变迁历程。社区教育供给政策内含于社区教育的各类政策演进中,其政策变迁是社区教育供给演变历史梳理和逻辑剖析的有机结合。为更加系统地厘清我国社区教育政策的发展脉络,探究社区教育供给政策的经济价值、社会价值与社区教育的发展定位和政策导向等内容,本书以 1985 年以来中央、地方政府及相关教育主管部门颁布的社区教育相关政策文本为研究对象。社区教育政策文本的内容选择主要遵循以下原则:一是与社区教育供给直接相关的教育政策文件,如 2004 年颁布的《教育部关于推进社区教育工作的若干意见》、2008 年颁布的《教育部关于确定全国社区教育示范区的通知》、2016 年颁布的《教育部等九部门关于进一步推进社区教育发展的意见》

等；二是与社区教育供给间接相关的教育政策文件，如 1985 年颁布的《中共中央关于教育体制改革的决定》、1988 年颁布的《中共中央关于改革和加强中小学德育工作的通知》和 2015 年颁布的《教育部关于加强家庭教育工作的指导意见》等；三是与社区教育供给相关的国家层面的文件，如 2003 年颁布的《中共中央关于完善社会主义市场经济体制若干问题的决定》、2021 年颁布的《中华人民共和国国民经济和社会发展第十四个五年规划和 2035 年远景目标纲要》等。具体如表 3-1 所示。

表 3-1　本文获取的政策文本情况

颁布年份	政策文本名称
1985	中共中央关于教育体制改革的决定
1988	中共中央关于改革和加强中小学德育工作的通知
1993	中国教育改革和发展纲要（中发〔1993〕3 号）
1996	全国教育事业"九五"计划和 2010 年发展规划（教计〔1996〕45 号）
1998	国务院批转教育部面向 21 世纪教育振兴行动计划的通知（国发〔1999〕4 号）
2000	教育部关于在部分地区开展社区教育实验工作的通知（教职成司〔2000〕14 号）
2000	中共中央办公厅、国务院办公厅关于转发《民政部关于在全国推进城市社区建设的意见》的通知（中办发〔2000〕23 号）
2002	天津市老年人教育条例（2002 年 7 月 18 日天津市第十三届人民代表大会常务委员会第三十四次会议通过）
2002	中共中央办公厅、国务院办公厅关于印发《2002—2005 年全国人才队伍建设规划纲要》的通知（中办发〔2002〕12 号）
2002	中共南京市委办公厅、南京市人民政府办公厅转发《关于建设学习型城市的意见》的通知（宁委办发〔2002〕38 号）
2003	中共中央关于完善社会主义市场经济体制若干问题的决定
2003	中共中央国务院关于进一步加强人才工作的决定（中发〔2003〕16 号）
2003	浙江省教育厅、浙江省文明办、浙江省民政厅关于大力开展社区教育工作的意见（浙教职成〔2003〕220 号）
2004	国务院批转教育部 2003—2007 年教育振兴行动计划的通知（国发〔2004〕5 号）
2004	教育部关于推进社区教育工作的若干意见（教职成〔2004〕16 号）
2005	福建省终身教育促进条例（2005 年 7 月 29 日福建省第十届人民代表大会常务委员会第十八次会议通过）

(续表)

颁布年份	政策文本名称
2005	中共浙江省委办公厅、浙江省人民政府办公厅转发《省委宣传部、省文明办、省教育厅、省民政厅、省总工会、省妇联关于开展构建学习型社会推进学习型社区建设工作的若干意见》的通知(浙委办〔2005〕64号)
2006	中华人民共和国国民经济和社会发展第十一个五年规划纲要
2006	上海市国民经济和社会发展第十一个五年规划纲要(沪府发〔2006〕5号)
2006	天津市人民政府 教育部关于印发《国家职业教育改革试验区建设实施方案》的通知(津政发〔2006〕24号)
2006	中共上海市委、上海市人民政府关于推进学习型社会建设的指导意见(沪委发〔2006〕2号)
2006	中共西安市教育局委员会、西安市教育局关于贯彻《西安市建设学习型城市规划纲要》的实施意见
2007	国务院批转教育部国家教育事业发展"十一五"规划纲要的通知(国发〔2007〕14号)
2007	上海市人民政府关于印发《上海教育事业发展"十一五"规划纲要》的通知(沪府发〔2007〕28号)
2007	中共北京市委、北京市人民政府关于大力推进首都学习型城市建设的决定(京发〔2007〕7号)
2007	江苏省教育厅关于加快发展社区教育工作的意见(苏教职〔2007〕26号)
2007	中共济南市委办公厅、济南市人民政府办公厅印发《济南市关于建设学习型城市的意见》的通知(济办发〔2007〕7号)
2007	上海市教育委员会、上海市精神文明建设委员会办公室《关于推进本市社区学院建设的指导意见》(沪教委终〔2007〕18号)
2008	教育部关于确定全国社区教育示范区的通知(教职成函〔2008〕1号)
2008	中共福建省委宣传部、福建省教育厅、福建省财政厅、福建省民政厅关于加快发展我省社区教育的意见(闽教职成〔2008〕26号)
2009	民政部关于进一步推进和谐社区建设工作的意见(民发〔2009〕165号)
2009	安徽省教育厅关于大力推进社区教育工作的意见(教职成〔2009〕6号)
2010	国家中长期教育改革和发展规划纲要(2010—2020年)
2010	北京市教育委员会关于新时期促进本市社区学院建设和发展的意见
2010	中共长春市委办公厅关于印发长春市建设学习型城市推进工作方案(长办发〔2010〕30号)

(续表)

颁布年份	政策文本名称
2010	济南市文明办、济南市教育局、济南市民政局关于印发《济南市社区教育暂行办法》的通知(济教成字〔2010〕5号)
2010	中共湖南省委、湖南省人民政府关于推进终身教育和学习型社会建设的意见(湘发〔2010〕9号)
2011	马鞍山市人民政府关于构建终身教育体系进一步推进学习型社会建设的实施意见(马政〔2011〕90号)
2011	中华人民共和国国民经济和社会发展第十二个五年规划纲要
2011	上海市国民经济和社会发展第十二个五年规划纲要
2011	上海市人民政府关于印发《上海市教育改革和发展"十二五"规划》的通知(沪府发〔2012〕9号)
2011	上海市学习型社会建设与终身教育促进委员会关于印发《上海市学习型社会建设与终身教育促进三年行动计划》的通知(沪学习促进委〔2011〕1号)
2011	上海市终身教育促进条例(2011年1月5日上海市第十三届人民代表大会常务委员会第二十四次会议通过)
2011	南宁市人民政府办公厅关于印发南宁市发展社区教育促进学习型城市建设实施方案的通知(南府办〔2011〕187号)
2012	教育部关于印发《国家教育事业发展第十二个五年规划》的通知(教发〔2012〕9号)
2012	常州市政府关于加快完善终身教育体系的实施意见(常政发〔2012〕45号)
2012	山西省人民政府办公厅关于推进山西省终身教育工作的意见(晋政办发〔2012〕67号)
2012	浙江省教育厅办公室关于印发浙江省社区教育实验区建设标准和浙江省社区教育示范区建设标准的通知(浙教办职成〔2012〕173号)
2012	山东省教育厅关于推进城乡社区教育发展的意见(鲁教职字〔2012〕30号)
2012	山东省教育厅关于印发山东省乡镇社区教育中心设置与评估标准的通知(鲁教职字〔2012〕27号)
2012	广州市教育局印发推进广州学习型社会建设试点项目实施方案的通知(穗教高教〔2012〕3号)
2012	广州市教育局关于推进我市社区教育网络建设的意见(穗教函〔2012〕1114号)
2012	太原市终身教育促进条例(2012年8月22日太原市第十三届人民代表大会常务委员会第四次会议通过)

(续表)

颁布年份	政策文本名称
2013	上海市教育委员会关于印发《2013年上海市终身教育工作要点》的通知(沪教委终〔2013〕1号)
2013	国务院关于加快发展养老服务业的若干意见(国发〔2013〕35号)
2013	教育部关于印发《教育部2013年工作要点》的通知(教政法〔2013〕2号)
2013	河北省教育厅关于大力推进社区教育工作的意见(冀教职成〔2013〕3号)
2013	沈阳市教育局关于印发社区教育实验点工作指导意见的通知(沈教发〔2013〕76号)
2013	中共南京市委办公厅、南京市人民政府办公厅关于印发《加快终身教育体系和学习型城市建设的实施意见》的通知(宁委办发〔2013〕81号)
2013	郑州市人民政府办公厅关于大力发展社区教育加快推进学习型城市建设的意见(郑政办文〔2013〕13号)
2014	沈阳市人民政府办公厅关于推进社区教育发展的实施意见(沈政办发〔2014〕57号)
2014	教育部等七部门关于推进学习型城市建设的意见(教职成〔2014〕10号)
2014	黑龙江省教育厅关于印发社区教育学院建设标准(试行)和黑龙江省社区教育省级实验(示范)区建设指标体系(试行)的通知(黑教职成函〔2014〕18号)
2014	中共大连市委关于深入推进学习型城市建设的意见(大委发〔2014〕4号)
2014	河北省终身教育促进条例(2014年5月30日河北省第十二届人民代表大会常务委员会第八次会议通过)
2014	宁波市终身教育促进条例(2014年10月29日宁波市十四届人大常委会第十九次会议通过)
2015	教育部关于加强家庭教育工作的指导意见(教基一〔2015〕10号)
2015	中共黑龙江省委办公厅黑龙江省人民政府办公厅印发《黑龙江省关于深入推进农村社区建设试点工作的实施意见》的通知(黑办发〔2015〕47号)
2015	关于加快发展继续教育推进学习型江苏建设的意见(苏教社教〔2015〕3号)
2015	成都市关于推进学习型城市建设的意见(成教办〔2015〕16号)
2016	重庆市教育委员会、重庆市精神文明建设委员会办公室、重庆市发展改革委员会等部门关于深入推进学习型城市建设的实施意见(渝教职成发〔2016〕28号)

(续表)

颁布年份	政策文本名称
2016	黑龙江省教育厅关于印发社区教育示范(实验)区及社区大学、社区教育学院建设指导方案(试行)的通知(黑教职成处函〔2016〕12号)
2016	杭州市人民政府关于构建市民学习圈大力推进终身教育工作的意见(杭政函〔2016〕14号)
2016	成都市社区教育促进条例(2016年8月31日成都市第十六届人民代表大会常务委员会第二十五次会议通过)
2016	教育部等九部门关于进一步推进社区教育发展的意见(教职成〔2016〕4号)
2016	国务院办公厅关于印发老年教育发展规划(2016—2020年)的通知(国办发〔2016〕74号)
2016	上海市国民经济和社会发展第十三个五年规划纲要
2016	上海市教育委员会等七部门关于进一步推进本市学习型社会建设的若干意见(沪教委终〔2016〕9号)
2016	中华人民共和国国民经济和社会发展第十三个五年规划纲要
2016	民政部等部委关于印发《城乡社区服务体系建设规划(2016—2020年)》的通知(民发〔2016〕191号)
2016	全国老龄办等部委关于推进老年宜居环境建设的指导意见(全国老龄办发〔2016〕73号)
2016	关于印发《北京市学习型城市建设行动计划(2016—2020年)》的通知(京教职成〔2016〕8号)
2016	苏州市教育局等十四部门关于加强社区教育工作推进学习型苏州建设的意见(苏教〔2016〕7号)
2016	浙江省委宣传部等六部门关于推进学习型城市建设的实施意见(浙教职成〔2016〕117号)
2016	青岛市教育局等七部门关于加快推进学习型社会建设的若干措施(青教通字〔2016〕8号)
2016	安徽省教育厅等九部门转发教育部等九部门关于进一步推进社区教育发展的意见的通知(皖教职成〔2016〕17号)
2016	贵州省教育厅关于开展社区教育试点工作的通知(黔教职成发〔2016〕276号)
2016	贵州省教育厅等九部门转发教育部等九部门关于进一步推进社区教育发展的意见的通知(黔教职成发〔2016〕303号)

(续表)

颁布年份	政策文本名称
2016	广东省教育厅关于大力发展社区教育推进学习型社会建设的意见（粤教职〔2016〕3号）
2016	甘肃省教育厅等九部门关于印发《贯彻落实教育部等九部门进一步推进社区教育发展意见的实施方案》的通知（甘教职成〔2016〕17号）
2016	上海市人民政府关于印发《上海市教育改革和发展"十三五"规划》的通知（沪府发〔2016〕61号）
2017	国务院关于印发国家教育事业发展"十三五"规划的通知（国发〔2017〕4号）
2017	山东省教育厅等九部门转发教育部等九部门关于进一步推进社区教育发展的意见的通知（鲁教民发〔2017〕1号）
2019	中共中央办公厅、国务院办公厅印发《加快推进教育现代化实施方案（2018—2022年）》
2019	中国教育现代化2035
2021	中共北京市委教育工作委员会 北京市教育委员会等十六部门关于印发《北京市学习型城市建设行动计划（2021—2025年）》的通知（京教职成〔2021〕19号）
2021	教育部2021年工作要点
2021	中华人民共和国国民经济和社会发展第十四个五年规划和2035年远景目标纲要
2021	上海市人民政府关于印发《上海市教育发展"十四五"规划》的通知（沪府发〔2021〕18号）
2021	上海市国民经济和社会发展第十四个五年规划和二〇三五年远景目标纲要
2021	中华人民共和国教育法（第三次修正）
2022	上海市教育委员会关于印发《2022年上海市教育委员会终身教育工作要点》的通知（沪教委终〔2022〕1号）
2022	上海市教育委员会关于印发《上海市老年教育发展"十四五"规划》的通知（沪教委终〔2022〕3号）
2022	上海市教育委员会 上海市学习型社会建设与终身教育促进委员会办公室关于印发《上海市终身教育发展"十四五"规划》的通知（沪教委终〔2022〕2号）
2023	苏州市终身学习促进条例（2022年12月30日苏州市第十七届人民代表大会常务委员会第五次会议通过）

(续表)

颁布年份	政策文本名称
2023	上海市教育委员会关于印发《2023年上海市教育委员会终身教育工作要点》的通知（沪教委终〔2023〕1号）
2023	教育部关于印发《学习型社会建设重点任务》的通知（教职成函〔2023〕9号）
2023	教育部等十部门关于印发《国家银龄教师行动计划》的通知（教师〔2023〕6号）

*注：下文重复出现的文件号均省略。

二、研究方法与工具

首先，运用质性研究数据分析软件Nvivo为研究工具，以社区教育的政治价值的一致性为依据，对政策文本进行词频分析，划分社区教育发展阶段。其次，按编码相似性进行聚类，并进行政策内容编码，梳理编码节点结构，确定父节点和子节点，总结社区教育政策文本演变的阶段性特征。再次，运用模糊C-均值聚类方法（Fuzzy C-Means Algorithm，FCMA），以政策内容编码节点结构为基础，通过优化目标函数得到每个样本点对所有类中心的隶属度，从而对政策文本的阶段性特征进行再分类与再梳理，寻求社区教育供给变迁的演变逻辑。

三、研究结果及分析

（一）社区教育政策发展阶段划分与供给词频分析

以本文选取的54份政策文本为对象，供给词频的最小长度为2，利用Nvivo软件对相关文件进行同义词词频分析可以发现，我国社区教育政策在社区教育供给的定位、社区教育供给的工作重点以及社区教育供给发展范式上呈现出阶段性变化的特征。2000年以前，学校、教育、提高、发展和社会等为该阶段政策文本中的高频词，我国的社区教育供给主要作为学校教育的补充，并逐步从对青少年的课外培训转向成人教育。2000—2016年，教育、制度、建设、管理、职业和服务等高频词逐步凸显，可见此阶段内社区教育开始面向社区居民，社区教育发展定位逐步聚焦并开始着眼于社区教育的效能提升，注重社区教育供给的制度规范与建设。2016年以后，社区教育政策文本中更多提及了体系、管理、提升、服务、建设、完善、水平和加强等关键词，可见这一阶段社区教育供给开始注重品质提升、内涵拓展与创新发展，在社区教育供给服务质量的发展与完善上有所侧重。基于我国社区教育的兴起探索阶段（2000年以前）、实验提升阶段（2000—2016年）以及转型创新阶段（2016年至今），本节继续对社区教育政策文本进行阶段性划分并进行词频分析，发现阶段性政策文本词频分析与单一政策文本词频分析结果基本上具有一致性（详见表3-2）。

表3-2 社区教育各阶段政策文本词频分析

发展阶段	单词	计数	加权百分比（%）	相似词
兴起探索阶段	教育	995	4.61	教育、培养、训练
	工作	653	2.09	地方、地位、方针、岗位、工作、局面、劳动、立场
	发展	357	1.70	成长、发展、进展、开发、研制
	提高	361	1.53	促进、加强、提出、提高、提升、推动、增加
	体制	285	1.40	体系、体制、系统、制度
	学校	240	1.18	学校
	改革	214	1.05	改革、革新
	进行	281	0.90	分配、给予、贯彻、进行、履行、满足、实践、实施
	管理	254	0.84	办理、策略、处理、管理、监督、经营、竞争、决定
	社会	169	0.83	教育、培养、训练
实验提升阶段	教育	5 240	2.56	教训、教育、培养、训练
	发展	3 717	1.92	成长、发展、进展、开发、生长、研制
	制度	3 040	1.59	体系、体制、系统、制度
	建设	2 598	1.36	房屋、建设、建造、建筑、建筑物
	管理	3 103	1.19	办理、操纵、策划、处理、带领、管理、监督、交易、经营、竞争、决定、控制、统治、抑制、引导、运用、支配、指导、指挥、组织
	职业	3 214	1.17	方针、工作、行为、行业、航线、劳动、利用、路线、使用、适用、运用、运转、职业、专业
	加强	2 830	1.16	加强、上升、提高
	提高	2 892	0.83	促进、高地、上升、上涨、提出、提高、提升、推动、增加

(续表)

发展阶段	单词	计数	加权百分比（%）	相似词
实验提升阶段	社会	1 567	0.82	社会、团体、友谊
	服务	1 583	0.81	帮助、对待、服务、服役、供应
转型创新阶段	教育	4 334	2.13	教育、培养、训练
	发展	3 160	1.61	成长、发展、进展、开发、研制、演变
	体系	2 732	1.41	体系、体制、系统、制度
	建设	2 340	1.21	房屋、建设、建造、建筑、建筑物
	服务	1 899	0.95	帮助、对待、服务、供应
	管理	2 452	0.87	办理、策划、策略、处理、带领、管理、监督、交易、经营、竞争、决定、控制、买卖、抑制、引导、运用、支配、指导、指挥、组织
	工作	2 825	0.83	操作、地方、地位、方针、分娩、岗位、工作、功能、行为、行业、航线、局面、劳动、立场、利用、路线、努力、使用、铁路线、位置、形势、运行、运转、阵地、职务、职业、职责
	推进	1 455	0.75	推进
	加强	1 970	0.75	加强、上升、提高
	提升	2 375	0.72	促进、上升、提出、提高、提起、提升
	学习	1 308	0.67	记住、学会、学习、研究
	完善	1 279	0.66	完善
	社会	1 217	0.63	陪伴、社会、团体
	水平	1 409	0.62	标准、规定、规范、水平、水准

（二）模糊C-均值聚类分析

为进一步厘清各阶段社区教育供给政策倾向与发展重点，对54份政策文本提取出的加权占比前50位的关键词进行整合，剔除无效关键词后，将关键词分为社区教育与人的发展、社区教育与学校教育、社区教育与社会发展、社区教育管理体制机制建设、社区教育的创新发展以及社区教育办学发展共6个维度并提取对应关键词的词频加权百分比（见表3-3）。利用模糊C-均值聚类方法对上述指标进行分析,能够精确地计算出每个样本点相对于所有类中心的隶属度,从而决定各个阶段的政策文本对上述 6 个维度的隶属度,这些隶属度不仅揭示了每个政策文本在不同维度上的特点和倾向,也为判断各阶段政策文本的社区教育供给发展倾向提供了有力的依据。兴起探索阶段的社区教育政策更为关注社区教育与学校教育的衔接以及社区教育与人的发展,社区教育供给主要为学校服务。在实验提升阶段,社区教育政策与人才、社会、地区、经济的关联日益紧密,社区教育的办学开始进入政策引导的规范化发展轨道。进入转型创新阶段后,社区教育开始更加关注社区教育的内涵提升和创新发展。

表 3-3 各阶段政策文本词频分布及聚类结果

评价维度	关键词/隶属度	词频加权百分比/隶属度排名		
		兴起探索	实验提升	转型创新
社区教育与人的发展	教育	4.61	2.56	2.13
	提高	1.53	0.83	0.75
	发展	1.70	1.92	1.61
	隶属度排名	1	3	2
社区教育与学校教育	学校	1.18	0.53	0.38
	德育	0.34	0.05	0.02
	职业	0.65	1.17	0.31
	隶属度排名	1	3	2
社区教育与社会发展	人才	0.31	0.68	0.31
	服务	0.24	0.81	0.95
社区教育与社会发展	社会	0.83	0.82	0.63
	地区	0.54	0.54	0.47
	经济	0.43	0.48	0.33
	隶属度排名	2	1	3
社区教育管理体制机制建设	工作	2.09	0.57	0.83
	体制	1.40	1.59	1.41
	管理	0.84	1.19	0.87

(续表)

评价维度	关键词/隶属度	词频加权百分比/隶属度排名		
		兴起探索	实验提升	转型创新
社区教育管理体制机制建设	机制	0.08	0.51	0.58
	组织	0.34	0.2	0.38
	计划	0.56	0.11	0.11
	隶属度排名	3	2	1
社区教育的创新发展	改革	1.05	0.58	0.41
	创新	0.11	0.51	0.61
	建设	0.75	1.36	1.21
	体系	1.4	1.59	1.41
	隶属度排名	3	2	1
社区教育办学发展	办学	0.57	0.18	0.12
	教师	0.69	0.41	0.26
	资源	0.07	0.49	0.43
	教学	0.44	0.22	0.15
	隶属度排名	2	1	3

(三) 社区教育政策文本编码与聚类分析

1. 阶段性编码节点分析

基于 Nvivo 软件对兴起探索阶段的政策文本进行编码,可确定发展、工作、教育、学校四个父节点,其编码节点矩阵见表3-4。其中,"教育"节点的参考点达到516,为覆盖范围最广的父节点。可以看出,这一时期社区教育注重与学校的发展与联系,通过对相关政策的深入分析,社区教育供给强调与学校、社会的多方合作,为学校德育提供必要的校外支撑。在实验提升阶段共有发展、服务、改革、管理、机制、建设、教育、人才、社会、体系、学校、制度和资源等 13 个父节点,其中,"教育"节点的参考点达到 1 245,为覆盖范围最广的父节点,"服务""社会""教育""体系"节点覆盖到每个文件,各节点覆盖范围见图 3-1。这一时期,社区教育供给规模逐渐扩大,并且注重社区教育的规范发展,体现了在供给规模扩大的同时,注重对社区教育供给规范的建立。在转型创新阶段,共有创

第三章 基于政策文本分析的社区教育供给现代化的发展指向

新、发展、服务、管理、机制、建设、教育、社会、体系、制度和资源 11 个父节点,其中,"教育"节点的参考点达到 2 633,为覆盖范围最广的父节点,"发展""服务""管理""建设""教育""社会""体系"和"资源"等节点覆盖到每个文件。基于此,社区教育供给发展阶段也可按照社区教育的起步发展、实验提升和转型创新进行划分。

表 3-4 兴起探索阶段编码节点矩阵

政策文本	编码节点			
	发展	工作	教育	学校
中共中央关于教育体制改革的决定	25	16	83	23
中共中央关于改革和加强中小学德育工作的通知	3	18	45	13
中共中央、国务院关于印发《中国教育改革和发展纲要》的通知	46	34	144	56
全国教育事业"九五"计划和 2010 年发展规划	39	12	105	41
国务院批转教育部面向 21 世纪教育振兴行动计划	28	28	139	44

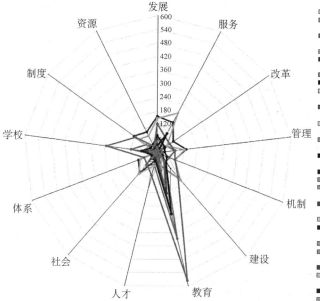

图 3-1 实验提升阶段的政策文本父节点覆盖范围

2. 对主编码结果单词相似性的聚类分析

对兴起探索阶段政策文本进行聚类可以发现,《中共中央关于教育体制改革的决定》(1985年)与《中共中央关于改革和加强中小学德育工作的通知》(1988年)在"学校""教育""发展"等编码上的相似性较高,兴起探索阶段的社区教育正是作为学校教育的补充发挥作用,这一时期社区教育供给的服务对象是青少年学生,结合具体政策文本可以看出,社区教育供给主体包含中小学、社区以及各类属地单位等,协同推进社区教育服务学校德育发展。对实验提升阶段的政策文本进行聚类分析可以发现(见图 3-2),《国务院批转教育部 2003—2007 年教育振兴行动计划的通知》(2004 年)、《国务院批转教育部国家教育事业发展"十一五"规划纲要的通知》(2007 年)、《上海教育事业发展"十一五"规划纲要》(2007 年)、《上海市教育改革和发展"十二五"规划》(2011 年)以及《常州市政府关于加快完善终身教育体系的实施意见》(2012 年)被聚类在同一个三级节点下并且颜色相同,通过具体节点分布可知,上述政策文本在"教育""学校""建设""机制""社区"等编码上的相似度较高,较之上一个阶段,学校、社会、社区等多方社会力量被积极调动并参与到社区教育中来。此外,地方性法规和政策也推进了社区教育体制机制的确立与规范,这一阶段社区教育管理体制机制建设的重要性日益提升,关于社区教育供给的各项制度逐渐建立和完善起来。在转型创新阶段中,《中国教育现代化 2035》(2019 年)、中共中央办公厅、国务

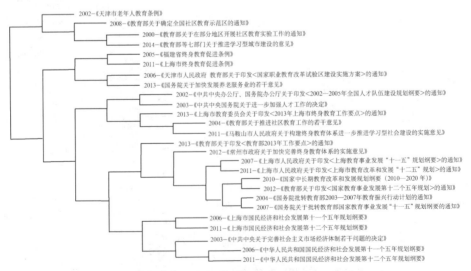

图 3-2 实验提升阶段的政策文本以单词相似性的聚类分析

院办公厅印发《加快推进教育现代化实施方案(2018—2022年)》(2019年)、《教育部2021年工作要点》(2021年)等文件聚类于同一节点下,通过具体节点分布可知,这3份政策文本在"创新""体系""机制""发展""服务"等编码上的相似程度较高。较之上一个阶段,"创新"一词的词频在阶段性政策文本中的加权占比较前两个阶段分别增加了0.1%和0.5%,说明这一阶段更加注重供给的质量和效果。

第二节 我国社区教育供给的历史演变

政策演变或者政策变迁强调的是某种政策在外部环境或者自身因素变化的影响下进行调试与改变的过程①。其中,外部环境因素包括国内外经济社会环境的改变,也包括政策自身发生的变化以及相关政策主体思想观念的变化。探讨供给政策的变迁逻辑,不仅可以反映出社区教育在不同历史时期中受政治、经济、文化等因素影响的过程,也可以直观地呈现社区教育在供给理念、数量、质量等方面的变化,从中深刻剖析政府、社会、市场在社区教育供给中的关系演变,进一步推进社区教育供给侧改革,促进社区教育高质量发展。

改革开放四十多年来社区教育供给政策变迁的划分,从整体上勾勒出社区教育如何在服务经济社会发展和满足终身学习需求中发展和演变的。总体来看,我国社区教育供给变迁内嵌于社会转型和社会经济发展当中,从1985年教育改革的深入,社区教育作为学校德育工作的补充形式逐渐发展起来,到21世纪世界范围内终身学习理念在我国的广泛传播,构建服务全民的终身学习体系和学习型社会以及2015年之后供给侧结构性改革都对社区教育供给政策演变产生了深刻的影响,社区教育供给政策也在不同阶段有着不同的发展状况,呈现着不同的发展特征,回应着不同阶段人民群众的教育需求。经过前面的阶段演进分析可以发现,社区教育供给现代化变迁沿着一定的逻辑主线而展开。

---

① 黄新华,马万里.从需求侧管理到供给侧改革政策变迁的内在逻辑[J].新视野,2017(06):34—40.

一、社会力量共同参与的社区教育供给起步阶段（1986—1999年）

在政策编码中，这一时期属于社区教育供给的兴起探索阶段，其中，学校、教育和社会等为该阶段的高频词，基于模糊C-均值聚类结果分析，更加关注学校教育与人的发展，体现了这一时期社区教育作为学校德育教育的重要补充。具体体现在：1986年9月，上海市普陀区真如中学成立社会教育委员会，拉开了我国社区教育的序幕，这时的社区教育主要是以学校为主导、以青少年学生为对象，辅助性地开展德育教育的内容；1988年12月，中共中央下发《中共中央关于改革和加强中小学德育工作的通知》，"社区教育"一词首次出现在官方政策文件中，提出"逐步建立社区（社会）教育委员会一类的社会组织，以组织、协调社会各界支持、关心学校工作"；1993年2月，中共中央、国务院发布《中国教育改革和发展纲要》，该文件提出，"支持和鼓励中小学同附近的企业事业单位、街道或村民委员会建立社区教育组织，吸引社会各界支持学校建设"。这一时期的社区教育主要是学校教育的补充，所产生的社区教育委员会主要是民间协调组织成立的，其经费供给、人员配备、课程形式等都是由组成的社区教育委员会的成员共同承担，社区教育作为参与学校教育的一种形式，也加强了社会与学校的沟通与联系。可以看出，此时的社区教育供给更多的是由学校和区域内企事业单位共同提供，社区教育还未成为独立的教育形式为社区和社会服务，是作为学校教育的补充形式而存在的，体现了当时教育体制改革的一种趋势，核心在于依靠社会力量，加强学校与社会的沟通与调节。

二、以规模扩张为主的社区教育规范供给阶段（2000—2015年）

前文中的模糊C-均值聚类分析显示，这一时期"社区教育与社会发展"的隶属度最高，并且包括"发展""服务""改革""管理""机制""建设""教育""人才""社会""体系""学校""制度"和"资源"13个父节点，体现出这一时期社区教育供给逐渐从单一的德育补充向社会各个领域拓展，并在管理和体制机制上不断完善。例如，2000年教育部发布的《教育部关于在部分地区开展社区教育实验工作的通知》中提出，"社区教育应根据社区内不同教育对象的需求，按照国家对各类教育的有关规定，开展多规格、多层次、多内容、多形式的教育培训活动"。在这一政策的指导下，各实验区积极开展社区教育，社区教育发展的规模逐渐扩张,2000—2010 年,教育部已经先后批准了四批共 114 个国家级社区教育实验区,覆盖了全国绝大多数的省、自治区、直辖市和计划单列市。伴随社区教育实验区、社区教育示范区实践探索的推进,社区教育供给在规模不断增长的基础上不断寻求制度上的规范与发展。2010 年,教育部出台《社区教育示范区评估标准(试行)》,初步形成了社区教育评价标准,在全面推进社区教育发展的基础上加强了制度层面社区教育供给的发展与完善。2014 年,《教育部等七部门关于推进学习型城市的意见》提出,"建立健全以城带乡、城乡一体的社区教育协调发展机制","逐步形成政府、用人单位和学习者分担学习成本、多渠道筹措经费的投入机制",该文件从管理体制的建立到社区教育经费投入进行规定,使得社区教育发展呈现出制度化、规范化的发展趋势。总体来看,这一时期的社区教育服务供给重在数量提升和保障机制的建设,社区教育在政策视角中逐渐得到重视,主要由党和国家做出一系列重要的制度安排和政策设计,扩大公共财政覆盖社区教育公共服务的范围。由此,政府在社区教育供给中逐渐占据主导地位,社区教育供给数量进一步扩大,这一时期的社区教育供给主要从基础设施、办学网络建设、课程资源等方面展开。

三、以内涵提升为主的社区教育多元供给阶段(2016 年至今)

2015 年 11 月 10 日,习近平总书记在中央财经领导小组第 11 次会议上提出"供给侧改革",强调"在适度扩大总需求的同时,着力加强供给侧结构性改革"。在社区教育的深化发展、内涵发展、特色发展的过程中,各地积极推进了颁布政策文件、加强督导规范等工作,并通过整合各类资源、开展社区教育周等具体举措,形成既符合国家政策导向与发展方向,又具有地方特色的社区教育管理体制,社区教育正式进入了转型创新阶段,推进社区教育供给保障得以有效建立和发展,社区教育供给逐渐转向以内涵提升为主的社区教育多元发展阶段。这一时期的政策文本在"创新""体系""机制""发展""服务"等编码上的相似程度较高,并且在"社区教育的创新发展"上隶属度最高,体现了这一时期的转型与创新的典型特征。特别是 2016 年《教育部等九部门关于进一步推进社区教育发展的意见》在经费投入、供给主体、供给形式、供给评价等方面都进行了明确的规定,社区教育供给进入新的发展阶段。2016 年以后,各级政府对社区教育的推动力度明显加大,着力推进社区教育数字化转型与创新化发展。在陆续颁布的《上海市教育委员会等七部门关于进一步推进本市学习型社会建设的若干意见》（2016年）、《成都市社区教育促进条例》（2016年）、《国务院关于印发〈国家教育事业发展"十三五"规划〉的通知》（2017年）、《上海市人民政府关于印发〈上海市终身教育发展"十四五"规划〉的通知》（2021年）等文件中，都注重社区教育供给主体的优化、供给内容的整合与提升、供给形式的多元，强调教育现代化视域下社区教育供给效能和结构的不断发展与完善，特别是引导行业性、专业性社会组织及社区社会组织和民办社会工作服务机构等参与社区教育，这一政策支撑点是以往各个阶段都未曾涉及的。这一时期，社区教育供给的质量和内涵都得到进一步提升，各地社区教育活动开展较为丰富，社区教育供给形式更加多样化，在服务社区发展、国家战略中发挥了较为重要的作用。

第三节 不同阶段社区教育供给政策演变的逻辑

政策所蕴含的内在价值遵循和基本行动依据，不仅是国家意志的集中体现，也是社区教育现代化发展的内在动力。社区教育供给政策文本的词频和聚类分析，从整体上勾勒了社区教育供给的不同阶段，但对于社区教育供给政策变迁逻辑还需要结合政策文本分析的结果和所处不同阶段的政治、经济、文化等因素进行剖析，从中厘清政府、社会、市场在社区教育供给中的关系演变，进一步推进社区教育供给侧改革，促进社区教育高质量发展。尤其是教育现代化对社区教育供给提出了更高的要求，亟需从政策视角分析社区教育供给的发展脉络和演变逻辑，以寻求教育现代化视角下社区教育供给政策的全新发展与完善。

一、现代化理念：供给服务对象从青少年拓展到各年龄、各类型的人群再到社区治理

教育现代化是社区居民深度参与以及与社区发展共生的现代化，在社区教育供给服务对象的演变中，社区教育从最初服务青少年拓展到各个年龄阶段、各个类型的人群，再到推进国家治理体系和治理能力现代化的社区教育与社区治理的深度融合，体现了社会主义现代化建设服务的现代化理念。1988年中共

中央下发的《中共中央关于改革和加强中小学德育工作的通知》中提出，将社区教育作为中小学德育教育的补充，此时的社区教育供给服务对象只是局限于青少年学生。20世纪90年代，社区教育开始由理念向实践发展，社区教育供给政策目标指向开始从以青少年德育教育向各个年龄阶段的人群转变，在陆续发布的关于社区教育的重要政策文件中可见一斑。2000年，教育部发布的《教育部关于在部分地区开展社区教育实验工作的通知》中提出，"现阶段主要任务是加强职业（岗位）培训、转岗下岗再就业培训、社会化培训、老年教育，以及社会文化生活教育等"。这一时期内，全国各地开始把社区教育的对象扩大为社区居民，社区教育被纳入终身教育体系，成为终身教育体系的重要组成部分。2016年颁布的《教育部等九部门关于进一步推进社区教育发展的意见》也涉及针对不同人群开展社区教育，并加强对弱势群体的重视。从以上政策文件中可以看出，社区教育供给服务对象从最初的青少年拓展到社区内不同类型的教育对象，其中包括老年人、在职人群、农民工、社区服务人员、社区志愿者以及各类弱势人群，社区教育供给的服务范围不断拓展，逐渐成为每一位学习者的重要学习方式。

同样，随着社区教育实践的深入和国家治理能力现代化的发展，社区教育的社区治理功能逐渐得到重视，在2014年颁布的《教育部等七部门关于推进学习型城市建设的意见》中，就强调了"广泛开展城乡社区教育，推动社会治理创新"，2016年颁布的《教育部等九部门关于进一步推进社区教育发展的意见》再一次明确提出，"推动社区教育融入社区治理"。2017年，《中共中央 国务院关于加强和完善城乡社区治理的意见》提出，"积极发展社区教育，建立健全城乡一体的社区教育网络，推进学习型社区建设"。这一政策文件进一步深化了社区教育与社区治理的融合，将社区教育与社区治理紧密地结合起来，各地积极探索社区教育与社区治理的深度融合发展，社区教育供给的服务范围继续拓展，并在新时期成为推进社区治理的重要载体。

二、现代化治理：供给主体从民间力量供给到政府主导供给再到多元供给

从社区教育供给的演变逻辑中，社区教育供给主体从民间力量供给到政府主导供给，再到多元化供给的发展方向，体现了社区教育供给政策在时代的变迁下以现代化治理为目标的整体演变。20世纪80年代中期，我国开始教育体制改革，随着改革的深化，"分级办学、分级管理"得到普遍推广和实施，学校与

社区的联系日益密切,催生了社区教育与学校教育的合作与联结。1986年成立的真如中学社会教育委员会,充分体现了跨行业、跨系统的横向联系,调动和发挥了真如社区各界力量参与教育、多渠道筹措教育经费,随后,北京、辽宁、山东等地纷纷成立社区教育委员会,形成了区域统筹,以学校为中心、家庭为基础、社会多方参与的社区教育发展格局,成为社区教育多元供给的发展萌芽。进入21世纪,社区教育在政府主导下得到迅速发展,通过社区教育实验,各地建立了社区教育管理体制和运行机制,尽管初步形成了"党委领导、政府统筹、教育主管、部门协作、社会支持、社区运作"的体制模式,但社区教育管理体制模式仍然是行政主导的模式,组织结构主要以政府、社区教育专门机构、社区、学校等要素构成,社区教育办学网络基本上形成了"区县社区学院—街镇社区学校—居(村)委学习点"的格局,政府在社区教育中的主导地位已经确立,因此具有较强的行政色彩。这一时期的社区教育供给以政府为主,主要表现在社区教育资源由政府供给、社区教育经费由政府拨付等,市场、社会组织等在社区教育供给中的参与力度较小。

党的十八大以来,我国积极推进公共服务供给侧结构性改革,积极扩大供给的有效性、及时性和多样性,社区教育作为教育事业的重要组成部分也以供给侧结构性改革为突破点,尝试进行探索与改变。随着社会治理理念的发展和社区教育的深入,近几年来,各地社区教育发展呈现新的态势,社区教育供给主体不断拓展,社区中的各类学校向社区开放图书馆、体育场馆等,社区与各类企业、博物馆、展览馆等建立合作共建关系,建立实训基地、体验基地、社会学习点、人文行走学习路线等,例如,上海市黄浦区依托红房子西菜馆等九家区内企业,形成了社区教育实践基地[①],各类主体参与社区教育的实践探索为形成社区教育多元供给格局奠定了良好的基础。

三、现代化内容:社区教育供给能力从规模扩大的外延式供给到完善体制的内涵式供给发展

社区教育供给从本质上讲,是供给主体根据经济社会发展现实所能提供的资源及配置能力,我国社区教育是从规模扩张到内涵生成、从满足基本需求到

---

① 宋亦芳.社区教育多元办学主体培育的理念与行动——基于《中国教育现代化2035》终身教育战略的思考[J].河北师范大学学报(教育科学版),2019,21(06):101—108.

高质量发展的过程,社区教育供给能力也从规模扩大的外延式增长到完善体制的内涵式供给发展。从 2000 年社区教育实验工作稳步、有序开展以来,社区教育供给的范围逐步扩大,据教育部 2005 年对全国 45 个国家级社区教育实验区的统计,总培训人数达到 1 370 万人次,社区居民参与率达到 35%;2014 年教育部关于全国社区教育的统计数据显示,东部地区的社区教育培训人次均达到 50%以上,社区教育机构向居民开放程度大部分都达到 100%,广泛建立了区级社区教育中心—街道(乡镇)社区学校—居委会(村)教学点(学校)的社区教育办学网络。截至 2016 年,教育部已遴选设立了 122 个全国社区教育实验区和 127 个全国社区教育示范区,各省设立了逾 500 个省级社区教育实验区和示范区。这一阶段的社区教育供给服务人群逐渐扩大,以规模扩张为主,社区教育参与率逐渐增长,社区教育在满足人民群众日益增长的学习需求上发挥了重要作用。2016 年,《教育部等九部门关于进一步推进社区教育发展的意见》颁布,在加强社区教育基础能力建设、整合社区教育资源、丰富内容和形式、提高服务重点人群的能力、提升社区教育内涵等方面进行了明确的规定,成为指导新时期社区教育供给的重要政策纲领。社区教育供给不再只关注规模扩张,开始向内涵提升拓展。以上海市为例,内涵式供给表现在:一是从实体网络布局向增强服务能力转变,上海市目前形成了较为完善的社区教育办学网络,《上海市人民政府关于印发〈上海市终身教育发展"十四五"规划〉的通知》(2021 年)专门对提升社区教育服务能级进行了规定,即提升社区教育服务质量、扩大社区教育服务规模、提升社区教育服务能力;二是强调从政府主导推动向社会多元协同治理转变,上海市的社区教育管理部门一直在积极探索推动各种社会力量参与到社区教育服务中来,其中,市民终身学习体验基地就是依托企事业单位、各类教育机构、社会组织等开展的社区教育服务;三是从推进社区教育数字化发展向加快社区教育智能化发展转变,社区教育信息化发展开始关注学习的体验感和临场感,注重对学习者学习数据的抓取,以提升学习者学习的个性化。

✦ 第四节 ✦

教育现代化视域下社区教育供给发展的未来展望

社区教育现代化指的是社区教育的理念、内容、手段、师资及治理等社区教育形态变迁相伴的社区教育现代性不断增长和实现的过程,区别于学校教育的典型特征是终身性和大教育性。实现教育现代化发展离不开教育服务供给侧的改革,作为实现教育现代化的根本动力,教育供给面临着诸如结构不合理、发展不均衡、保障不到位、评价不科学等问题,教育供给需要以教育现代化的要求为指向,在共享度、开放度、均衡度等方面进行不断调整与优化。因此,社区教育供给政策需要统筹考量社会与个人发展的需求,从全局出发进行更深层次的改革,以不断满足人民群众日益增长的多元化、个性化需求。

一、以坚持人民立场为根本的基本社区教育供给政策话语

以人民为中心的教育价值取向是新时代中国特色社会主义教育理论体系的重要内容。党的十八大以来,习近平总书记多次强调坚持以人民为中心发展教育的思想,社区教育政策改革的顶层设计必须把握以人民为中心的核心方向,在复杂的局面中始终坚定人民立场、尊重人民主体、符合人民利益、坚持人民导向。人的现代化是教育现代化的逻辑起点,这意味着,一是在社区教育供给政策的设计、制定与执行中,要充分了解人民群众对教育多样化的需求以及对社区教育供给的满意度状况,社区教育面向的群体复杂且多元,包括老年群体、在职人群、青少年群体、外来务工人员等,这些群体在学习需求和学习特征上存在较大的差别,这就要求社区教育供给内容要回应社区居民多样化、多层次、个性化的学习需求,以此作为社区教育供给的重要依据;二是在社区教育供给政策的制定、执行和评估中,凸显社区教育的全民性特征,发挥社会及公众的参与,提升人民群众参与的广度和深度,使社区教育真正办成人民满意的教育,最终形成面向每个人、适合每个人、更加开放灵活的学习方式,协同推进教育强国和人才强国建设。

二、以高质量发展为目标的社区教育供给政策价值取向

习近平总书记在中共中央政治局第五次集体学习时强调,坚持把高质量发展作为各级各类教育的生命线。教育高质量发展是教育现代化的根本评判标准,社区教育供给的演变历程既体现了我国社区教育供给"量"的不断扩张,也体现了社区教育供给"质"的不断提升。自 2016 年《教育部等九部门关于进一步推进社区教育发展的意见》颁布以来,社区教育以内涵式供给服务广大人民

群众,但这种"质"的提升仍然存在不均衡的现象,主要表现在社区教育供给内含(诸如师资力量、课程设置、研究监测等方面)的不均衡和社区教育供给外延(诸如社区教育供给城乡、区域、人群等方面)的不均衡,这些都影响着社区教育供给品质的系统性和全方位提升。社区教育供给政策要在教育现代化理念的引领下,始终以高质量发展为目标,通过优化社区教育资源配置、提升师资队伍素质、改善社区教育管理制度等方式,补齐短板,完善全年龄段的社区教育供给体系,适应现代信息技术、知识经济的调整,培养个体的综合素养,在更深层次上服务经济社会发展和社会变革。

三、以多元化治理为核心的社区教育供给政策执行环境

教育现代化的逻辑进路强调教育管理向教育治理转变、一元管理向多元共治转变、单向单维向创新多维转变。从社区教育供给政策的演变上,一些地方已经出台了相应的条例,但从国家层面来看,社区教育政策的系统性、结构性和配套性供给明显不足,地方上也没有出台配套的实施意见或实施方案,导致社区教育供给在实际运行中难以落实落细,社区教育供给既需要多个政府部门相互协同与彼此合作,也需要社会组织、个人等社会力量的积极参与,更需要政策予以保障。随着治理理念在各个领域的广泛应用,社区教育供给也应以整体性治理为导向,秉承整合与协同的发展理念,协调好政府与其他社区教育供给主体、教育部门与其他行政部门以及社会的内在关系,增强市场与社会在社区教育供给中的使命感和责任感,形成在协同供给中培育、在培育中强化协同的整体治理格局,有效地回应公众对高质量社区教育的需求。

第四章

基于实证分析的社区教育供给现状研究

  本章将通过实证调查的方式分析社区教育供给的现状,其中包括问卷调查和访谈,从中明晰社区教育供给存在的问题。如在前文中所述,社区教育供给并非局部区域的改革与发展,而是在整体层面上的设计与完善,在当前全国社区教育发展的现状下,考虑到多种因素,包括财政、时间、精力和能力等,本章选择了北京市、上海市、浙江省、福建省和成都市这五个省市地区(以下简称五地)作为调查区域,从社区教育供给主体的视角、社区教育满意度的视角以及社区教育监测的视角进行调查与分析。首先,供给主体是社区教育供给过程中的重要提供者,其反映了社区教育供给如何运行,本书着重调查了供给主体视角的社区教育供给现状,从社区教育提供者的角度分析当前供给存在的问题;其次,本章调查了社区教育满意度视角的社区教育供给状况,供给满意度能够从供给客体的角度反映当前社区教育供给的效果如何,这也是了解和分析社区教育供给质量和效果的重要途径之一;最后,基于前文的分析,当前从监测视角分析供给状况和现状的研究较少,但供给评价却是供给环节中不可或缺的重要内容,因此,本章将从社区教育监测的角度探析社区教育供给现状。

第一节
社区教育供给主体视角的实证研究

社区教育供给主体通常包括政府、社会组织和市场主体等,不同的供给主体会对社区教育的供给方式和供给内容产生不同的影响。政府通常会通过制定相关政策和法规来引导和规范社区教育的供给;社会组织则会通过自身的资源和能力来推动社区教育的发展;市场主体则会通过市场机制来提供社区教育服务,从而实现社区教育的可持续发展。当前,我国社区教育的供给主体仍然以政府为主导,以及在政府主导下形成的社区教育办学网络,因此,在本章社区教育供给主体视角的实证调查中,主要针对社区教育管理者开展,人员涵盖所在省市、区(县)、街(镇)社区教育行政部门的管理人员,所在省市、区(县)、街(镇)社区教育业务推进单位的管理人员以及各级社区教育办学网络的管理和教学人员,以对社区教育供给状况有充足且深入的了解。在此基础上,通过对五地社区教育供给主体进行调查和分析,明确社区教育供给存在的问题,为构建教育现代化视域下的社区教育供给提供借鉴意义。

为了探究不同地区之间社区教育供给机制的现状和存在的问题,本研究选取了10个相关行政管理部门、10所开放大学(社区大学)、30所社区学院(社区教育学院)以及10所社区(老年)学校进行具体的调研。这些被选取的调查对象在不同的区域内,展现了社区教育的不同形式和特点。其中,相关行政管理部门代表了政府的主导角色,开放大学和社区学院则代表了社区教育的两个主要组成部分,社区(老年)学校则是社区教育的基层形式之一。为了更进一步了解、明确社区教育发展的现状,发现问题、总结经验,课题组在结合专家意见、已有调查研究的基础上编订了《社区教育发展基本情况调查问卷》,并通过问卷的形式对北京市、福建省、上海市、成都市、浙江省五地的社区教育管理人员进行调查,共回收有效问卷78份。

一、社区教育供给主体的样本情况分析

如表4-1所示,从地区来看,浙江省占比32.1%,成都市占比30.8%,上海

市占比23.1%,福建省占比7.7%,北京市占比6.4%。从职务上来看,社区学院院长占比7.7%,社区学院副院长占比12.8%,主任/科级占比17.9%,行政人员占比24.4%,教师占比15.4%,社区学校校长占比14.1%,可见被调查人员覆盖了所在省市、区(县)、街(镇)社区教育行政部门的管理人员,所在省市、区(县)、街(镇)社区教育业务推进单位的管理人员以及各级社区教育办学网络的管理和教学人员,覆盖范围广泛。从管理者调查问卷的工作年限看,工作年限在6年及以内的有39人,占总人数的50%,是参与调查的管理人员的一半,推知管理人员的年轻化水平较高。

表4-1 社区教育供给主体问卷频率分析

分类	项目	频数	百分比
地区	北京市	5	6.41%
	福建省	6	7.69%
	上海市	18	23.08%
	四川省	24	30.77%
	浙江省	25	32.05%
职务	行政人员	19	24.36%
	主任/科级	14	17.95%
	教师	12	15.38%
	社区学校校长	11	14.10%
	社区学院副院长	10	12.82%
	社区学院院长	6	7.69%
	副主任/副科级	3	3.85%
	缺失	3	3.85%
在社区教育领域工作年限	1—3年	24	30.77%
	4—6年	15	19.23%
	7—25年	37	47.44%
	26—33年	1	1.28%
	34年及以上	1	1.28%

二、社区教育供给的政策日益完善但执行不足

作为"政治实践的必由之路",政策代表了政策制定的内在价值观和基本行动准则,能够引导社会资源的配置和利用,为社会发展提供保障和支撑。社区教育供给的政策驱动是教育现代化发展的一个重要方面,它通过政府制定的政策来促进社区教育的供给和改进教育的质量。具体来说,政府可以通过出台鼓励社区教育发展的政策,促进社区教育的多元化和普及化,提高社区教育的覆盖率和普及程度,保障学习者的受教育权利。政府还可以以政策文本的形式进一步规范和支持社区教育的设施建设和师资培训等措施,提高社区教育供给的质量和水平,进一步推动社区教育的现代化进程。此外,政策制定还需要注重社区教育的特点和需求,因地制宜,根据不同地区和不同群体的实际情况,采取相应的政策措施,以确保政策的有效性和可持续性。从调研结果来看,五地在社区教育政策制定和相关文件出台上在全国来说处于前列,对社区教育工作也非常重视。

(一)北京市、福建省、上海市、成都市、浙江省五地社区教育政策的制定和出台

在社区教育政策的制定和出台上,对北京市、上海市、浙江省、福建省和成都市的社区教育政策梳理来看,社区教育总体上还未形成系统性的政策体系。在社区教育的推进过程中,五地均出台了一些关于指导本地社区教育发展的政策文本、规划指南和实施意见等,这些政策文件主要从社区教育的发展方向、目标任务、组织体系、财政保障、人员配备、教育内容和教学管理等方面提出了具体的要求和措施。然而,由于社区教育领域缺乏上位法的规范,各地社区教育政策的制定更多是遵循国家政策的要求和精神。这也意味着,地方政府在制定社区教育政策时,受到了国家政策的制约和限制,难以充分地考虑本地区的实际情况和需求。例如,北京市在2004年由市教委、首都精神文明建设委员会办公室、北京市民政局联合印发《北京市发展社区教育促进学习型城区建设基本标准》;后来,北京市再未发布专门针对社区教育发展的文件,2016年《北京市学习型城市建设行动计划(2016—2020年)》和2021年《北京市学习型城市建设行动计划(2021—2025年)》陆续发布,为社区教育发展提供了一定的政策支撑。

早在1992年,上海市教育局就出台了《上海市社区教育工作暂行规定(草案)》,这是改革开放以后颁布的第一个较为全面规范的社区教育工作的地方政

府文件；2006年，上海市颁布了《中共上海市委、上海市人民政府关于推进学习型社会建设的指导意见》，提出"完善社区教育"，但尚未成为专门的推进社区教育文件。上海市于2007年颁布了《关于推进本市社区学院建设的指导意见》，为社区教育实体化运行提供了保障。之后，上海市陆续发布了《上海市教育委员会关于推进本市街镇社区学校内涵建设的通知》《上海市教育委员会关于开展本市街镇社区学校优质校创建工作的通知》《上海社区教育课程指导性大纲》《上海市社区教育课程建设标准》和《上海市社区教育教学资源建设标准》《上海社区教育课程体系》《上海市社区教育教师专业能力指南》等文件，以规范化推进社区教育发展，在社区教育内涵建设、优质建设上提供了行动上的指引。

2003年，浙江省印发《浙江省教育厅、浙江省文明办、浙江省民政厅关于大力开展社区教育工作的意见》；2014年，浙江省颁布了《关于印发〈浙江省城市社区建设指导纲要（2003年—2010年）（试行）〉的通知》《浙江省社区教育实验区和示范区建设标准（试行）》；2019年，浙江省教育厅 中共浙江省委宣传部颁布了《推进社区教育进农村文化礼堂三年行动计划（2019—2021年）》；2021年，浙江省教育厅、浙江省发展和改革委员会印发《关于高质量营造未来社区教育场景的实施意见》的通知。

2015年，市政府办公厅印发《成都市关于推进学习型城市建设的意见》，明确和细化了成都学习型城市建设的目标、任务、路径及步骤；2016年成都市颁布《成都市社区教育促进条例》，是全国首部社区教育地方性法规，开创全国社区教育立法先河，将社区教育纳入地方性法规，增强了政策执行的权威性。2022年4月，成都市教育局关于成都市地方标准《成都市社区教育服务规范》（征求意见稿）发布，进一步促进了地方社区教育规范化发展。2008年福建省也发布了相关文件《关于加快发展福建省社区教育的意见（闽教职成〔2008〕26号）》。

社区教育的地方性立法也促进了终身教育的发展，2005年，我国首部有关终身教育的地方性法规《福建省终身教育促进条例》出台；2011年，上海市颁布了《上海市终身教育促进条例》，这两部地方性终身教育法规的颁布，不但表明终身教育的政策已经趋于成熟，而且已经进入了立法阶段，这也表明中国在终身教育的政策和法律方面进入一个新的阶段，并且已经与国际接轨，为社区教育的发展提供了一定程度的保障。

北京、上海、浙江、福建和成都关于社区教育的政策存在文本层次偏低、数量偏少、力度不足等问题。首先，文本层次偏低。目前，社区教育政策往往缺乏深度和广度，政策的条文过于简略，未能充分细化和具体化，导致政策制定者和执行者在具体操作过程中出现理解和执行上的障碍。此外，一些政策条文过于宽泛，缺乏明确的界定和操作规范，也会影响政策的实际执行效果。其次，数量偏少。社区教育政策的数量相对较少，未能形成一套系统完备的政策框架和规范体系。这使得政策的实际效果难以保障，并且也会影响政策的监管和落实。最后，力度不足。即使存在一些社区教育政策，它们的力度也往往不足以支撑社区教育事业的全面发展。社区教育事业需要大量的投入和资源保障，政策制定者和执行者需要更为积极主动地采取措施，加大政策力度，促进社区教育事业的发展和提升。

（二）北京市、福建省、上海市、成都市、浙江省社区教育政策的执行落实

在政策执行落实上，2016年出台的《教育部等九部门关于进一步推进社区教育发展的意见》提出，"推动形成党委领导、政府统筹、教育部门主管、相关部门配合、社会积极支持、社区自主活动、市场有效介入、群众广泛参与的社区教育协同治理的体制和运行机制"，如表4-2所示，从"是否有关于社区教育的成文、成章的指导政策或法律法规"的调查结果来看，五地管理人员提出在管理体系方面，主要存在行政管理机构对社区教育重视度不足、体制机制没有理顺、社区学校建设标准和制度不健全等问题，并希望能够通过进一步加强落实中央、市、区关于学习型社会建设、社区教育发展的要求，加强社区教育的顶层设计；提高政府机关对制度建设与管理的重视度；加强社区教育在办学保障、职称评审等多个方面的立法及检查。

表4-2 是否有关于社区教育的成文、成章的指导政策或法律法规

题项	频数	百分比
有，但作用不大	16	20.51%
有，并以此为依据进行管理	31	39.74%
无	31	39.74%
合计	78	100.00%

同样，表4-2数据分析显示（表4-3），当前五地39.74%的管理人员认为社区教育缺少成文、成章的指导政策或法律规范，20.51%的管理者认为即便有一定的政策规范，它们的作用也不大。只有39.74%的样本认为，这些规范或法律法规发挥了作用，各社区教育主体依据此进行管理。可见，目前社区教育相关

政策或法律法规在大多数情况下仍为"一纸空谈",与落到实处还有一定距离。具体来看,个案百分比更能诠释复选题的分布情况,从数据分析可以看出,75.64%和64.10%的地区认为,在队伍建设、经费设置方面相关的条例/法规/文件还需要进一步完善,除此之外,选择"管理体制""教育设施与网络建设""资源建设"的占比都超过了一半以上。

表4-3 需要进一步完善的条例/法规/文件频率表

题项	响应		个案百分比
	频数	百分比	
资源建设	42	17.14%	53.85%
经费设置	50	20.41%	64.10%
队伍建设	59	24.08%	75.64%
教育设施与网络建设	44	17.96%	56.41%
管理体制	48	19.59%	61.54%
其他	2	0.82%	2.56%
合计	245	100.00%	314.10%

如表4-4所示,在"所在地区上级政府是否定期制定社区教育发展规划和实施计划,并纳入本区经济社会发展和社区教育发展规划(计划)之中,加以认真落实"的题目中,76.92%的社区教育主体机构所在地区的上级机构能够定期制定社区教育发展规划和实施计划,并纳入本区经济社会发展和社区教育发展规划(计划)之中,加以认真落实。

表4-4 社区教育发展规划和实施计划的制定与落实情况

题项	频数	百分比
是	60	76.92%
否	18	23.08%
合计	78	100.00%

三、社区教育供给主体日益多元但协同不畅

社区教育供给主体通常包括政府、社会组织和市场主体等,不同的供给主

体会对社区教育的供给方式和供给内容产生不同的影响。政府通常会通过制定相关政策和法规来引导和规范社区教育的供给;社会组织则会通过自身的资源和能力来推动社区教育的发展;市场主体则会通过市场机制来提供社区教育服务,从而实现社区教育的可持续发展。从调查结果来看,当前社区教育供给主体日益多元,但是在具体参与上还是以政府为主,社会组织、市场等主体在社区教育资源的提供上参与度还不足。同时,以政府为主导的社区教育供给主体之间也未能形成较为有效的发展合力,无法充分利用自身的优势和功能来共同推进社区教育的发展和提升社区居民的综合素质和生活质量。

(一) 社区教育供给主体情况

如表4-5所示,勾选"社区学院""街镇社区学校""居村学习点""社区教育志愿者"的比例较高,分别占比73.08%、85.90%、71.79%、56.41%。除此之外,"社会组织""公共文化场馆""党政群机关"的占比也较高,分别为44.87%、41.03%、30.77%。总体来看,目前五地参与社区教育工作的主体比较丰富,社区教育三级网络仍是开展社区教育工作的主体。

表4-5 参与社区教育工作的主体频率表

题项	响应		个案百分比
	频数	百分比	
社区大学	18	5.13%	23.08%
社区学院	57	16.24%	73.08%
街镇社区学校	67	19.09%	85.90%
居村学习点	56	15.95%	71.79%
党政群机关	24	6.84%	30.77%
公共文化场馆	32	9.12%	41.03%
行业和企业协会	16	4.56%	20.51%
社会组织	35	9.97%	44.87%
社区教育志愿者	44	12.54%	56.41%
其他	2	0.57%	2.56%
合计	351	100.00%	450.00%

(二) 社区教育行政部门

如表 4-6 所示,五地社区教育主体间的权责关系比较明确和非常明确的占比 70.51%。87.18% 的地区有负责开展社区教育工作的职能科室,但大多数职能科室的人员在 10 人以下,与社区教育多条线、多块面的工作而言,队伍规模较小。64.10% 的地区社区教育的职责部门有其他部门协同工作,但五地社区教育的主要协同部门都局限在各级政府机构、工青妇民政组织、其他社区教育主体机构、学校等,仅 1 地提到社会力量(百城康养集团)的参与,由此可见,各主体认知中的其他部门协同多在教育条线内,没有较大范围地调动更多的社会力量多元化地参与社区教育工作。

表 4-6 社区教育主体间权责关系情况分布表

分类	题项	频率	百分比
社区教育主体间的权责是否明确	非常明确	26	33.33%
	比较明确	29	37.18%
	一般	19	24.36%
	比较不明确	4	5.13%
是否有专门负责开展社区教育工作的职能科室	是	68	87.18%
	否	10	12.82%
社区教育的职责部门是否有其他部门协同工作	是	50	64.10%
	否	28	35.90%

(三) 不同社区教育供给主体的资源整合不足

总体而言,社区教育资源整合的整体情况一般,特别是在社会性场地资源的整合方面存在较低的整合度。如表 4-7 所示,仅有 27.69% 的人选择了"整体情况良好"的选项,显示社区教育资源整合仍面临一系列问题。除了整体情况良好的比例较低之外,还有相当比例的人选择了"资源整合能力不强""可供利用资源有限"和"可利用渠道不足"的选项,占比分别为 29.23%、21.54% 和 21.54%。这些结果表明,社区教育资源整合在渠道、资源和能力等方面仍然面临许多挑战。要更好地推进社区教育工作,解决资源整合问题是首要任务。此外,在一个省市内部,不同地区之间的资源整合情况也存在参差不齐的现象。

这意味着在推进社区教育资源整合工作的过程中,需要促进地区之间的交流与合作,推广成功的经验,缩小区域间的差距。

表 4-7 社区教育资源整合情况分布表

选项	频率	百分比
可供利用资源有限	28	21.54%
资源整合能力不强	38	29.23%
可利用渠道不足	28	21.54%
整体情况良好	36	27.69%
总计	130	100.00%

在关于"所在地区社区教育在办学中整合了哪些场地资源"的调查中,数据显示了不同场地资源的整合情况。如表 4-8 所示,87.18%的地区整合了文化活动中心和社区综合服务中心(站),这两种资源在社区教育的办学过程中得到了广泛的应用和利用。此外,80.77%的地区整合了学校相关的场地设备,这包括学校的教室、实验室、图书馆等资源,这些场地为社区教育提供了有利的学习和教学环境。除了上述资源,超过一半的地区整合了文化馆和图书馆,分别占比 50.00%和 51.28%。这些场所提供了丰富的文化资源和图书资源,为社区教育的开展提供了良好的支持。然而,对于具有社会性和商业性质的场地资源,如电影院,整合度明显较低,仅为 6.41%。这可能是由于社区教育的定位和目标不同于商业场所,对于这类场地的利用和整合还存在一定的挑战。通过对"其他"选项的文本分析,可以发现社会性场地资源已经开始进入社区教育场地资源整合的视野。例如,在成都市双流区,禾木文创公司、彭镇老茶馆、社会学习点和公司广场等场所都被纳入社区教育的范畴。此外,部分党建中心和公园等场所也被用于社区教育的开展。然而,从整体来看,各地在整合社会性场地资源方面还有改进的空间,整合度还不够高,如以下访谈所示:

"现在各级各类教育机构间的融合度还是不够的,所以,社区教育还是做社区教育,中小学做基础教育,高校可能在推进社区教育相关的工作,但是这种资源的共享融合其实还远远不够;像基础教育'双减'后,主要在做第二课堂,但他们所用的资源都是通过社会力量去购买,其实,社区教育很早就有这些课程了,但是两者之间没有打通。"(A2)

"一方面,要统筹共享社区内的这种公共教育资源扩,大开放各类学校的优质教育资源;另一方面,要鼓励支持更多的企业和社会培训机构参与进来。只有让大家的资源都能够为我所用,我们才能够提供更多的供给,如果仅靠我们教育内部的力量,我觉得肯定是无法满足的。"(D2)

"要建立以社区学院为枢纽,以社区学校和居民学习点为基本架构,统筹社区教育的经济社会资源。"(C1)

综上所述,虽然在社区教育中许多地区整合了文化活动中心、社区综合服务中心、学校相关场地设备、文化馆和图书馆等场地资源,但对于具有社会性质和商业性质的场地资源的整合仍然相对不足。为了进一步提升社区教育的场地资源利用效率和多样性,需要加强与商业场所的合作,探索更多类型的场地资源整合方案,以满足居民多样化的学习需求和促进社区教育的全面发展。

表4-8 社区教育场地资源整合情况分布表

题项	响应		个案百分比
	频数	百分比	
中小学、职业院校、普通高校、开放大学相关场地设备	63	19.50%	80.77%
少年宫	19	5.88%	24.36%
文化馆	39	12.07%	50.00%
影剧院	5	1.55%	6.41%
美术馆	24	7.43%	30.77%
科技馆	27	8.36%	34.62%
纪念馆	30	9.29%	38.46%
文化活动中心、社区综合服务中心(站)	68	21.05%	87.18%
图书馆	40	12.38%	51.28%
其他	8	2.48%	10.26%
合计	323	100.00%	414.10%

从表4-9中可以看出,北京市选择"文化活动中心、社区综合服务中心(站)"的样本更多,占比100.00%,5个北京市的样本全部选择了此项;上海市

的18个样本也全部选择了"文化活动中心、社区综合服务中心(站)";成都市选择"文化活动中心、社区综合服务中心(站)""中小学、职业院校、普通高校、开放大学相关场地设备"的较多,分别占比75.00%和79.17%;福建省与成都市相同,选择"文化活动中心、社区综合服务中心(站)""中小学、职业院校、普通高校、开放大学相关场地设备"的较多,均占比83.33%;浙江省也与前两地相同,选择"文化活动中心、社区综合服务中心(站)""中小学、职业院校、普通高校、开放大学相关场地设备"的较多,分别占比88.00%和80.77%。从数据和文本总体来看,目前各地社会性场地资源的整合度仍不够,相较之下,成都市纳入社会性场地资源相对更多。

表4-9 社区教育场地资源整合与地区交叉表

题项	北京市	上海市	成都市	福建省	浙江省	合计
中小学、职业院校、普通高校、开放大学相关场地设备	4	15	19	5	20	63
	80.00%	83.33%	79.17%	83.33%	80.00%	80.77%
少年宫	2	5	4	3	5	19
	40.00%	27.78%	16.67%	50.00%	20.00%	24.36%
文化馆	2	13	12	1	11	39
	40.00%	72.22%	50.00%	16.67%	44.00%	50.00%
影剧院	2	1	2	0	0	5
	40.00%	5.56%	8.33%	0.00%	0.00%	6.41%
美术馆	2	9	5	0	8	24
	40.00%	50.00%	20.83%	0.00%	32.00%	30.77%
科技馆	3	10	4	0	10	27
	60.00%	55.56%	16.67%	0.00%	40.00%	34.62%
纪念馆	3	12	5	2	8	30
	60.00%	66.67%	20.83%	33.33%	32.00%	38.46%
文化活动中心、社区综合服务中心(站)	5	18	18	5	22	68
	100.00%	100.00%	75.00%	83.33%	88.00%	87.18%
图书馆	4	12	10	3	11	40
	80.00%	66.67%	41.67%	50.00%	44.00%	51.28%

(续表)

题项	北京市	上海市	成都市	福建省	浙江省	合计
其他	0	4	2	0	2	8
	0.00%	22.22%	8.33%	0.00%	8.00%	10.26%
合计	5	18	24	6	25	78
	6.41%	23.08%	30.77%	7.69%	32.05%	100.00%

社区教育作为终身教育体系的重要组成部分,与初等教育、中等教育、高等教育存在着较大的差异。首先,社区教育的教育形式比较多样化,既包括传统的面授课程、讲座、培训班等形式,也包括在线教育、远程教育等新兴的教育形式。其次,社区教育的教育对象相对广泛,既包括儿童、青少年,也包括成人、老年人等不同年龄段的人群。再次,社区教育的教育内容涵盖面很广,不仅包括基础教育、职业教育、技能培训等方面的内容,也包括健康教育、文化娱乐等方面的内容。最重要的是,社区教育具有全员性、全面性和全程性的特征,意味着社区教育活动的开展和实施更需要多种主体的力量。因此,社区教育的开展和实施需要政府、社会组织、市场等多种主体的共同参与和协同合作。

四、社区教育供给内容丰富但精度不够

社区教育供给内容主要包括社区教育的课程设置、教学内容和教学方式等,基于当前社区教育供给主体的单一性,本次调查的主要是以政府为主体提供的社区教育内容。

如表4-10所示,五地开发、开设的社区教育课程主要集中在市民教育类、健康教育类、艺术修养类,分别占比50.00%、79.49%和80.77%,体育健身类课程开发建设的较少,占比12.8%。目前,社区教育的内含与老年教育没有完全辨清,甚至存在很多人认为社区教育就是老年教育的情况,这也就导致社区教育课程与老年教育课程的重叠度极高。其中,体育健身类课程之所以较少,本文认为与课程的性质有关,运动类课程对学习场地、学员的健康状况等有更高的要求,使得相应课程的开发和开设较其他课程而言较少。

表 4-10 社区教育课程类别分布表

题项	响应		个案百分比
	频数	百分比	
市民教育类	39	17.33%	50.00%
健康教育类	62	27.56%	79.49%
艺术修养类	63	28.00%	80.77%
文化素养类	26	11.56%	33.33%
实用技能类	25	11.11%	32.05%
体育健身类	10	4.44%	12.82%
合计	225	100.00%	288.46%

从表 4-11 中可以看出,北京市选择"艺术修养类"的样本更多,占比 100.00%,5 个北京市样本全部选择了此项;上海市选择"艺术修养类""健康教育类"的样本更多,分别占比 94.44% 和 88.89%;成都市选择"市民教育类""艺术修养类""健康教育类"的较多,分别占比 75.00%、70.83% 和 70.83%;福建省选择"艺术修养类"的样本更多,占比 100.00%,6 个福建省的样本全部选择了此项;浙江省选择"艺术修养类""健康教育类"的样本更多,分别占比 72.00% 和 80.00%。在课程的开发和设计上没有明显的地区差异。

表 4-11 课程类别与地区交叉分布表

题项	北京市	上海市	成都市	福建省	浙江省	合计
市民教育类	2	5	18	1	13	39
	40.00%	27.78%	75.00%	16.67%	52.00%	50.00%
健康教育类	4	16	17	5	20	62
	80.00%	88.89%	70.83%	83.33%	80.00%	79.49%
艺术修养类	5	17	17	6	18	63
	100.00%	94.44%	70.83%	100.00%	72.00%	80.77%
文化素养类	2	7	8	4	5	26
	40.00%	38.89%	33.33%	66.67%	20.00%	33.33%
实用技能类	2	8	4	1	10	25
	40.00%	44.44%	16.67%	16.67%	40.00%	32.05%

(续表)

题项		北京市	上海市	成都市	福建省	浙江省	合计
体育健身类		0	0	5	0	5	10
		0.00%	0.00%	20.83%	0.00%	20.00%	12.82%
合计		5	18	24	6	25	78
		6.41%	23.08%	30.77%	7.69%	32.05%	100.00%

当前,在社区教育供给内容上,仍然存在不同政府部门之间的交叉与重叠,各个部门相互协作的格局并未有效形成,而是"单打独斗"地开展重复性工作,使得基层社区学校"不堪重负",例如,民政部门从社区建设、社区治理的角度推进社区教育,国务院印发的《"十四五"城乡社区服务体系建设规划》中就提到,通过大力发展社区教育,助力构建终身学习体系推进社区服务供给;文明办从文明城市建设上要求开展社区教育活动;妇联则从妇女、儿童、家庭教育的角度切入社区教育。事实上,这些不同部门开展的活动基本上都包含在社区教育之内,但由于各部门之间缺乏横向沟通与合作,导致社区教育的重复性活动居多,也给基层社区教育机构带来较大的行政负担。如访谈中提到,"教育现代化就是人的现代化,所谓人的现代化,就是人要跟得上社会的发展,教育实际上要去研究个体发展与社会现在脱节的地方在哪里? 我就想到有时候到社区里边,妇联主要是针对的是家庭,科委主要的任务是搞科普。但是社区教育应该是个综合性的东西,应该把它们全部纳在里面。"(B1)

五、社区教育信息化稳步发展但智能化不足

近年来,随着信息技术的发展和应用,社区教育数字化与智慧化的发展趋势逐渐明显。数字化和智慧化的发展不仅改变了社区教育的教育模式、教育内容和教育手段,也为社区教育的可持续发展提供了新的动力和机遇。

(一) 社区教育数字化资源

如表4-12所示,五地有专人负责数字化支持与建设的占比64.10%,超过了一半;但也有35.90%的地区勾选了"没有专人负责数字化支持与建设",在社区教育推进数字化工作的过程中,人员具有主观能动性,具有至关重要的作用。

表 4-12　专人负责数字化支持与建设分布表

题项	频数	百分比
是	50	64.10%
否	28	35.90%
合计	78	100.00%

社区教育办学主体有网络覆盖的占比96.15%（见表4-13）。仅有3个地区选择了未覆盖，占比3.85%。通过对文本进行分析可以看出，未覆盖的情况各有不同：一是特定区域没有网络覆盖，如舞蹈房、烹饪教室；二是有有线网络，但无WIFI；三是因场所改建中，网络设置暂时没有到位。可见大部分社区教育办学主体都已经连接了网络，具备在线教学的网络条件。

表 4-13　网络覆盖情况分布表

题项	频数	百分比
是	75	96.15%
否，未覆盖的有	3	3.85%
合计	78	100.00%

数据分析显示，当前在数字化学习资源建设上，主要存在的问题为"软硬件资源及技术支撑平台有待提升""数字化学习资源宣传度有待加强""资源质量有待提高"，分别占比56.41%、56.41%、50.00%（见表4-14）。除此之外，"资源数量不足""资源检索便捷度较差"出现的比例分别达到41.03%和30.77%。勾选"网站权限设置受限"的比例则低得多。

表 4-14　数字化学习资源存在问题分布表

题项	响应		个案百分比
	频数	百分比	
资源数量不足	32	16.00%	41.03%
资源质量有待提高	39	19.50%	50.00%
资源检索便捷度较差	24	12.00%	30.77%
网站链接速度较慢	9	4.50%	11.54%
网站权限设置受限	7	3.50%	8.97%

(续表)

题项	响应		个案百分比
	频数	百分比	
软、硬件资源及技术支撑平台有待提升	44	22.00%	56.41%
数字化学习资源宣传度有待加强	44	22.00%	56.41%
其他	1	0.50%	1.28%
合计	200	100.00%	256.41%

由此可以看出,各地区已经在高度重视数字化资源的普及与推广,但各方面存在的问题仍不容忽视。其中,"数字化学习资源宣传度不够"反映了当前各地区致力于开发建设数字化学习资源的过程中,没有做好相关宣传,使得很多资源的受众大大减少,资源的利用率大大降低;"资源质量有待提高"则反映了当下社区教育数字化学习资源可能存在老旧、无法对接市民学习兴趣、品质差等情况,各地区需要进一步在搭建精品数字化资源库上下功夫。

(二) 社区教育数字化平台的建设情况

总体来看,五地社区教育数字化平台、公众号建设有一定成效且存在地域差异。如表4-15、表4-16、表4-17所示,五地勾选"有专门的学习服务平台"的占比56.41%,勾选"没有专门的学习服务平台"的占比43.59%。两者均接近一半,可见五地在学习服务平台包含网站的建设上仍有不足。将社区教育数字化平台建设与地域变量进行百分比同质性检验,Pearson卡方值为13.726,自由度为4,显著性概率值为0.008,达到0.05显著性水平,表示不同地区在是否有学习服务平台的2个反应变量上,至少有一个选项选择的次数百分比存在显著性差异。

表4-15 是否有专门的社区教育数字化平台分布表

题项	频数	百分比
是	44	56.41%
否	34	43.59%
合计	78	100.00%

表 4-16　卡方检验

	值	df	渐进 Sig.（双侧）
Pearson 卡方	13.726	4	0.008

数据分析显示，五地勾选"有专门的公众号"的占比 61.54%，勾选"没有专门的公众号"的占比 38.46%，可见五地仍有一定比例的社区学院没有搭建专门的公众号，用于社区教育的宣传与推广。

表 4-17　有无专门的公众号分布表

题项	频数	百分比
是	48	61.54%
否	30	38.46%
合计	78	100.00%

六、社区教育供给模式的深度不强

（一）社区教育活动场所的重心在社区教育多级网络

当前，社区教育的办学形式仍然是政府主导建设的社区教育多级网络，即以街道（镇）社区（老年）学校为主，区教育学院/老年大学指导，居（村）委会教学点、睦邻学习点为补充的社区教育四级网络。调查显示，五地所在社区的社区教育机构主要以街道（镇）社区（老年）学校为主，占比 66.18%，其次是居（村）委会教学点和区教育学院/老年大学，分别占比 42.75% 和 30.40%（见表 4-18）。

表 4-18　社区教育机构类型数量分布表

社区教育机构类型	频数	响应率	普及率
区教育学院/老年大学	711	18.47%	30.40%
街道（镇）社区（老年）学校	1 548	40.21%	66.18%
居（村）委会教学点	1 000	25.97%	42.75%
睦邻学习点	331	8.60%	14.15%
不清楚	243	6.31%	10.39%
其他	17	0.44%	0.73%
总计	3 850	100.00%	164.60%

除了社区教育办学网络外,社区居民参与社区教育活动的场所有社区培训教室、社区老年活动室、文化活动中心、图书馆,分别占比 67.59%、60.62%、50.71% 和 47.67%(见表 4-19),而且这些场所的开展也是依托社区教育办学网络的教学活动予以展开的,因此,社区居民参与社区教育仍然以政府开办的各级社区教育机构为主。

表 4-19 社区居民参与社区教育活动的场所分布表

多选题题项	频数	响应率	普及率
图书馆	1 115	14.48%	47.67%
多功能剧场	567	7.37%	24.24%
社区培训教室	1 581	20.54%	67.59%
社区老年活动室	1 418	18.42%	60.62%
展览厅	398	5.17%	17.02%
多媒体教室	678	8.81%	28.99%
开放式文化活动广场	712	9.25%	30.44%
文化活动中心	1 186	15.41%	50.71%
其他	43	0.56%	1.84%
总计	7 698	100.00%	329.12%

(二) 社区教育形式的多样性不足

如表 4-20 所示,对管理者的调查数据显示,"教室上课"仍然为主流,占比 96.15%;除此之外,"实践活动""网络教学"分别占比 75.64% 和 66.67%,也已经超过半数,占据了重要地位。由此可见,面授教学作为主流的教学方式仍然十分重要,与此同时,体验式学习、在线学习等学习方式开始越来越受到重视。"居家自学"占比 33.33%,占比仍然较低。社区教育对市民来说不仅是学习的方式,更是与人交往的途径,居家自学的方式在社区教育领域作为市民学习之余的辅助教学方式更佳。选择"其他"的主要为体验学习、团队学习、人文行走学习等,具有多元化特征。

表 4-20 社区教育形式分布表

题项	响应		个案百分比
	频数	百分比	
教室上课	75	35.05%	96.15%

(续表)

题项	响应		个案百分比
	频数	百分比	
实践活动	59	27.57%	75.64%
网络教学	52	24.30%	66.67%
居家自学	26	12.15%	33.33%
其他	2	0.93%	2.56%
合计	214	100.00%	274.36%

在"所在地区学习小组、学习团队、学习型组织等数量和类型是否充足"题目上,数据分析显示,勾选"非常充足""比较充足"的地区更多(见表4-21),占比67.95%。而选择"一般""比较缺乏""非常缺乏"的占比32.05%。学习型组织的创建是学习型社会构建的重要组成部分,五地对学习型组织的建设已经初具成效,但部分地区还需要进一步加强相关工作。

表4-21 所在地区学习小组、学习团队、学习型组织等数量和类型是否充足

题项	频数	百分比
非常充足	18	23.08%
比较充足	35	44.87%
一般	22	28.21%
比较缺乏	1	1.28%
非常缺乏	2	2.56%
合计	78	100.00%

与地区作交叉表(见表4-22),可以看出,福建省选择学习小组、学习团队和学习型组织数量和类型"一般"的比例最高,在水平群体样本中占比66.67%;北京市、上海市、成都市选择学习小组、学习团队和学习型组织数量和类型"比较充足"的比例最高,在水平群体样本中的占比分别为80.00%、66.67%、41.67%。选择"比较缺乏""非常缺乏"的地区全部在浙江省,与此同时,浙江省选择学习小组、学习团队和学习型组织数量和类型"非常充足"的比例最高,达到32.00%,浙江省内不同地区在学习型小组、学习团队和学习组织建设上,存在较大的差异,值得重视。

表 4-22 学习小组、学习团队、学习型组织等数量和类型是否充足与地区交叉表

题项	北京市	上海市	成都市	福建省	浙江省	合计
非常充足	1	4	5	0	8	18
	20.00%	22.22%	20.83%	0.00%	32.00%	23.08%
比较充足	4	12	10	2	7	35
	80.00%	66.67%	41.67%	33.33%	28.00%	44.87%
一般	0	2	9	4	7	22
	0.00%	11.11%	37.50%	66.67%	28.00%	28.21%
比较缺乏	0	0	0	0	1	1
	0.00%	0.00%	0.00%	0.00%	4.00%	1.28%
非常缺乏	0	0	0	0	2	2
	0.00%	0.00%	0.00%	0.00%	8.00%	2.56%
合计	5	18	24	6	25	78
	100.00%	100.00%	100.00%	100.00%	100.00%	100.00%

社区教育供给模式是社区教育服务体系的重要组成部分,对于满足社区居民的需求至关重要。目前,在我国社区教育服务供给方面存在两个方面的问题:一是办学形式单一,缺乏多样性;二是发展模式相对单一。这些问题导致社区教育服务的供给方式受限,难以满足社区居民多样化的需求,影响了社区教育的全面发展。相关访谈显示,"社区教育形式存在问题,过于机构化,缺乏开放性。"(C3),这种社区教育机构的"封闭"状态也必然影响社区教育供给的模式,社区教育供给模式较为单一的问题可能与社区教育管理机制的不完善有关。如果社区教育管理机制不够完善,就难以推动社区教育供给模式的创新和改进。

七、社区教育供给保障有力但系统性不强

从总体看,五地管理人员提出在保障体系方面,问题主要集中在经费和队伍两个层面,存在人员经费不足、专兼职教师和管理人员不足、队伍专业化不足、专兼职教师队伍老龄化严重、队伍的稳定性和可持续发展不足等问题。除此之外,改革创新动力也较为缺乏。因此,在经费方面,通过加大各方对社区教

育的经费投入,为社区教育提供包括专项经费在内的更为充足的资金保障;在队伍方面,安排社区教育专职工作者更多地开展业务学习,打通专职工作者的提升通道,通过专业化建设提升整个队伍的专业素质,进一步扩充社区教育与管理的专兼职队伍,提高社区教育教师的地位,明晰专兼职教师的专业发展规划。

(一) 社区教育经费投入不足,但匹配度、利用率、重视度、公平度较高

如表4-23所示,约60.26%的样本认为,每年人均社区教育专项经费投入应不低于2元。通过对题项和地区的交叉指标分析发现,在成都市、福建省和北京市,选择未达到2元标准的样本多于选择达到2元标准的样本。此外,在人均教育经费超过8元的地区中,上海地区的样本数量最多,其中,最高人均教育经费达到20元。这些数据显示了社区教育经费投入不足的普遍现象,特别是在某些地区,社区教育经费的投入情况相对较低,这将严重制约社区教育服务质量的提升,从而影响社区教育的发展和改善。

表4-23 社区教育专项经费投入是否达到常住人口每年人均不低于2元的标准

题项	频率	百分比
是,不低于	47	60.26%
否	31	39.74%
合计	78	100.00%

如表4-24所示,在"所在地区的社区教育经费投入是否充足"这一问题上,只有11.54%的人选择了"非常充足",34.62%的人选择了"比较充足",选择"一般""比较缺乏""非常缺乏"的样本占比53.85%,一半以上的受访者认为目前社区教育经费的投入水平一般,甚至是缺乏的。从这些数据可以推断,五个被调查地区中有一半以上的地区的社区教育经费投入状况不太理想。这也意味着在全国其他地区,社区教育经费投入短缺的情况有很大可能是普遍存在的。进一步的文本分析表明,充足的社区教育经费通常来自政府的财政拨付,经费不足则是因为政府的经费拨付不足。对于社区教育主体来说,要想提高社区教育经费的投入水平,不能仅仅依靠专项经费拨付,应该开拓资金投入渠道,以"开源"的方式提高社区教育经费的投入水平。因此,需要各方面共同努力,包括政府、社区组织和个人,共同支持和促进社区教育的发展,实现社区教育的公平、普及和优质。

表 4-24　社区教育经费投入是否充足

题项	频率	百分比
非常充足	9	11.54%
比较充足	27	34.62%
一般	37	47.44%
比较缺乏	2	2.56%
非常缺乏	3	3.85%
合计	78	100.00%

如表 4-25 所示，在五个被调查地区中，社区教育的投入与居民的学习需求存在一定程度的匹配。具体而言，选择"非常匹配""比较匹配"的受访者占比为 57.69%。这表明这些地区的社区教育投入能够满足大多数居民的学习需求，但并不能覆盖所有人的需求。进一步分析数据可以发现，一部分受访者认为社区教育投入与需求的对接还有提升的空间，这可能是由于社区教育资源的不足或者质量不高所导致的。同时，不同群体的学习需求也可能存在差异，需要更加精细的管理和规划，以满足不同居民的学习需求。

表 4-25　社区教育投入与居民学习需求匹配度

题项	频率	百分比
非常匹配	7	8.97%
比较匹配	38	48.72%
一般	27	34.62%
不太匹配	4	5.13%
完全不匹配	2	2.56%
合计	78	100.00%

社区教育经费投入的利用率是评估其有效性和效率的重要指标。最近的研究表明，在社区教育经费投入有限的情况下，很多地区都能够高效地利用手中的经费。如表 4-26 所示，以 90% 及以上的利用率作为标准，46.15% 的社区教育项目在利用率方面表现优秀。这意味着，在社区教育项目中，有一大部分能够最大限度地利用经费，从而为当地居民提供更高质量的教育服务。社区教育经费投入的高效利用，不仅可以提高社区教育服务的质量和覆盖范围，而且

还可以节约公共资源。

表 4-26　社区教育投入利用率

题项	频率	百分比
90%及以上	36	46.15%
70%—90%	21	26.92%
50%—70%	18	23.08%
10%—50%	1	1.28%
10%及以下	2	2.56%
合计	78	100.00%

调查结果显示,选择教育投入"非常公平""比较公平"的占比达到64.10%。这表明,在社区教育投入方面,很多地区已经开始关注公平性问题,并且采取了一些有针对性的措施,以确保教育资源的公平分配,尤其是针对一些特殊群体进行了补偿性的工作。然而,相当一部分地区在社区教育投入方面没有实现公平,仍需要在经费、活动、制度、管理等方面做出更多努力。特别是对于一些社区较为贫困、人口较为集中的地区,应该加大资金投入,增加教育资源的供给,以确保这些地区的居民也能够享受到公平的教育机会。

表 4-27　社区教育投入是否公平分布表

题项	频率	百分比
非常公平	10	12.82%
比较公平	40	51.28%
一般	23	29.49%
不太公平	4	5.13%
完全不公平	1	1.28%
合计	78	100.00%

如表 4-28 所示,在社区教育资金投入链方面,选择"非常稳定""比较稳定"的占比达到了78.21%。这表明在目前的五个地区中,已经形成了相对稳定的资金投入链,资金来源相对固定,保障了社区教育经费的稳定供给,为社区教育的可持续发展奠定了基础。然而,仍有一些地区的资金投入链不够稳定,需要进一步开拓和巩固资金投入渠道,以确保社区教育经费的持

续供给。一位长期从事社区教育实践工作与行政管理的受访者表示:"尽管很多人一直觉得上海社区教育发展在全国处于领先地位,但上海各个区的社区教育经费投入是非常不均衡的,郊区与市区之间、郊区与郊区之间的经费投入情况都不同,而且经费每年都发生变化,受财政收支紧缩的影响,社区教育相对边缘化的地位也使得这几年社区教育经费投入在减少,甚至有个别社区学校今年的经费投入为零。"(D5)总体来看,大多数调查地区的社区教育经费投入较为稳定,但仍然看到还有相当一部分地区的社区教育并未受到上级政府的重视,并未保证社区教育经费的稳定来源,既反映出当前社区教育经费投入的不均衡性,也反映了由于立法的缺乏使得社区教育经费投入未受到应有的保障。

表4-28 社区教育的资金投入链是否稳定分布表

题项	频率	百分比
非常稳定	19	24.36%
比较稳定	42	53.85%
一般	11	14.10%
不太稳定	5	6.41%
完全不稳定	1	1.28%
合计	78	100.00%

(二) 社区教育工作者队伍要求较明确、规模较稳定、年轻化水平较高,来源多为专任制

为了保障社区教育的质量和效益,需要对社区教育工作者进行明确规定。如表4-29所示,在五个地区,选择社区教育人员的学历和技能规定"非常明确""比较明确"的占比达到70.53%。这表明大部分地区已经对社区教育从业人员需要具备何种学历、技能等进行了比较明确的规定,各地已经开始重视社区教育工作者的素质和能力,有意识地进行规范和管理,这有利于提高社区教育工作者的素质和能力,进一步提高社区教育的质量和效益。但目前社区教育的教师还缺乏专业化的培养渠道,"现在社区教育的教师还缺乏专业知识和能力体系,包括很多培训是和中小学放在一起的,没有专门的社区教育教师培训系列,特别需要针对社区教育教师的能力培养来设计培训模块。"(A5)

表 4-29　社区教育的人员学历、技能等是否有明确规定

题项	频率	百分比
非常明确	13	16.67%
比较明确	42	53.85%
一般	13	16.67%
比较模糊	8	10.26%
非常模糊	2	2.56%
合计	78	100.00%

如表 4-30 所示，近五年来五地社区教育的教师规模基本上趋于稳定的占比为 57.69%。这说明大部分地区的社区教育教师数量在近几年来保持相对稳定的状态，这对于保障社区教育工作的开展是非常重要的。有 24.36% 的地区的教师规模逐年扩大，这反映出这些地区的社区教育事业正在蓬勃发展，教师数量的增加能够满足不断扩大的需求，这也说明这些地区对社区教育的投入和支持得到了不断加强。但是，仍有 17.95% 的地区的教师规模逐年下降，这需要引起关注和思考。访谈结果显示，"以前一些社区学院、社区学校是有法人的，但是现在不具备法人资格，感觉是一种倒退，使得现在专职教师越来越少，甚至可能以后都快没有了。"(A4)一方面，这可能是因为过去这些地区的社区教育事业发展过度，规模已经超过了当地的实际需要，出现了合理的回落；另一方面，这也可能是因为这些地区对社区教育的重视度不够，相关工作和事业面临萎缩，需要进一步引起重视和加强投入。

表 4-30　近五年社区教育专兼职教师规模发展情况

题项	频率	百分比
教师规模逐年下降	14	17.95%
教师规模基本稳定	45	57.69%
教师规模逐年扩大	19	24.36%
合计	78	100.00%

休伯曼将教师的职业生涯过程归纳为 5 个时期：(1)入职期(careered try)，1—3 年，是求生和发现期；(2)稳定期(stabilization phase)，4—6 年；(3)实验和歧变期(experimentation and reassessment)，7—25 年；(4)平静和保守期(serenity and conservatism)，26—33 年；(5)退出教职期，34 年及以上，教师的

职业生涯步入了逐步终结的阶段。在工作年限的调查中可以看出（见表4-31），目前五地工作年限在6年及以内的有39人，占总人数的50.00%，是参与调查的管理人员的一半。这些人员处于教师职业生涯的入职期和稳定期，处于求生和发现期和稳定期，在不断地适应教育工作和规范，同时寻求机会进行自我提高和发展。同时，工作年限在7—25年的有37人，占比47.44%。这些人员处于教师职业生涯的实验和歧变期，这个时期的教师已经具备了丰富的工作经验和技能，开始进行自我探索和进一步的职业发展。

表4-31 社区教育领域的工作年限分布表

题项	频率	百分比
1—3年	24	30.77%
4—6年	15	19.23%
7—25年	37	47.44%
26—33年	1	1.28%
34年及以上	1	1.28%
合计	78	100.00%

如表4-32所示，有73.08%的地区在"社区教育工作者队伍主要来源"题项上，选择了"专任制"，这说明专职的社区教育工作者队伍是五地社区教育的主力军，担负着社区教育工作的重任。此外，56.41%的地区选择了"志愿制"，说明志愿者在社区教育工作中也发挥着重要作用。另外，55.13%的地区选择了"聘任制"，说明社区教育工作者队伍也有一定比例的兼职人员。相比之下，选择"选派制"的地区比较少，占比37.18%。除了这些主要来源，还有部分地区选择了"其他"，主要为购买服务、村社区工作人员兼任等方式，这也说明在一些地区，社区教育工作者队伍的来源比较多样化。总的来说，各地的选择有所不同，但可以看出，专职工作者队伍是社区教育的主力，志愿者和聘任工作者也在社区教育中发挥着重要作用。

表4-32 社区教育工作者队伍来源频率

题项	响应		个案百分比
	频数	百分比	
专任制—全职担任	57	32.02%	73.08%

(续表)

题项	响应		个案百分比
	频数	百分比	
选派制—临时选派	29	16.29%	37.18%
聘任制—临时雇佣	43	24.16%	55.13%
志愿制—志愿参与	44	24.72%	56.41%
其他	5	2.81%	6.41%
合计	178	100.00%	228.21%

社区教育是面向全体社区居民、服务社区居民发展的教育形态,因此,社区教育的教师也是区别于普通教师的职业角色,特别是在知识技能、教学方式、教学组织能力上都有其自身的特殊性,需要更加专业化的社区教育教师,然而,当前一方面对社区教育教师提出了更高的要求,另一方面社区教育教师的发展渠道却受限。有学者指出,衡量社区教育教师专业化发展程度主要从以下三个方面进行:一是是否建立了专业资格标准和准入制度;二是是否建立了关于社区教育的专门教育和训练体系;三是社区教育教师职业的专业地位是否在社会上得到确认,主要表现为国家对社区教育教师专业地位的确认,以及社区教育教师在工资福利和职称晋升等方面的待遇。[①] 当前社区教育教师的专业化发展还远远不够,极大程度上影响着社区教育供给的质量。2013年,教育部职业教育与成人教育司发布《社区教育工作者岗位基本要求》,对社区教育的管理人员和专职教学人员的岗位进行了规定;2016年,教育部等九部门《关于进一步推进社区教育发展的意见》明确提出,"逐步建立和完善以专职人员为骨干、兼职人员为主体、志愿者为补充的社区教育管理队伍和师资队伍";在此基础上,为进一步推进社区教育可持续发展,上海市发布了《上海市社区教育教师专业能力指南》,该指南为全国首个针对社区教育教师专业化发展的指南,立足不同岗位的职责需求,分别对专职教师、兼职教师的专业能力提出了学历、资历、专业能力、继续教育等具体要求。然而,这些并未从根本上解决社区教育教师社会地位边缘化和社区教育教师发展渠道受阻问题,调研发现,高级职称无法评聘成为一线社区教育教师反映的最大发展问题,有受访者表示:"现在很多学校高级职称最多一个,导致社区教育教师发展的道路很窄,老师没有奔头,也没有发展的动力。"(B2)

---

① 邵晓枫.社区教育教师专业化亟需深入研究的几个问题[J].教师教育研究,2021,33(04):38—43.

另外,影响社区教育教师专业化发展的是编制问题,"目前有相关规定,每一个学校的专职教师不足五人教师编制就会被合并,而且很多社区学院没有独立的法人地位,很多教师挂靠的是业余大学或者开放大学,导致社区教育的教师编制更多是成人高校编制。"(C1)可以看出,社区教育教师并未形成流畅的发展通道,不论是职称评聘还是编制安排依靠的仍然是成人高校系统,社区教师身份的独立性和专业性未能凸显,不仅影响着社区教育教师自身的发展,也在一定程度上使得工作内容和工作职责呈现出模糊的状态。

✦ 第二节 ✦
学习者满意度视角的实证研究

从供给环节来看,除了社区教育供给主体,还包括社区教育供给的对象,也就是参与社区教育的学习者。从供给对象或者供给客体的角度来探究当前社区教育供给的现状,能够从整体上把握供给环节中存在的问题。从微观层面来看,社区教育是一种旨在服务全体居民的特殊教育活动,相较于正规的学校教育,社区教育牵涉到的教育主体更为广泛、多样和复杂。社区教育的教学目标和内容涉及社区内各个年龄、性别、职业、文化程度等方面的不同群体,因此,在进行问卷调查时,调查主体必须包含不同类型的社区学习者,如老年人、在职人群、青少年等,以全面了解社区教育不同群体的需求状况。当前,关于社区教育的满意度评价更多关注的是社区教育供给方,缺乏对社区教育的主要消费方的评价,基于学习者满意度的社区教育供给调查能够进一步明晰社区教育供需是否匹配以及匹配质量如何,从而从供给受益者的角度深入了解当前社区教育的供给状况。因此,本书在调查社区教育管理者的基础上,还调查了北京市、福建省、上海市、成都市、浙江省五地参与社区教育的学习者,通过线上的形式共收集2 339份问卷。如表4-33所示,从性别来看,女性学习者的数量大大高于男性学习者,前者为1 819人,占比77.77%;后者为520人,占比22.23%。从年龄段来看,18—45岁的为585人,占比25.01%;45—60岁的人为725人,占比31%;60—79岁的为1 009人,占比为43.14%;80岁及以上的为20人,占比0.86%,总体来看,调查的学习者以60岁及以上的老年人为主,也在一定程度上体现了我国社区教育面向的对象的年龄特点。从职业来看,退休人员占比较高,约为55.54%,办事人员和有关人员占比12.44%,商业、服务业人员占比6.76%,专业技术人员占比6.37%,国家机关、党群组织、企业、事业单位负责人以及其他分别占比5.95%和5.6%。从所在地区来看,以上海和浙江两地学习者数量居多,上海为739人,占比31.6%;浙江为727人,占比31.08%;北京为343人,占比14.66%;成都为330人,占比14.11%。

总体来看,社区教育学习者中女性比例远高于男性,这可能与社区教育对女性学习者的吸引力较大有关。此外,学习者的年龄结构以60岁及以上的老年人为主,这反映了社区教育主要服务的对象是中老年人群体。退休人员是学习者中人数最多的,这可能与退休后有更多时间来参加学习有关。同时,上海和浙江是学习者数量最多的两个地区,该调查研究的样本数量较大,覆盖了多个地区和不同类型的社区学习者,具有一定的代表性。

表 4-33　社区教育学习者频率分布表

名称	选项	频数	百分比
性别	女	1 819	77.77%
	男	520	22.23%
年龄段	60—79 岁	1 009	43.14%
	45—60 岁	725	31.00%
	18—45 岁	585	25.01%
	80 岁以上	20	0.86%
身份	本区域社区居民	1 943	83.07%
	本区域就职人员	346	14.79%
	其他	50	2.14%
职业	退休人员	1 299	55.54%
	办事人员和有关人员	291	12.44%
	商业、服务业人员	158	6.76%
	专业技术人员	149	6.37%
	国家机关、党群组织、企业、事业单位负责人	139	5.94%
	其他	131	5.60%

(续表)

名称	选项	频数	百分比
职业	农、林、牧、渔业生产人员及辅助人员	104	4.45%
	生产、运输设备操作人员及有关人员	67	2.86%
	军人	1	0.04%
文化程度	大专或本科	1 081	46.22%
	高中及中专	730	31.21%
	初中及以下	480	20.52%
	研究生及以上	48	2.05%
个人年收入	5万元以下	1 214	51.9%
	6—15万元	1 034	44.21%
	16—30万元	78	3.34%
	30万元以上	13	0.56%
生活所在区	不清楚	1 357	58.02%
	全国社区教育示范区	380	16.25%
	省级社区教育示范区	218	9.32%
	全国社区教育实验区	215	9.19%
	其他	94	4.02%
	省级社区教育实验区	75	3.21%
五地	上海	739	31.6%
	浙江	727	31.08%
	北京	343	14.66%
	四川	330	14.11%
	福建	200	8.44%

一、社区教育宣传工作还不足

社区教育宣传是社区教育供给动力机制中的一个重要环节,它的作用在于引导社区居民了解社区教育的情况,通过宣传社区教育的目标、任务、覆盖范围、质量和管理情况等信息,居民可以更加全面、准确地了解社区教育的基本情况,提高他们对社区教育的认知和认同,从而促进社区教育供给的发展和改善。如图4-1所示,当前社区教育宣传工作的整体情况较为良好,但还存在社会影响范围与宣传渠道不足等问题。从居民对社区教育的了解程度数据可以发现,多数居民对社区教育有一定的了解,有76.91%的居民选择"基本了解"及以上的选项,但这些是基于已经参与过社区教育的学习者的调查,相关访谈显示,社区当中还存在大量的社区居民并不了解社区教育,"我觉得市民对学习成果的感知度还是不足的,去做市民监测的时候,你在街面上去问很多市民,他们对于身边的社区学校、老年学校的知晓度很低。"(B3)

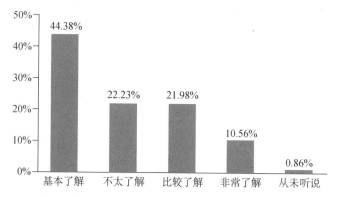

图 4-1 居民社区教育了解程度分布图

如表4-34所示,社区居民对社区教育的了解程度也存在着地区差异,卡方检验分析的结果显示,对于五地,显著性 P 值小于 0.01,水平上呈现显著性,拒绝原假设,因此,五地社区居民对本社区社区教育的了解程度数据存在显著性差异。通过百分比对比差异可知,北京选择"不太了解"的比例为 28.86%,明显高于平均水平 22.23%。上海选择"基本了解"的比例为 52.50%,明显高于平均水平 44.38%。四川选择"非常了解"的比例为 16.67%,明显高于平均水平 10.56%。

表 4-34 社区居民对社区教育的了解程度与地区交叉分布

名称	五地					总计	X^2	P
	福建	成都	北京	浙江	上海			
从未听说	2	2	3	10	1	20	82.996	0.000***
不太了解	15	64	99	165	140	520		

(续表)

名称	五地					总计	X^2	P
	福建	成都	北京	浙江	上海			
基本了解	31	123	140	300	388	1 038	82.996	0.000***
比较了解	16	86	69	153	162	514		
非常了解	6	55	32	99	48	247		
合计	70	330	343	727	739	2 339		

当前居民了解社区教育的主要途径呈现多样化的特点,如图 4-2 所示,社区活动是最主要的途径,占比为 55.88%。社区活动为居民提供了一个亲身参与和体验社区教育的机会,通过各类教育展览、讲座、培训等活动,居民能够直接了解到社区教育的内容和服务。微信公众号推送是第二个主要途径,占比为 19.62%。随着移动互联网的普及和人们对移动设备的依赖,微信成为许多居民获取信息的重要平台。社区教育机构通过微信公众号发布最新的教育资讯、课程安排和活动通知,方便居民及时了解和参与社区教育。朋友介绍也是一种常见的途径,占比为 16.59%。居民通过与朋友的交流和分享,获得关于社区教育的推荐和经验,这种口碑传播对于吸引更多的居民参与社区教育起到积极的促进作用。互联网、广播电视和报纸书刊等传统媒体的途径相对较少,占比分别为 3.98%、1.62% 和 1.50%。尽管在数字化时代,人们获取信息更多地依赖于网络和社交媒体,但传统媒体仍然在一定程度上为部分居民提供了了解社区教育的渠道。

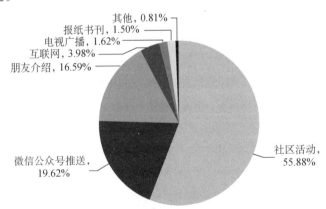

图 4-2 居民了解社区教育途径的分布图

如图4-3所示,从居民对宣传问题的反馈上可发现,当前社区教育工作还存在宣传的社会影响范围与程度不足(占比14.71%)、宣传渠道不足(14.28%)等问题。宣传工作的不足也造成了社区教育相关工作的推广有一定的局限,例如,在社区教育品牌建设上,虽然不同地区已经搭建了相应的社区教育品牌,但42.37%的居民不太了解或从未听说过社区教育品牌。同时,参与社区教育的学习者中大多数是"老面孔",使得较多的社区居民不仅没有充分了解社区教育,还缺乏参与社区教育的机会,"我们去问市民身边的社区学校在哪里、老年学校在哪里,他们经常都是不知道的,也不知道怎么去报名。"(A1)社区教育宣传工作不足会影响居民对社区教育资源的了解和利用。社区教育作为基层教育的主要形式之一,其资源丰富、服务多样,但如果社区教育宣传工作不够充分,居民很难了解这些资源,更难利用这些资源进行学习和发展,从而错失了重要的学习和提升机会。

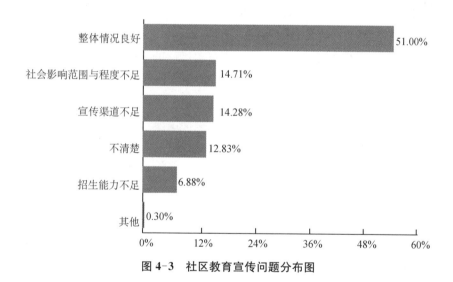

图4-3 社区教育宣传问题分布图

社区教育宣传工作是通过宣传、推广、展示和介绍社区教育资源和服务,增强社区教育供给的吸引力、竞争力和可持续性,促进社区教育供给机构提高服务质量和水平,提高社区教育的竞争力和满意度。调查显示,社区教育宣传工作存在宣传的社会影响范围与程度不足、宣传渠道不足等问题,同时,居民对社区教育宣传的认识受到性别、受教育程度等因素的影响。正是由于社区教育宣传工作不足,社区居民对社区教育的存在和重要性了解不足,因此难以引导居民积极参与社区教育活动,影响了社区教育的供给和需求的平衡;居民缺乏了解社区教育资源的途径和方式,导致社区教育资源无法得到充分利用,影响社区教育供给的有效发挥。

二、社区教育参与度有待提升

调查结果显示,居民参与社区教育的频率存在一定的差异。如图4-4所示,每周从未参与社区教育的比例为11.543%。这部分居民可能由于各种原因,如时间安排、兴趣偏好或信息不足等,选择不参与社区教育活动。然而,大多数居民每周参与社区教育的次数较为频繁,占比达到70.00%,他们每周参与社区教育的次数主要集中在1—3次。这表明社区教育对于这部分居民来说是一项重要的学习和成长机会,他们愿意利用闲暇时间参与各类教育活动,不断充实自己的知识和技能。另外,每周参与社区教育4—6次的居民占比为7.91%。相对于每周参与次数较少的群体,他们更加积极主动地投入到社区教育中,频繁地参与各类课程、讲座、培训等活动。这表明这部分居民对于自我教育的需求较高,他们希望通过更多的参与获得更广泛的学习和成长机会。

每周参与社区教育7次及以上的居民占比较小,仅为3.55%。这是一个相对较小的群体,但他们在社区教育中的参与度非常高。他们可能是教育热衷者、专业学者或专业从业人士,他们将社区教育作为持续学习和专业发展的重要途径,每周都积极参与多个教育活动。

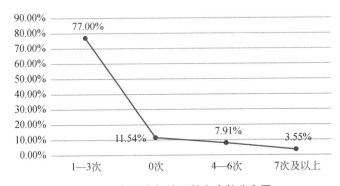

图4-4 每周参与社区教育次数分布图

卡方检验分析的结果显示(见表4-35),对于五地,显著性P值为0.000***,水平上呈现显著性,拒绝原假设,因此,对于五地和你平均每周参加社区教育的频率为几次? 数据存在显著性差异。通过百分比对比差异可知,北京选择0次的比例为20.99%,明显高于平均水平11.54%。上海选择1—3次的比例为 83.76%，明显高于平均水平 77.00%。

表 4-35 参与社区教育的次数与地区交叉表

名称	五地					总计	X^2	P
	福建	成都	北京	浙江	上海			
0 次	10	47	72	69	61	270	87.430	0.000***
1—3 次	51	249	243	537	619	1 801		
4—6 次	6	20	15	83	47	185	87.430	0.000***
7 次及以上	3	14	13	38	12	83		

注：***、**、* 分别代表 1%、5%、10% 的显著性水平。

同样，社区教育参与度存在着呈现差异，有受访者表示，"市民参与状况存在着较大的不平衡性，具体体现在市区的很多课程都是'秒杀'的，但是郊区很多是动员不起来的，也并不是所有的学校都是'一座难求'的，甚至郊区一些学校很多教室的桌面都有一层厚厚的灰尘。"(D3)这些访谈结果表明，市区和郊区之间在教育资源分配和参与度方面存在明显的不平衡。市区往往能够提供丰富多样的课程，吸引大量的市民参与。然而，郊区的教育资源相对有限，导致许多课程无法得到足够的关注和参与。这种不平衡的现象可能导致郊区居民面临教育机会的缺失，限制了他们的学习和发展空间。

如表 4-36 所示，影响居民参与社区教育活动的因素比例最高的分别是课程内容(52.93%)和时间(55.24%)，其次是学习环境/氛围和交通，可见，社区居民更加关注社区教育供给的内容以及时空上的便利程度。

表 4-36 参与社区教育影响因素分布表

题项	频数	响应率	普及率
费用	623	11.56%	26.64%
交通	638	11.84%	27.28%
课程内容	1 238	22.97%	52.93%
时间	1 292	23.97%	55.24%
师资	624	11.58%	26.68%
学习环境/氛围	913	16.94%	39.03%
其他	61	1.13%	2.61%
合计	5 389	100.00%	230.40%

如图 4-5 所示,79.14%的居民离社区教育教学点的路程为 15—30 分钟的步行距离,79.14%的居民离社区教育教学点的路程为 15—30 分钟的步行距离,17.36%的居民离社区教育教学点的路程需搭乘 30 分钟以内的地铁或者公交,3.50%的居民离社区教育教学点交通不方便,需要花费 1 小时以上时间,同时社区居民表示 65%的上课时间主要集中在白天,社区居民参与社区教育在距离和时间上还并不能完全满足所有社区居民的需求,侧面反映了当前社区教育平台和网络的搭建还需要进一步完善和深化。

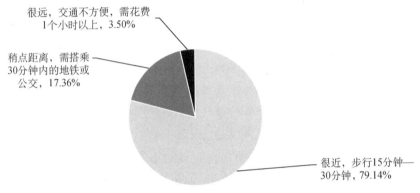

图 4-5　居民离社区教育教学点路程分布图

三、个体需求仍以休闲娱乐为主

在社区教育供给中,政府、社区、市场以及个人对社区教育的需求是社区教育供给的内在动力。政府是社区教育供给的主导者和监管者,通过政策引导和投入促进社区教育发展;社区是社区教育供给的主要场所,对社区教育的需求推动了社区教育的发展;市场是社区教育供给的有力补充,市场机制的发挥促进了社区教育的多样化和市场化;个人的需求是社区教育供给的最直接和最终的动力源泉,满足个人的学习需求是社区教育供给的根本目的,本书基于个体需求的调查结果如下:

如表 4-37、表 4-38 所示,有 86.96%的被调查者参与社区教育的主要目的是丰富自己的业余生活,72.77%的人参与社区教育则是为了培养自己的兴趣爱好。此外,还有 50.36%的人参与社区教育是为了结识新朋友,50.06%的人则是为了提高生活能力。通过对参与社区教育的影响进行调查,86.45%的被调查者认为参与社区教育丰富了自己的业余生活,74.39%的被调查者认为通过参与社区教育培养了自己的兴趣爱好,结识新朋友和提高生活能力也是被调查者参与社区教育所获得的另外两个主要影响。总体而言,目前社区居民参与社区教育的主要目的还是以休闲娱乐为主,对于服务社会和提高职业技能等方面的需求较低。这一情况可能有多种原因,一方面,当前社区教育主要面向老年人,本次调查涵盖的人群中,60—79岁的占比达到43.14%;另一方面,社区教育的办学理念与之相关,社区教育在社区治理和职业技能等方面存在缺失,需要进一步改进和提升。

表4-37 参与社区教育目的分布表

题项	频数	响应率	普及率
丰富业余生活	2 034	27.84%	86.96%
培养兴趣爱好	1 702	23.29%	72.77%
结识新朋友	1 178	16.12%	50.36%
提高生活能力	1 171	16.03%	50.06%
了解周边环境	562	7.69%	24.03%
提升职业技能	552	7.55%	23.60%
尚未参加过	64	0.88%	2.74%
没有目的	44	0.60%	1.88%
合计	7 307	100.00%	312.40%

表4-38 参与社区教育的影响分布表

题项	频数	响应率	普及率
丰富了业余生活	2 022	26.67%	86.45%
培养了兴趣爱好	1 740	22.95%	74.39%
结识了新朋友	1 447	19.08%	61.86%
提高了生活能力	1 090	14.38%	46.60%
了解了周边环境	650	8.57%	27.79%
提升了职业技能	501	6.61%	21.42%
尚未参加过	76	1.00%	3.25%
没有任何影响	56	0.74%	2.39%
合计	7 582	100.00%	324.16%

调查显示,社区居民参与社区教育更多是为了"丰富业余生活、培养兴趣爱好、结识新朋友"等,体现的是一种休闲教育,有受访者在访谈中提到:"现在社区教育更像是唱歌跳舞等休闲教育,并不是锦上添花的事情,这样会使管理部门没办法重视,需要思考如何将社区教育与社区的建设结合起来,与人的全面发展结合起来,才能真正促进社区教育现代化发展。"(D1)个体的需求影响着社区教育供给理念和内容,社区教育应当超越仅仅提供娱乐和休闲的角色,而是应该成为推动社区建设和促进个人全面发展的重要组成部分。

四、社区教育课程仍以老年群体为主

如表4-39所示,在所在的社区教育机构开展教学的目标人群中,有明显的人群倾向。其中,老年人群占据相当大的比例,高达46.63%,这表明社区教育在满足老年人学习需求方面发挥着重要作用。青少年教育活动也占据一定的比例,约为21.81%。这说明社区教育在关注年轻一代的学习和成长方面,也在尽力提供丰富多样的教育资源和课程,青少年阶段是知识积累和个人发展的关键时期,社区教育对他们的学习和成长有着积极的影响。在职人群人员培训的比例为17.13%,这显示出社区教育不仅关注青少年和老年人群,还致力于为在职人员提供学习机会和职业培训,以提升他们的专业技能和就业竞争力。

相对而言,农民工、残障人士等弱势群体以及外籍人员的培训比例较低,均低于10.00%,社区教育供给仍需更多关注这些弱势群体的教育需求,提供更加包容和多样化的教学内容,帮助他们融入社会和提高生活质量。

表4-39 社区教育机构开展教学的目标人群分布表

题项	频数	响应率
60岁及以上老年人	1 965	46.63%
在职人员培训	722	17.13%
青少年教育活动	919	21.81%
外籍人员	178	4.22%
农民工、残障人士等弱势群体	372	8.83%
其他	58	1.38%
合计	4 214	100.00%

学习者的调查如表 4-40、表 4-41、表 4-42 所示,社区教育的课程整体上存在较高的重复度,并且组织形式相对单一。这一情况是由于当前社区教育主要面向的人群包括 60 岁及以上的老人、在职人员和青少年,尽管不同群体对社区教育课程类型的需求存在差异,但目前社区开设的课程重复度较高,不同群体的选择相对有限。在现有的有限选择中,青少年和在职人员在社区教育课程选择上的差异较小,青少年群体除实用技能类和体育健身类外,其他课程选择比例均在 80.00% 以上;在职人群选择各类课程比例均较高。老年人在课程选择上呈现显著性差异,并且分布不均。他们对艺术修养类课程表现出更高的关注,占比为 85.42%;对健康教育类课程的关注也相对较高,占比为 77.17%。同时,当前提供的社区教育课程的精准度不够,访谈结果显示,"现在社区教育课程还是比较笼统的,不能够为人群提供精准的服务,职工教育一定要和当地的经济社会发展状况相结合,比如长宁的虹桥枢纽中心社区教育也要做好融合。"(C2)以上海为例,上海市学习型社会建设服务指导中心办公室于 2020 年 8 月发布了《上海社区教育课程分类体系(2020 版)》,该分类体系是在原体系(2016 版)的基础上,经过院校反馈、专家论证修订而成。新体系包含 6 大系列、45 类和 405 门课程,六大系列包括社会科学类、健康教育类、文化素养类、艺术修养类、实用技能类、体育健身类,基本上涵盖各个领域的课程内容,在实际的课程设置中,还需要不同的社区学校结合自身实际和所在区域社区居民的需求进行有针对性的课程设计和研发。

表 4-40 青年人员课程类别分布表

多选题题项	频数	响应率	普及率
市民教育类(法律教育、科普教育、环保教育等)	2 031	15.79%	86.83%
健康教育类(健康生活、中医养生、心理健康等)	2 005	15.59%	85.72%
艺术修养类(舞蹈、绘画、声乐、电影、艺术设计等)	2 040	15.86%	87.22%
文化素养类(文学欣赏、国学、民俗文化等)	1 892	14.71%	80.89%
实用技能类(信息技术、投资理财中西烹饪等)	1 756	13.65%	75.07%
体育健身类(棋牌技艺、休闲旅游、球类运动等)	1 779	13.83%	76.06%
其他	1 361	10.58%	58.19%
合计	12 864	100.00%	549.98%

表 4-41 在职人员课程类别分布表

多选题题项	频数	响应率	普及率
市民教育类(法律教育、科普教育、环保教育等)	2 232	14.80%	95.43%
健康教育类(健康生活、中医养生、心理健康等)	2 216	14.78%	94.74%
艺术修养类(舞蹈、绘画、声乐、电影、艺术设计等)	2 228	14.67%	95.25%
文化素养类(文学欣赏、国学、民俗文化等)	2 176	14.75%	93.03%
实用技能类(信息技术、投资理财中西烹饪等)	2 139	14.41%	91.45%
体育健身类(棋牌技艺、休闲旅游、球类运动等)	2 124	14.16%	90.81%
其他	1 988	14.06%	84.99%
合计	15 103	13.16%	645.70%

表 4-42 老年人群课程类别分布表

多选题题项	频数	响应率	普及率
市民教育类(法律教育、科普教育、环保教育等)	1 532	15.69%	65.50%
健康教育类(健康生活、中医养生、心理健康等)	1 805	18.49%	77.17%
艺术修养类(舞蹈、绘画、声乐、电影、艺术设计等)	1 998	20.46%	85.42%
文化素养类(文学欣赏、国学、民俗文化等)	1 407	14.41%	60.15%
实用技能类(信息技术、投资理财中西烹饪等)	1 161	11.89%	49.64%
体育健身类(棋牌技艺、休闲旅游、球类运动等)	1 301	13.32%	55.62%
其他	560	5.74%	23.94%
合计	9 764	100.00%	417.44%

在关于社区教育资源建设是否满足社区居民学习需求的问题调查中,如图 4-6 所示,频数分析结果显示,41.38%的受访者表示资源充足、能满足居民多样需求,33.95%的受访者表示资源难以覆盖全体居民,24.67%受访者表示资源充足、但难以满足居民的多样化需求。总体来看,社区教育资源在数量和种类上都相对充足,能够满足居民的多样化学习需求,这说明社区教育在一定程度上已经取得了积极的成效,为社区居民提供了多样化的学习机会和丰富的学习内容。但也有超过三分之一的受访者表达了对社区教育资源覆盖范围的担忧,这意味着仍有一部分居民在学习资源方面面临不足的情况,需要进一步

优化资源配置和内容设置，以更好地满足不同居民的学习兴趣和需求。

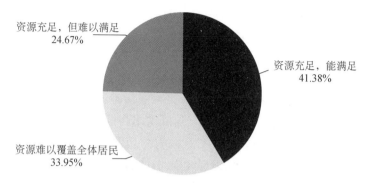

图 4-6　社区教育资源建设充足情况分布图

卡方检验分析的结果如表 4-43 所示，对于五地，显著性 P 值小于 0.001，水平上呈现显著性，拒绝原假设，因此，对于五地和总体来看，社区教育资源建设数据存在显著性差异。

表 4-43　资源充足情况与地区交叉分布表

题项	五地					总计	P
	福建	成都	北京	浙江	上海		
资源充足，能满足居民多样需求	26	130	121	365	274	916	
资源难以覆盖全体居民	30	111	136	212	252	741	0.000***
资源充足，但难以满足居民多样需求	14	89	86	150	213	552	

注：***、**、* 分别代表 1%、5%、10% 的显著性水平。

五、社区教育品牌建设不够

在过去的四十多年里，社区教育经历了从实验工作到内涵式发展的转变，逐渐强调课程建设、品牌建设和项目研究等方面的发展，这种内涵式发展使得社区教育实践探索更为丰富，其中，推进社区教育的品牌建设成为满足居民多样化学习需求和凸显社区教育特色的重要方式。通过多年的实践探索，社区教育品牌建设在推动社区教育发展方面发挥了关键作用。品牌建设着重于形塑社区教育的独特形象和特色,使社区教育在居民心目中建立起信任感和认同感。随着品牌的逐渐建立和推广,社区教育的知名度和影响力得以提升,进而吸引更多居民参与其中,形成良性的学习循环。

如图4-7所示,对于本社区的社区教育品牌项目,只有少数受访者(5.17%)表示非常了解,绝大多数受访者对品牌项目的了解程度相对较低。其中,39.38%的受访者表示基本了解,13.08%的受访者表示比较了解,有相当一部分的受访者(38.56%)则表示不太了解。这反映出在社区教育品牌建设方面仍然需要加强宣传和推广工作,增加居民对社区教育品牌的了解和认知,进一步提升社区教育品牌的影响力和知名度,以持续推动社区教育的发展。

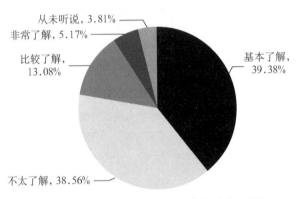

图4-7 社区教育品牌项目了解程度分布图

六、社区教育参与形式多样性不足

如表4-44、图4-8所示,目前社区教育的主要授课形式以在教室集体上课为主,占比为47.9%。其次是以开展集体活动为主的形式,占比为26.6%。网络教学作为一种相对较新的形式,在社区教育中也有一定的应用,占比为19.0%。然而,当针对社区居民更喜欢的社区教育学习形式进行调查时,发现居民更偏好社区活动这样的形式,占比为40.87%。其次是体验学习或实践,占比为25.74%。系列课程和专题讲座的形式分别占比13.89%和11.84%。

由此可见,相比传统的课堂学习形式,社区居民更倾向于以体验和活动为主的学习形式。因此,对于社区教育课程的组织形式进行合理优化具有必要性。这意味着社区教育可以更加注重提供丰富多样的社区活动,让学习者能够通过实践和体验来获取知识和技能。此外,系列课程和专题讲座也是吸引居民参与的重要形式,可以通过有针对性的课程安排和讲座内容来满足居民的学习需求。综上所述,通过调整社区教育的课程组织形式,将更多地融入社区活动和实践,可以更好地满足社区居民的学习兴趣和需求。

表 4-44 社区教育主要课程形式分布表

主要课程形式	N(计数)	响应率(%)	普及率(%)	X^2	P
以在教室集体上课为主	1 927	47.90	82.40	1 453.465	0.000***
以开展集体活动为主	1 07	26.60	45.70		
网络教学	763	19.00	32.60		
分发资料在家自主学习	264	6.60	11.30		
总计	4 023	100.00	172.00		

注:***、**、*分别代表1%、5%、10%的显著性水平。

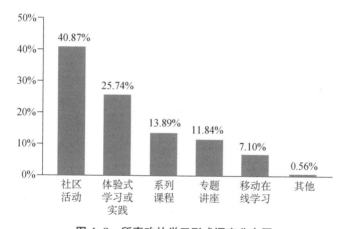

图 4-8 所喜欢的学习形式调查分布图

七、社区教育数字化学习资源尚不充分

随着大数据、人工智能、虚拟现实等现代信息技术在教育领域的广泛应用,现代信息技术的发展为终身教育、社区教育高质量发展提供了强大的技术支撑,也为基层社区教育办学机构带来发展动力,推进社区教育理念、方式、场所、模式等方面的深刻变革,数字赋能社区教育成为其未来发展方向,在融入我国

教育现代化的整体发展战略和全民终身学习的总体发展框架中,不断推进社区教育资源的规模化、高效化与现代化。社区教育数字化学习包括智能化核心支撑技术、社区数字化学习平台、数字化教育资源等方面,[①]因此,为进一步推进教育现代化理念下社区教育供给的智能化进程,亟需深入了解当前社区教育数字化发展状况以及是否满足社区居民的学习需求。

数字化资源是社区成员进行数字化学习的必要条件,数字资源的多样性、丰富性以及优质性在智能化时代的社区教育数字化学习模式中尤为重要。如图 4-9 所示,在关于社区居民学习的课程是否有配套的电子学习资源上,38.44%的被调查者表示有匹配的学习资源,35.23%的被调查者表示部分有,仍有 26.33%的被调查者表示不清楚或者没有配套的学习资源。

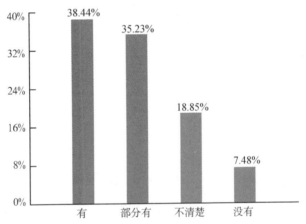

图 4-9 课程配套电子学习资源情况分布图

如图 4-10 所示,在社区教育信息化资源的类型上,60.46%的被调查者表示有微课、在线测试和课件资源,12.81%的被调查者表示社区教育信息化学习资源只有微课和课件,分别只有微课和测试的均占比 8.75%。从上述数据分析结果来看,社区教育数字化学习资源的类型还停留在传统社区教育信息化发展上,缺乏以现代新型技术支撑的社区教育学习资源。学习资源不再是静态的客观知识和生硬的素材堆积,如电子书、视频、教材等,而是包含了动态的生成性内容和学习者的学习过程数据,如学习笔记、论坛讨论、练习结果等,学习者与学习资源之间更多体现的是传输与接受的单向关系。特别是随着教育信息化

---

① 彭梓涵,王运武.智能化时代社区教育数字化学习模式与发展途径[J].成人教育,2019,39(02):36—39.

2.0的实施和教育数字化转型的深入,获取通用、优质的学习资源已经不再是学习者的核心需求,能够从海量、无序的在线学习资源中迅速地选择适合自己的学习资源成为当前智能教育发展的重要方向。

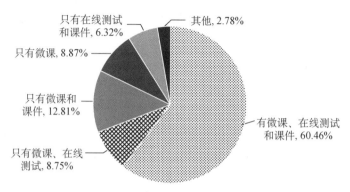

图 4-10 信息化资源类型分布图

因此,如表 4-45 所示,学习者在关于社区教育在数字化学习资源建设的不足中也提到,32.75%的被调查者表示社区教育数字化学习资源有待提高,28.69%的被调查者表示社区教育数字化学习资源宣传度有待加强,24.11%的被调查者表示社区教育数字化学习资源数量还不足。

表 4-45 社区教育在数字化学习资源建设的不足分布表

题项	频数	响应率	普及率
资源数量不足	564	14.46%	24.11%
资源质量有待提高	766	19.64%	32.75%
数字化学习资源宣传度有待加强	671	17.20%	28.69%
资源检索便捷度较差	150	3.85%	6.41%
网站链接速度较慢	283	7.25%	12.10%
网站权限设置受限	128	3.28%	5.47%
软、硬件资源及技术支撑平台有待提升	497	12.74%	21.25%
不清楚	814	20.87%	34.80%
其他	28	0.72%	1.20%
总计	3 901	100.00%	166.78%

✦ 第三节 ✦
社区教育评价视角的分析研究

社区教育供给评价是对社区教育供给过程中的各个环节进行评估和监测，包括教育目标、教育内容、教育过程、教育成果和教育效益等方面。教育供给评价的意义在于对教育资源的分配和教育服务的质量进行评估和改进，以满足不同群体的教育需求和提高教育服务的质量。社区教育供给评价可以发现教育资源分配的不合理性和教育服务的质量问题，并提出改进方案，以保证社区教育资源的有效利用和教育服务的质量提升。

为了深入研究社区教育供给评价机制在不同地区的现状及存在的问题，本研究在问卷调查中特别关注了社区教育供给的相关问题。在问卷调查中，对五个地区设计了一系列关于社区教育供给评价机制的问题，包括社区教育供给评价主体、评价方式、评价结果运用等方面。通过问卷调查，本研究旨在了解各地社区教育供给评价机制的现状和存在的问题，探讨不同地区在社区教育供给评价机制方面的差异性和改进方向，为优化和完善社区教育供给评价机制提供科学依据。同时，本研究还将采用统计分析方法，对问卷调查结果进行分析和比较，进一步探讨不同地区社区教育供给评价机制的异同和差距，为改进社区教育供给评价机制提供参考和建议。

一、社区教育的督导体系不够完善

在当前社区教育供给评价中，以社区教育督导部门为主，社区教育督导部门是指负责对社区教育工作进行督导、评估和监督的机构或部门。这些部门通常由政府教育部门、地方教育局或社区教育管理机构设立，并负责确保社区教育工作符合教育法律法规和政策要求，提高社区教育质量和服务水平。

（一）定期开展社区教育发展情况考察

如表 4-46 所示，五地在"所在地区是否能够对社区教育发展情况进行周期性考察"题项上,选择能够对社区教育发展情况进行周期性考察的占比61.54%,不能进行周期性考察的占比38.46%。根据文本分析可以看出,大部分地区能够对社区教育发展情况进行周期性考察,开展周期性考察的频率大部分在1年1—2次,较少地区能够做到1月1次。

表4-46 是否能够对社区教育发展情况进行周期性考察

题项	频率	百分比
是	48	61.54%
否	30	38.46%
合计	78	100.00%

从表4-47可以看出,上海市、成都市、浙江省能够定期开展社区教育情况考察的比例分别为83.33%、58.33%和61.54%。北京市能够定期对社区教育情况进行考察的比例低于不能定期进行考察的比例(数据真实性待考察);福建省能够定期开展考察的比例各占一半。社区教育的发展情况需要定期监测和考察,不仅能够把握当下的社区教育发展情况,及时发现问题和解决问题,更能够为社区教育的下一步发展提供方向引导,具有现实意义,各地区还需要提高社区教育考察的重视程度和频率。

表4-47 是否定期开展社区教育情况周期性考察与地区分布表

题项	北京市	上海市	成都市	福建省	浙江省	合计
是	2	15	14	3	14	48
	40.00%	83.33%	58.33%	50.00%	56.00%	61.54%
否	3	3	10	3	11	30
	60.00%	16.67%	41.67%	50.00%	44.00%	38.46%
合计	5	18	24	6	25	78
	6.41%	23.08%	30.77%	7.69%	32.05%	100.00%

(二)社区教育督导部门的建立情况

如表4-48所示,勾选了"没有建立专门的社区教育督导部门"选项的占比为64.10%。已经建立了相关督导部门的占比仅为35.90%,这说明被调查的样本中大部分地区尚未建立专门的社区教育督导部门。通过文本分析可以看出,少数选择建立了社区教育督导部门的地区,大多是由教育督导室、督导委员会、教育局、社区学院直接管理,或由其下设的部门兼管,缺乏独立性和专门性。有关福建省的调查结果显示,所有五个样本都没有建立专门的社区教育督导部门。这一现状反映了社区教育督导机制存在的不足和挑战,缺乏专门的社区教育督导部门可能导致社区教育的管理和监督缺乏整体性和专业性,限制了社区教育供给的发展和提升。

表 4-48 是否建立专门的社区教育督导部门

题项	频率	百分比
是	28	35.90%
否	50	64.10%
合计	78	100.00%

从表 4-49 可以看出,福建省调查的 6 个样本全部没有建立专门的社区教育督导部门,需要引起重视;北京市建立专门的社区教育督导部门的占比80.00%;除此之外,上海市、成都市、浙江省没有建立专门的社区教育督导部门的分别占比 61.10%、70.80% 和 60.00%,区域内部的情况也各不相同。

表 4-49 是否建立专门的社区教育督导部门与地区交叉表

题项	北京市	上海市	成都市	福建省	浙江省	合计
是	4	7	7	0	10	28
	80.00%	38.89%	29.17%	0.00%	40.00%	35.90%
否	1	11	17	6	15	50
	20.00%	61.11%	70.83%	100.00%	60.00%	64.10%
合计	5	18	24	6	25	78
	6.41%	23.08%	30.77%	7.69%	32.05%	100.00%

(三)社区教育督导体系建设情况

如表 4-50 所示,在"所在地区是否建立了细化的'社区学院—社区学校—居委教学点'三级督导体系"题项上,勾选"有督导体系,并有一定的作用"选项的占比为 48.72%,不足一半;勾选"有督导体系但作用不大""没有督导体系"选项的占比为51.28%。这显示出在很多地区,虽然三级教学体系在建立和推广上已经形成了完备的机制,但相应的督导体系却没有得到充分建立起来。

表4-50 社区学院—社区学校—居委教学点三级督导体系建设情况

题项	频率	百分比
有督导体系,并有一定作用	38	48.72%
有督导体系,但作用不大	15	19.23%
没有督导体系	25	32.05%
合计	78	100.00%

如表4-51所示,福建省在三级督导体系建立上与"是否建立督导部门"一致,勾选"没有建立三级督导体系"的占比66.67%。北京市、上海市和成都市勾选"有督导体系,并有一定的作用"的占比分别为60.00%、55.56%、54.17%。浙江省勾选"有督导体系,并有一定的作用"和"没有督导体系"的比例均为44.00%。有受访者表示:"我觉得是社区教育体制机制问题,像政府绩效考核中很多都没有社区教育的内容,现在上海市XX区正在推进社区教育专项督导,这种一旦被列为教育督导,就是政府的行为,对整个社区教育评价都是非常有利的。"(A5)在社区教育供给评价中,社区教育并未得到政府的重视,很多地方尽管在教育发展规划中提及大力发展社区教育,但是在政府绩效考核中所占的比重极低,也无法建立相应的督导体系。

表4-51 三级督导体系与地区交叉表

题项	北京市	上海市	成都市	福建省	浙江省	合计
有督导体系,并有一定作用	3	10	13	1	11	38
	60.00%	55.56%	54.17%	16.67%	44.00%	48.72%
有督导体系,但作用不大	1	2	8	1	3	15
	20.00%	11.11%	33.33%	16.67%	12.00%	19.23%
没有督导体系	1	6	3	4	11	25
	20.00%	33.33%	12.50%	66.67%	44.00%	32.05%
合计	5	18	24	6	25	78
	6.41%	23.08%	30.77%	7.69%	32.05%	100.00%

(四) 社区教育督导体系的监督指导效果

如表4-52所示,针对"所在地区社区教育督导体系的监督指导效果如何"这一题项,勾选"效果很好""效果较好"的占比达到50.00%。然而,勾选"一般""效果较差""毫无效果"的占比同样为50.00%,两者比例相当。这与前面题项的调查结果基本一致,说明在很多地区,由于缺乏健全的督导体系,导致社区教育的监督指导效果并不理想。社区教育督导体系应该具备科学的监测、评估和指导机制,能够对社区教育工作进行有效的监督和指导,提升教育服务的质量和效果。这需要建立健全的监督机构和人员队伍,加强对社区教育的监测和评估工作,及时发现问题并采取有效的改进措施。

表4-52 社区教育督导体系的监督指导效果分布表

题项	频率	百分比
效果很好	8	10.26%
效果较好	31	39.74%
一般	32	41.03%
效果较差	4	5.13%
毫无效果	3	3.85%
合计	78	100.00%

二、社区教育供给评价主体较为局限

如表4-53所示,社区教育供给评价主体相对较为局限,专业化方面也存在不足。在"所在地区在开展社区教育监测中,参与社区教育监测的主体主要有哪些"这一题项上,勾选"上级教育行政部门"和"社区学习者"的比例最高,分别占比87.18%和50.00%。这表明在社区教育的监测评估中,除了上级主管部门的监管外,一些地区已经意识到社区学习者的参与对社区教育监测的重要性。然而,除了上级主管部门和社区学习者之外,其他监测评估主体的比例较低,"第三方评估机构""外部评估专家"和"第三方社会组织"分别占比35.90%、30.77%和19.23%。这表明社区教育内部的监督在监督结果的公平性和监督效果的发挥上存在不足,因此,引入第三方、专业测评机构和专家对社区教育真实情况的监测具有重要作用。

目前,这些方式正在逐渐融入社区教育监测中,但是还需要加强并建立相应的合作机制。除此之外,也需要加强社区教育供给评价的专业化水平,培养专业化的评估人员,提高监测评估的精准度和效果。

表 4-53 社区教育监测主体分布表

题项	响应		个案百分比
	频数	百分比	
上级教育行政部门	68	38.64%	87.18%
第三方专业教育评估机构或研究机构	28	15.91%	35.90%
社区学习者	39	22.16%	50.00%
外部评估专家	24	13.64%	30.77%
第三方社会组织	15	8.52%	19.23%
其他	2	1.14%	2.56%
合计	176	100.00%	225.64%

三、社区教育供给评价未成体系

如表 4-54 所示,目前在各地开展社区教育监测时,有超过 50.00% 的监测方案选择了"宏观统计数据分析""大样本文件调查""专家现场考察"和"访谈"这四种监测方法,这表明这些方法在社区教育监测实践中使用的频率较高。其中,"宏观统计数据分析"是通过对社区教育的整体情况进行数据分析和统计,从而获取全局性的数据和信息;"大样本文件调查"是通过对社区教育文献、资料等进行大规模的调查和分析,以获取社区教育的全面信息;"专家现场考察"是通过请专业的社区教育专家前往社区现场进行实地考察和评估,从而获取社区教育现场的具体情况;"访谈"是通过与社区教育相关人员进行深入交流和了解,从而获取他们的真实想法和反馈。这些监测方法的使用,有助于更加全面地了解社区教育的实际情况,为社区教育的改进和发展提供有力的支持。

表 4-54　社区教育监测方法分布表

题项	响应		个案百分比
	频数	百分比	
宏观统计数据分析	43	24.43%	55.13%
大样本问卷调查	43	24.43%	55.13%
专家现场考察	44	25.00%	56.41%
访谈	46	26.14%	58.97%
合计	176	100.00%	225.64%

如表 4-55 所示,不同地区在社区教育监测方法的选择上存在差异。例如,北京市在"大样本文件调查"和"专家现场考察"方面的占比均为 60.00%;上海市在"宏观统计数据分析""大样本文件调查""专家现场考察"和"访谈"四个方面的比例均超过 66.00%;浙江省在这四项方面的比例分布较为平均,都在 40.00%—60.00%。成都市在"宏观统计数据分析"和"专家现场考察"方面的占比分别为 50.00% 和 58.33%。福建省除了没有选择"专家现场考察"外,其他选项的比例都超过 50.00%。这表明不同地区在社区教育监测方法上存在一定的差异,需要根据具体情况进行选择和应用。

表 4-55　社区教育监测方法与地区交叉表

题项	北京市	上海市	成都市	福建省	浙江省	合计
宏观统计数据分析	2	12	12	5	12	43
	40.00%	66.67%	50.00%	83.33%	48.00%	55.13%
大样本问卷调查	3	14	11	5	10	43
	60.00%	77.78%	45.83%	83.33%	40.00%	55.13%
专家现场考察	3	16	14	0	11	44
	60.00%	88.89%	58.33%	0.00%	44.00%	56.41%
访谈	2	16	11	3	14	46
	40.00%	88.89%	45.83%	50.00%	56.00%	58.97%
合计	5	18	24	6	25	78
	6.41%	23.08%	30.77%	7.69%	32.05%	100.00%

四、社区教育监测结果运用深度不足

如表 4-56 所示,社区教育监测是评估社区教育供给质量和效果的重要手段,其结果的发布与运用对于提升社区教育的质量和效果至关重要。社区教育监测结果应当及时公布,并向社会公开,以方便公众了解社区教育的供给情况和效果,同时也可为政府部门和社区教育供给主体提供有效的参考意见。数据分析显示,在"能够定期形成、发布社区教育监测报告、年度统计报告等"题项上,勾选"完全符合""比较符合""基本符合"的占比 88.46%。

表 4-56 定期形成、发布社区教育监测报告、年度统计报告等分布表

题项	频数	百分比
完全符合	17	21.79%
比较符合	22	28.21%
基本符合	30	38.46%
不太符合	4	5.13%
不符合	5	6.41%
合计	78	100.00%

如表 4-57 所示,在"智库和专业机构可以运用监测数据和结果开展专题研究"题项上,勾选"完全符合""比较符合""基本符合"的占比 83.33%,这表明大多数人认为智库和专业机构可以充分利用监测数据和结果来展开深入的专题研究。同时,这也说明人们对于智库和专业机构在研究领域的专业能力和技术水平的认可程度,以及其对于数据分析在研究中的重要性的理解。

表 4-57 可以运用监测数据和结果开展专题研究分布表

题项	频数	百分比
完全符合	17	21.79%
比较符合	19	24.36%
基本符合	29	37.18%
不太符合	7	8.97%
不符合	6	7.69%
合计	78	100.00%

如表 4-58 所示,在"社区教育管理机构能够将监测结果与社区教育的发展联系起来,并应用于各级教育决策中"题项上,勾选"完全符合""比较符合""基本符合"的占比 85.89%。可以看出,社区教育管理机构能够将监测结果与社区教育的实际情况结合起来,可以更好地分析社区教育的需求和问题,并提供相应的解决方案。

表 4-58　社区教育监测结果应用情况分布表

题项	频数	百分比
完全符合	15	19.23%
比较符合	21	26.92%
基本符合	31	39.74%
不太符合	7	8.97%
不符合	4	5.13%
合计	78	100.00%

如表 4-59 所示,在"社区教育管理机构能够对整改效果进行效果追踪,实现评估结果的有效问责"题项上,勾选"完全符合""比较符合""基本符合"的占比 84.62%,这表明大多数人认为社区教育管理机构能够有效地追踪整改效果,并对评估结果进行问责,从而推动教育质量的提升。

表 4-59　社区教育监测结果追踪与问责情况分布表

题项	频书	百分比
完全符合	15	19.23%
比较符合	22	28.21%
基本符合	29	37.18%
不太符合	7	8.97%
不符合	5	6.41%
合计	78	100.00%

如表 4-60 所示,在"没有开展社区教育监测"题项上,勾选"不太符合""不符合"的占比 52.56%,这表明超过一半的地区开展了社区教育监测。

表 4-60　没有开展社区教育监测情况分布表

题项	频数	百分比
完全符合	6	7.69%
比较符合	13	16.67%
基本符合	18	23.08%
不太符合	16	20.51%
不符合	25	32.05%
合计	78	100.00%

如表 4-61、表 4-62 所示，五地社区教育监测结果的发布与运用情况良好，但也存在一定问题，比如，同一地区内部存在差异，不同地区之间存在差异等。在"没有开展社区教育监测"题项上，上海市与成都市存在显著差异。此题项与地区变量进行百分比同质性检验，Pearson 卡方值为 28.898，自由度为 16，显著性概率值为 0.025，达到 0.05 显著性水平，表示不同地区（五地）在有没有开展社区教育监测的 5 个反映变量上，至少有一个选项选择的次数百分比存在显著性差异。交叉表中的数据显示，在"不符合"选项上，上海市和成都市存在显著差异，上海市勾选此项的百分比（=12.8%，标准化残差值 AR=2.4）显著高于成都市勾选此项的百分比（=1.3%，标准化残差值 AR=−3.5），即上海市勾选"能够开展社区教育监测"的百分比显著高于成都市勾选此项的百分比。

表 4-61　卡方检验

	值	df	渐进 Sig.（双侧）
Pearson 卡方	28.898[a]	16	.025
似然比	31.682	16	.011
线性和线性组合	.007	1	.932
有效案例中的 N	78		

a. 19 单元格(76.0%)的期望计数小于 5。最小期望计为.38。

表 4-62　是否开展社区教育监测与地区交叉表

题项	北京市	上海市	成都市	福建省	浙江省	合计
完全符合	1	1	3	0	1	6
	20.00%	5.56%	12.50%	0.00%	4.00%	7.69%

(续表)

题项		北京市	上海市	成都市	福建省	浙江省	合计
比较符合		1	1	3	2	6	13
		20.00%	5.56%	12.50%	33.33%	24.00%	16.67%
基本符合		0	2	12	1	3	18
		0.00%	2.60%	15.40%	1.30%	3.80%	23.10%
不太符合		2	4	5	1	4	16
		40.00%	22.22%	20.83%	16.67%	16.00%	20.51%
不符合		1	10	1	2	11	25
		20.00%	55.56%	4.17%	33.33%	44.00%	32.05%
合计		5	18	24	6	25	78
		6.41%	23.08%	30.77%	7.69%	32.05%	100.00%

第五章

教育现代化视域下社区教育供给面临的困境及原因分析

现代化是现代性在物质、制度和精神三个层面持续增长与相互作用的过程,是人类从传统社会向现代社会转型的过程。① 对于社区教育供给而言,其存在的各类问题与教育现代化发展的差距也体现在物质、制度、精神层面上。具体来看,当前社区教育供给面临着主体、结构、方式和效益困境,结合教育现代化发展的核心要义,引起这些困境的原因集中在理念滞后、制度缺位和保障不足等方面。社区教育的供给是一个涉及多个参与者和层面的复杂系统,它需要不同层面的参与和合作才能够实现有效运行,因此,其面临的供给问题也是复杂且多样的。本章将根据实证研究的结果对当前社区教育供给面临的困境进行深入剖析,并以此为依据,与教育现代化发展的核心特点以及价值取向相联系,对制约社区教育提供高质量发展的各种要素进行分析,从而确定提高社区教育供给现代化发展水平的策略与建议。

---

① 高书国.中国教育现代化的世界价值[J].中国教育学刊,2023,No.361(05):16—21.

第一节

我国社区教育供给面临的困境

从当前我国社区教育供给运行和发展的现实情况来看,社区教育供给面临的主要问题已经不是解决从"无"到"有"的矛盾,而是如何实现从"有"到"优"的发展,也就是如何进一步解决社区教育供给不均衡、优化社区教育供给结构、提升社区教育供给质量的问题。本书第四章从社区教育供给主体的视角、学习者满意度的视角以及社区教育监测的视角对北京、上海、浙江、福建和成都五地社区教育供给状况进行了调查和分析,从局部地区窥探社区教育供给的总体发展情况,在此基础上结合教育现代化发展的特征,总结出以下社区教育供给面临的困境。

一、主体困境:多元主体协同供给能力不足

"主体"的英文为 subject,是从希腊文"根据"(hypokejmenon)翻译过来的,指"现成的、眼前的东西",最开始是作为存在论的概念,自 20 世纪 80 年代以来,作为哲学概念的主体进入教育领域,强调的是"实践活动和认识活动的承担者"。张旸认为,教育领域的供给主体是指教育实践活动和认识活动中的理念、制度、人财物等的提供者及教育机会、过程和结果的生产者,既包括个人意义上的、也包括群体和整体意义上的。[①] 从教育公共服务的发展来看,教育供给主体长期以来是政府主导的自上而下的供给模式,在公共教育消费需求结构和基础公共教育需求偏好不断演化的背景下,传统的由政府自上而下单一供给的公共教育服务供给模式已经不能满足所有人的公共需求,这就使得公共教育供给的主体呈现出多元化和动态化的特征。目前,教育供给的主体不再局限于政府,一些社会组织、企事业单位甚至个人也参与到教育公共服务的供给中来。[②] 因此,从公共产品理论和公共服务理论看来,任何单一的供给主体都无法完全有

---

① 张旸.新时代高等教育供给的实践逻辑[J].内蒙古社会科学(汉文版),2018,39(03):156—160.
② 谢凌凌.基本公共教育服务体系:一个理论框架的构建[J].教育学术月刊,2012(08):20—24.

效地提供公共产品和公共服务,协同论认为,"千差万别的系统,尽管其属性不同,但在整个环境中,各个系统间存在相互影响而又相互合作的关系。"[①]社区教育作为服务全民终身学习的教育体系的一大子系统,其供需涉及的政府、市场、社会组织等主体存在各种相互作用关系,这种相互作用关系产生的整体效果是否有利于社区教育供给,关键在于各类主体之间是否能够形成精准高效的社区教育供给协同机制。

回顾社区教育供给的发展历程,政府始终扮演着重要的角色,在社区教育相关政策的制定与执行、社区教育供给产品的提供、社区教育供给服务的支持与保障等方面做了大量的推进工作,特别是在社区教育发展的起步阶段,主要依赖于政府及相关教育行政部门的有力推动。但长期以来,单一的社区教育供给方式容易导致社区教育供给模式带有较强的行政化色彩,并对其发展产生一定的影响。因此,政府有必要进行角色转换,从过去的"划船者"角色向"掌舵者"角色转变,即由直接操作和管理社区教育转变为引导和规划社区教育的发展。政府还应从管理者转变为治理者,意味着政府不再是唯一的供给者和决策者,而是在尊重多元主体治理的基础上,引导和协调各方共同参与社区教育的治理。政府可以通过与社会组织、企业和居民等利益相关方合作,共同推动社区教育的发展,逐渐将部分管理、办学权利让渡于市场和社会,意味着政府要充分发挥市场机制和社会力量的作用。政府可以通过激励措施、资助项目等方式,鼓励社会力量参与社区教育的提供,形成多元化的供给体系,丰富社区教育的内容和形式。在这一转变过程中,政府不再是具体事务的管理者,而是更多地担当引导者和协调者的角色。政府需要积极推动社区教育的创新和发展,支持和促进社区教育机构的自治与自主权,鼓励探索适合本地区实际情况的社区教育模式,以满足不同居民群体的多样化需求。

二、结构困境:社区教育供需匹配失衡

社区教育供给的本质在于满足人民群众日益增长的社区教育需求,其供给要根据教育现代化发展的需要进行动态调整,但在现实中总会出现供需错配或者供需脱节的现象,使得社区教育供给再次呈现出供给能力和供需匹配失衡的困境。具体体现在以下两个方面:

---

① 郭治安.协同论[M].太原:山西经济出版社,1991:79.

首先，从供给侧看，社区教育机构供给能力不足。随着国家不断加强对"学习型大国"建设的重视，社区教育服务供给得到了政府和社会的更多关注。政府在社区教育发展规划中给予了更多的支持和重视，通过加大财政投入和政策扶持，为社区教育的发展提供了有力保障。社区教育办学网络作为社区教育供给的主体，数量和规模得到了显著提升，社区教育的课程设置、师资队伍和教学设施等方面都得到了进一步改善。然而，上文实证研究显示，当前多数社区教育机构的服务内容局限于传统的基础教育和兴趣爱好类课程，另外，在供给对象上以服务老年人群为主，社区教育的"全方位"特性体现得不明显，缺乏对青少年、在职人群等其他群体学习内容的关注。社区教育供给主体能力不足体现在社区教育供给主体仍以教育行政部门为主导，其他供给主体的参与度不高。教育行政部门在社区教育供给中起到重要作用，但社区教育的发展需要多方参与和共同努力。其他潜在的供给主体（如企业、非营利组织、社会团体等），对参与社区教育的意识较低，未能积极投入和发挥作用，导致社区教育供给的主体多样性不足，这导致社区教育供给的内容不够充分，很难满足不同层次、不同需求的学习者的需求。调查显示，社区教育供给内容缺乏农民实用技术培训、职业技能培训等，社区教育主题活动不系统、缺乏整体化设计等诸多问题，这些都与社区教育供给主体的能力息息相关。

其次，从需求侧看，社区教育需求表达机制不畅通。当前，社区教育供给依赖自上而下的决策程序，自上而下的供应决策模式，即由上级政府作出提供什么、提供多少、如何提供的决定，并通过层层传递给下级政府，直至基层社区教育机构。一方面，自上而下的信息传达方式限制了社区教育宣传的广度和深度。由于信息传达是层层递进的，往往只有部分信息能够传达到基层社区教育机构和居民。这导致一些社区教育资源和服务无法得到充分的宣传，居民对于社区教育的了解有所欠缺。另一方面，低参与度也是社区教育供给动力机制中的一个问题。如果社区居民缺乏参与社区教育的意愿和动力，他们就无法向教育供给者提供反馈和意见，使得教育供给者难以了解社区的真实需求。这种情况下，社区教育供给可能无法与居民的需求相匹配，导致教育服务的不适应性和低效性。

三、方式困境：多样化供给的积极性不足

从教育服务的提供主体来划分，公共教育的供给方式主要有以下四种：一是完全由政府直接提供的基本公共教育服务，一直以来，政府在教育供给中都

处于非常关键的地位,在很多教育服务中政府不仅是资金的供应者,还扮演着生产的安排者的角色;二是以市场为主导、由各种与教育有关的市场力量运作的基本公共教育服务,支持市场为供给方的市场化供给者认为市场的本质具有竞争性,市场化供给会比政府提供供给更有效率,主要提供以收费服务为主的公共教育产品,包括民办私营、委托管理、直接付费等方式;三是以政府为主导、由社会非营利组织实施操作的基本公共教育服务,社会非营利组织相对于政府而言具备效率高、灵活性强的服务特征,能够有效地弥补因政府、市场双重失灵所无法满足的教育需求,是公共教育供给的一种新的制度安排和供给机制①;四是基本公共教育服务多主体参与供给模式。在传统的公共管理理念中,一直存在着"政府应提供公共服务,公共产品由政府负责"这种思维固定模式,政府始终在公共产品供应和公共事务决策方面发挥主导作用。随着人们需求的日益旺盛以及政府供给公共产品效率的低下,使得公共产品的市场化改革逐渐迫切,应该引入市场化的运作机制来实现教育资源的高效率配置,满足不同层次社区居民的学习需求。

在 2016 年发布的《教育部等九部门关于进一步推进社区教育发展的意见》中提到,"培育多元主体,引导各级各类学校和社会力量积极参与社区教育",但在社区教育实际的运行机制中,供给主体和供给模式上还是以政府为主,社会组织、市场等社会力量参与社区教育供给较为缺乏,使得根据社区教育供给的不同产品的具体特性和不同环节灵活选择和创新相应的供给方式显得不足,不能有效地适应治理能力现代化背景下多元主体发展的要求。同时,就社会组织、社会力量参与社区教育供给的现有方式来看,还存在着培育不足、活力不足和创新不足的问题,现有的服务方式更多是公益活动、社会志愿服务或者慈善捐赠等,参与的程度和深度都还远远不够,相对深层次的合同外包、购买服务等供给方式还较少,使得社会力量与政府部门、企事业单位等不同主体的相对定位不清晰,服务范围有限。

四、质量困境:社区教育供给水平亟待提升

党的十九大报告明确指出,我国已从过去的数量扩张模式进入到高质量发

---

① [美]戴维·奥斯本,特德·盖布勒.改革政府:企业精神如何改革着公营部门[M].北京:中国人民大学出版社,2001.

展模式,高质量的社区教育供给是社区教育现代化发展的目标,是对满足新时代人民群众学习需求的积极响应。影响社区教育供给质量的因素很多,当前社区教育供给中的经费和投入、评价机制以及智能化水平都会不同程度地影响着供给质量。

  一是社区教育供给的经费和投入是制约社区教育供给质量和效率的关键因素。人、财、物的保障是实现教育现代化的基础。① 教育现代化的核心在于提高教育供给的水平和质量,这需要人、财、物三方面的全方位保障。首先,教师是社区教育供给的重要组成部分,其质量和数量直接关系到社区教育供给的水平和质量。然而,社区教育教师待遇低,工作压力大,缺乏职业发展和晋升机会,难以留住和吸引优秀的教师。这不仅对社区教育教师本人的发展构成挑战,也在一定程度上影响着社区教育供给的运行。其次,社区教育供给保障的首要问题是资金投入不足。社区教育供给需要大量的资金支持,包括教师聘用费、设备购置费、场地租赁费、教材费、运营管理费等。然而,社区教育的资金来源主要依赖于财政拨款,而财政拨款却常常受到各种因素的限制,如财政紧缩、教育经费优先支持义务教育等,导致社区教育供给资金缺口巨大,难以保证正常的运转和发展。最后,社区教育的各类物质资源也是社区教育供给能否有效满足居民需求的重要因素,调查显示,当前社区教育在场地资源上存在不足,一些地方甚至缺乏实体化的办学条件,市民学习场所和点位无法满足多元化的学习需求。

  二是社区教育供给的评价机制还不健全,影响社区教育供给是否有效的判断与识别。教育公共服务绩效评估或者供给监测强调的是公众和社会对所接受的教育服务结果、水平和服务方式的评价,包括供给数量如何、供给效果如何以及供给方式是否有效等。② 调查显示,社区教育评价的主体不够广泛和多元化。当前,社区教育评价主要由政府、学校和专家等少数人组成的机构负责,缺乏广泛的社区参与和居民反馈,难以真正反映社区教育的质量和效果;社区教育评价主要采用问卷调查、居民评价和专家评价等方式,但这种评价方法缺乏客观性和科学性,易受到主观因素的影响,难以反映社区居民的真实需求和反馈。同时,社区教育评价结果往往难以及时反馈给社区教育机构和教育从业

---

① 刘秀峰,杜茜茜.中国式教育现代化的演进逻辑与路向前瞻[J].教育发展研究,2023,43(06):10—17.

② 何鹏程,宋懿琛.教育公共服务的理论探讨[J].教育发展研究,2008(09):39—43,48.

者,也难以形成有效的改进和提升机制,这导致社区教育评价往往停留于形式,缺乏实质性的作用。

三是智能化技术在促进供给质量上发挥的效能还不够。党的二十大报告首次将"推进教育数字化"写入"办好人民满意的教育"部分,提出"推进教育数字化,建设全民终身学习的学习型社会、学习型大国"。以数字化推进教育高质量发展是信息化时代发展的重要趋势和支撑,数字赋能推动社区教育供给质量提升是重塑社区教育供给全过程的重要形式,也为社会组织、市场以及社区居民等多元主体表达社区教育服务需求和参与社区教育供给提供了便捷、高效、智能化的形式。实证调查显示,利用数字技术参与社区教育供给的能力还不够,甚至有些地区的社区教育数字化资源的呈现上仍处于初级水平,对于数字化资源整合的服务方式、服务标准等也未能形成较为系统的管理体制。另外,我国公共文化服务的数字化建设不应当仅关注资源建设,还要适时地考虑如何生产、如何提供以及如何通达消费者等问题。[①] 社区教育在这一层面上还较为缺乏,还未探索有效的社区教育数字化供给模式,也未能充分利用数据资源和数据分析技术实现系统的多主体供给路径的科学分析,这也是教育数字化强国战略下社区教育供给在未来亟需解决的问题。

✦ 第二节 ✦

我国社区教育供给现代化发展困境的原因分析

进入新时代之后,我国的社区教育供给机制得到了迅速发展,社区教育供给初步形成以政府部门为导向,政府与市场、社会组织等主体混合多元供给的发展态势,供给的内容与形式更加丰富多样,但社区教育供给依旧存在诸多问题未能得到有效解决。在推进社区教育供给侧结构性改革过程中,我国社区教育发展呈现出供给主体单一、供给结构失衡、供给方式粗放、供给质量不高等问题,本节基于新时代满足人民群众多样化的学习需要,以及新时代社区教育供给的新内涵与新要求,结合教育现代化理念,着力探析阻碍社区教育高质量供

---

① 张宏伟.公共文化服务数字化赋能的影响逻辑和发展面向[J/OL].图书馆论坛,1—8[2023-10-03].http://kns.cnki.net/kcms/detail/44.1306.G2.20230728.1621.006.html.

给发展的原因,从根源上寻求完善社区教育供给的对策与建议。

一、理念滞后:社会对社区教育供给价值认知不足

在教育现代化的整体结构中,物质、制度层面的现代化都属于较为显性的现代化,是教育现代化发展的基础和保障条件,也是教育现代化发展程度的重要衡量标志,作为观念的教育现代化更为复杂以及更难以推进,但也是最为重要的。社区教育供给现代化的理念更新需要在整体上形成专业、系统又符合人民群众期待和现代社会发展要求的价值判断和价值选择。"现代化建设必须同现代意义上的价值观结合在一起,才具有必不可少的灵魂和目的性。"[1]教育现代化的理念认为,终身学习对个体、组织和社会三个层面都有着重要的价值。从个人的角度来看,终身学习可以使个人的生活与幸福得到充分的满足,从而提高自己的能力与素养;在组织层面,终身学习可以提高组织效能,增强组织的竞争力和适应性;在社会层面,终身学习可以促进社会可持续发展和创新,推动社会进步。[2] 由于社区教育的服务对象广泛,社区教育的教学内容不仅涉及知识和技能的传授,还包括道德教育、文化传承等方面,这使得社区教育供给的难度较大。其次,社区教育在空间上相对分散、组织形式多样,这也给社区教育供给带来一定的难度。

(一) 行政主管部门多元化治理理念不足

政府是社区教育的宏观管理者,以公共利益为导向,力求通过政策引领和行政力量满足人民群众的教育和学习需求,然而,各地对社区教育的认知存在不同程度的差异,尽管社区教育已经成为政府工作的重要部分,但相关政府部门、教育部门、街道办事处的管理者们对社区教育的认知仍然相对较低,他们缺乏系统性的社区教育观念,对社区教育的概念还存在误解,甚至将文明创建、基层党建、文化体育等与社区教育混为一谈。同时,从改革开放以来社区教育供给制度的变迁来看,我国社区教育供给形成了自上而下的行政管理模式,往往容易在社区教育供给机制中造成行政权力垄断、教育资源垄断的利益结构,如

---

[1] 吴忠民.中国现代化建设模式的转变——从外在拉动型现代化到自觉内生型现代化[J].江海学刊,2018(05):125—138,239.

[2] 陈丽,谢浩,郑勤华.我国教育现代化视域下终身学习的内涵与价值体系[J].现代远程教育研究,2022,34(04):3—11.

前文关于社区教育供给现状的实证研究发现,上级政府在社区教育供给中以政策和行政力量予以推进,供给模式较为单一。可以发现,这种高度单一的社区教育供给模式不可避免地形成了社区教育供给的行政化依赖,作为社区教育供给主体的政府造成基层社区教育机构机械地提供社区教育供给服务,无法满足社区居民日益旺盛的学习需求。从根源上看,这源于上级政府在社区教育供给中的理念仍然是上位者的角色,更加关注社区教育供给政策有无落实以及落实的效果,未将其他社区教育供给的利益相关者真正纳入社区教育中来。

(二) 社区居民参与社区教育供给意识淡薄

社区居民是社区教育供给的直接受益者,更加关注的是社区教育供给能够给自身带来有实际利益的教育活动和教学效果,主要表现为居民参与、需求信息反馈以及社会对社区文化建设成效的监测。然而,在实际的社区教育供给中,一些社区居民并不了解社区教育的真正意义和价值,认为社区教育对自己的生活和工作没有直接帮助,从而缺乏对社区教育的认知和理解,导致对社区教育的需求不足。这种认知不足阻碍了社区教育的发展和提升。缺乏对社区教育的理解和认知,社区居民对社区教育的参与和学习积极性不高,使得社区教育的供给动力不足。同时,社区居民参与社区教育的动机主要是为了休闲娱乐,而非为了满足组织和社会层面上的需求,这更加突出了社会对终身学习的认知仍然停留在个体层面,而组织价值和社会价值仅体现在政策文本中,未能转化为终身教育实践的价值导向。居民对于社区教育供给服务更多的是被动地接受,缺乏双向的信息与需求流通。长期以来,政府主导的社区教育供给模式导致了一种误区,即社区教育由政府单独负责。这种误区使得社区居民缺乏对社区教育供给重要性和价值的认识,他们可能没有意识到社区教育对于提升个人能力、促进职业发展以及提升整个社区发展水平的重要性。

(三) 社会力量缺乏社区教育供给的意识

社区教育供给需要整个社会的协调、整合与支持,更需要其他主体的广泛与积极参与,但是在社区教育实践中,社区教育供给仍然以政府为主,调查显示,社区教育资源整合不足,体现出其他驻区单位对社区教育的"漠视",未能充分认识到社区教育的功能和价值。社区教育的发展需要整个社会的协调与整合。社区教育不仅仅是政府的责任,其他主体(如企业、非营利组织、教育机构等)都应积极参与其中。然而,当前社区教育供给仍然过于依赖政府,其他主体的参与度不高，导致资源整合不足，无法满足社区居民的多样化需求。社会组织通常指的是那些追求公益性目标而非营利的组织。就社区教育而言，社会组织的参与显得相对复杂，主要涵盖社会工作组织以及志愿者服务等多个层面。在社区教育的提供方面，其他利益相关者往往会关注社会组织的供给能力以及所提供的教育效果，这种关注涵盖社会组织投入的人力、物力和财力的多寡，以及它们如何通过社会组织来促进社区教育的多样化发展。然而，由于长期以来社区教育供给中单一化的利益结构，使得基层社区教育机构、社区组织在社区教育供给中的参与度低，自上而下严密的行政性逻辑抑制了其他利益主体对社区教育供给的活力，形成了社区教育供给利益相关者在观念上的"区隔"与"分离"。

二、制度缺位：社区教育供给缺乏有力保障

制度现代化是教育现代化的重要组成部分，制度现代化是指建立与现代社会发展和现代教育相适应的教育体制、机制和法律法规等。① 当前，社区教育供给还未建立较为系统和完善的保障体系，具体而言，社区教育在我国的法律法规方面存在明显缺陷，尽管近些年来与社区教育有关的"规定""决定""意见""通知"等极具行政性和政策性的方式越来越频繁，一些地方也开展了针对社区教育的立法，但目前尚未从国家层面出台专门针对社区教育的法律法规，这使其在立法上缺乏明确的法律依据和规范。同时，这些政策文件之间缺乏协调和配合，导致社区教育政策的体系化程度较低，难以形成具有长期稳定性的政策框架。在这种情况下，社区教育的管理和监管就显得不够有效和规范，也难以保障社区教育供给的有效发展。

（一）社区教育供给政策执行度不强

在政策执行方面，就文本内容而言，我国已颁布多项社区教育政策法规，这些法规在理论上具有显著的实际意义并有助于促进社区教育的发展。然而，在地方实践中，由于各种客观和主观原因的综合作用，这些政策的执行面临一系列挑战，呈现出困难重重的局面。同时，一些地方政府虽然制定了相关的社区

---

① 袁利平.教育现代化的现代性向度及其超越[J].陕西师范大学学报（哲学社会科学版），2020，49（01）：159—168.

教育政策,但实际落实情况却不尽如人意。首先,政策执行滞后。社区教育政策制定后,由于一些制度性障碍、人力资源短缺、利益分配不均等原因,政策的落实往往滞后,甚至出现"政策落地难"的情况。其次,政策执行不均衡。由于地域、人口、经济等因素的不同,不同地区的社区教育政策执行存在较大的差异。一些地区的社区教育政策执行情况较好,另一些地区则存在执行不力、执行效果不佳等问题。这种不均衡性会导致社会资源的浪费,阻碍社区教育事业的全面发展。最后,政策执行的效果评估不足。社区教育政策执行效果评估是保证政策执行效果的重要手段。但现实中,政策执行效果评估不足,往往只是简单地统计一些表面数据,而未能深入地分析政策执行的原因和效果,缺乏科学性和系统性。

(二) 社区教育资源共享制度缺乏

社区教育供给缺乏整合机制和统筹规划是当前社区教育供给存在的一个重要问题。教育资源整合是指各种社区教育资源进行整合,形成资源共享的机制。调查显示,在"所在地区在社区教育资源整合的情况如何"题项上,选择"整体情况良好"的仅占比27.7%。造成这种现象的原因有两个:一是缺乏资源共享的意识,各个供给主体自主地开发教育资源,形成资源分散,难以形成整体优势;二是社区教育信息不畅通,难以共享教育资源,造成资源闲置。特别是当前,在社区教育供给方面,政府之外的其他社会力量发挥了积极作用,但主要集中在少数高校、职业学校和团体组织中。这些社会组织的数量有限,而且它们提供的社区教育服务也分散不均,因此难以发挥较大的影响力。在社区教育供给评价上,社区教育评价主体主要是社区教育机构和教育行政部门,社区居民等社会群体的参与度较低,这导致社区教育评价体系缺乏多元化的视角和评价标准,评价结果的客观性和权威性受到影响;社区教育评价主体单一也容易导致评价结果的片面性和不全面性,使得社区教育的供给与需求之间的匹配度不高,无法满足社区居民的多元化需求。

三、机制缺陷:社区教育协同供给效能不佳

社区教育作为终身教育体系的重要组成部分,是推进全民终身学习、构建学习型社会的重要载体。随着社会对社区教育的要求越来越高,其问题也越来越复杂。社区教育的供给内容具有交叠、互动和模糊性,其结果是社区教育的

供给已经不能由某一机构或某些机构全面掌控。要达到精准、高效的供给,就必须要有多个部门、多个社会力量的协作配合。但是,从现状来看还没有在各个部门、各个主体间形成一种相互信任、优势互补的协作机制。这个问题具体体现在以下三个方面:

(一) 社区教育行政主管部门权责不清

社区教育的主管部门职责不明确、管理方式不规范,导致社区教育管理上的混乱和缺乏有效的监管。目前,我国社区教育管理涉及多个部门,如教育、民政、文化等,各部门之间缺乏有效的协调机制,职责分工不清,导致社区教育管理上的混乱和重复投入,形成资源浪费。此外,社区教育管理方式也不规范,存在管理混乱、效率低下等问题,难以保障社区教育的有效供给。一方面,在社区教育供给中,往往存在越位、缺位、错位现象,造成政府在社区教育供给上缺乏公共性;另一方面,存在一个概念混淆的问题,即政府提供和政府生产之间的模糊界定,导致政府提供往往被误解为政府直接进行生产和经营,这种误解对社区教育供给方式产生了深远的影响,导致政府主要采用了直接生产为主的供给模式。另外,社区教育的行政管理主要由社区教育机构和社区管理部门共同承担,但两者之间缺乏有效的协调机制,导致社区教育供给存在重复建设、资源浪费等问题。

(二) 各部门协同供给动力不足

当前,我国仍然是以科层结构为基础的行政体制,其核心特点在于权力自上而下地进行单向传递,其工作目的以完成上级分配的任务为导向,但当前社区教育并未成为有关部门的首要工作目标,其绩效考核权重也很低,导致有关部门参与的积极性。此外,不同部门之间也缺乏协调与合作,缺少联动机制,导致资源无法得到充分利用,影响社区教育供给的质量和效益。作为一只"无形之手",政府拥有绝对的话语权与支配权,为了实现管理目的,常常对社会权力的自主运作进行过多的干涉,导致其路径依赖,从而限制了其职能的有效发挥。由此可以清楚地看到,在社区教育的提供过程中,公众与社会团体之间很难形成有效的合作关系。在目前还没有真正实现供给主体多元化的情况下,在公共服务供给链条过长的情况下,多个供给主体很容易出现"集体行动"的现象。

（三）激励与评价机制不健全

社区教育供给评价的重要性在于它是社区教育高质量发展的重要保障和推动力。通过诊断、评判和改进社区教育供给，社区教育供给评价能够有效地提升社区教育的质量和水平。现代化的理念对社区教育供给评价产生了深刻的影响和更高的要求。现代化的核心是以人为本，包括政治、经济、文化、观念、科技、产业和制度等方面的全面发展，以及人们对自由、理性和个人权利等主体价值的追求。[1] 因此，社区教育供给评价现代化的含义在于适应现代化的发展要求，不断更新和改进社区教育供给评价的观念、主体、内容和方法，进而形成新的社区教育供给科学评价体系的过程。只有不断推进社区教育供给评价现代化，才能更好地满足人们对高质量社区教育的需求，实现社区教育的可持续发展。随着社区教育的快速发展，社区教育供给评价机制也日趋完善。社区教育的评价应该从居民、社区、政府和社会等多个角度进行，既要重视社区居民对社区教育的反馈和评价，也要关注社区教育对社会的贡献和影响。

---

[1] 时益之，杨兆山. 高等教育评价现代化的内涵要义与实践路径[J/OL]. 现代教育管理：1—11[2023-05-14]. https://doi.org/10.16697/j.1674-5485.2023.04.012.

第六章

社区教育供给机制的国际经验分析与借鉴

　　社区教育是一种基于社区需求的教育服务,其发展历程和程度因国家和地区而异。发达国家的社区教育供给体系已经相对成熟,政府和社会组织共同承担社区教育的供给,覆盖全年龄段,包括技能培训、社区文化、健康教育等多个方面,成为社会责任和公共服务的重要组成部分。本章选择北欧、日本、美国三个国家和地区,从不同的视角分析其社区教育供给的国际经验。北欧国家以社区教育的自主、自治为特点,政府通过财政投入和法规制定,鼓励社区组织和志愿者参与社区教育的运行和管理,形成了相对完善的社区教育体系。日本社区教育也得到了政府和社会广泛的支持和参与,特别是在乡村和老年人群体中的重要作用,通过强调立法保障和法制化,满足了不同年龄、不同需求层次的教育需求。美国社区教育起源于职业技能培训,经历了从单一职业技能培训到全方位社区教育的演变,其中,社区学院是成熟机构之一,涵盖学历教育和非学历教育、职业培训和继续教育等多个方面。借鉴国际社区教育的经验,可为我国社区教育的改革和发展提供有益的参考和支持,也为我国社区教育的动力机制、运行机制和评价机制的建设提供借鉴。

第一节

北欧民众教育供给的经验与启示

社区教育最早起源于北欧国家,其中包括丹麦、瑞典、挪威、芬兰和冰岛等地。在北欧,社区教育也被称为民众教育。自19世纪初开始,科隆威、柯尔特、施洛德等北欧教育家为了振兴国家并实现现代化,以"民众启蒙"为引导,推动了一场长达一个世纪的北欧民众高等教育运动。1844年,柯尔特在丹麦建立了世界上第一所民众中学,标志着民众教育的兴起。随后,北欧各国相继成立了民众中学和学习小组,促进了民众的知识普及和社区教育的发展。北欧民众教育从19世纪形成与发展,到20世纪得到国家的支持和引导,再到21世纪以来转型复兴,民众教育得到了蓬勃的发展,在社区教育供给上形成了独特的发展经验。

一、基本经验

1. 民众中学

民众中学也称为民众高等教育,其相对于九年义务教育学校的一种实施成人普通文化教育的机构,是"实施民众教育的主要机构,也是世界社区成人教育的一种传统形式,在北欧乃至当代世界社区教育中占有重要地位"。[①] 19世纪,工人阶级人口的教育需求不断增加,他们之前一直被排除在正式教育体系之外。自18世纪50年代,法国启蒙思想传入丹麦,一些有志之士率先行动起来,积极宣传自由、平等及民主思想,反对传统的封建思想文化。丹麦神学家科隆威认为教育应该向所有人开放,不应该局限于富人或特权阶层,并希望建立一个非正规教育体系,为处于弱势地位的成年人提供继续接受教育的机会。在丹麦教育家柯尔特等人的支持下,1844年,丹麦成立了第一所民众高等学校。初期的民众中学主要是由私人承担,在办学上具有完全的自主权,其主要为农村地区的年轻人提供初等教育,学习内容以历史、文学、诗歌等为主,并且教师和

---

① 王恩发,马超,贺宏志,等.当代社区教育的比较研究[M].中央民族大学出版社,2001.4.

学生居住和生活在一起。随着民众中学的发展和经济社会的变革,民众中学面向的教育对象更加广泛,越来越多的民众高等学校在城市出现,教育层次也不断提高,挪威、瑞典和芬兰等国家纷纷建立了民众高等学校,据统计,在 1850—1870 年,丹麦建立了总数约为 50 所的类似民众中学。随后,政府逐渐认识到民众高等学校的重要性,1892 年,政府颁布了《民众高等学校及农业学校公费津贴规程》,开始为其发展提供资金,民众中学正式成为国家教育体系的重要组成部分。

在民众高等学校的发展中,其课程设置、教学方式等进行了变化和调整,以不断满足社会发展的要求。早期的民众高等学校大多是由宗教组织开办的,20 世纪初,北欧国家经历了重大的社会和政治变革。工业化的崛起和劳动运动的增长导致对社会和经济改革的需求,北欧国家通过开发综合福利来回应这些需求,旨在为所有公民提供社会保障、教育和医疗保健。20 世纪,民众高等学校的重点从提供基础教育转向提供更多的专业课程,如音乐、戏剧和艺术,这种转变受到社会需求变化和对专业技能需求增加的影响。自 20 世纪以来,北欧国家一直致力于支持民众教育,既不干涉计划和指导,又肩负着在经费上提供支持的责任。第二次世界大战结束后,各国都开始重视民众教育的立法,采取法律措施确保民众教育的形成和实施。例如,丹麦于 1968 年颁布了《休闲教育法》,为各种民众教育活动提供了资金支持,资助标准为所有经费的 50%—70%。1978 年,丹麦又颁布了《成人社会教育法》。瑞典在 1960 年通过了《民众中学法》和《学习小组法》;在 1967 年,瑞典议会通过了《市镇成人教育法》;在 1977 年,大学教育改革法案特别允许高等教育向成人开放,成人可以凭借工作经验或其他条件进入大学就读,这项改革法案的实施大大提高了民众教育的水平。北欧各国虽然不干涉民众教育的计划和指导,但通过提供经费支持并颁布相关法律,致力于确保民众教育的顺利开展,提高教育的普及程度和层次。[①] 到了 20 世纪 70 年代,政府对民众高等学校的资助经费比例已经提高到将近 85%,促进了民众高等学校的快速发展。

自 20 世纪 90 年代中期开始,随着国际化趋势和终身学习理念的影响,北欧各国开始推行终身教育战略,出现了家政学校、工艺学校、成人业余补习学校、音乐学校等多样化的私立寄宿学校来培训现代化的劳动力。在教学内容上除了丹麦语、文学、历史、音乐、数学、体育等基本课程,还开设园艺、医学护理、

---

① 陈丽丽. 北欧民众教育研究[D]. 福建农林大学,2015.

缝纫、摄影等技术性课程,近年来,许多学校还开设可持续发展和气候变化课程;在教学方式上,始终强调尊重、平等、合作与对话,注重教学中的"活的语言",采用演讲、口语和唱歌的形式进行教学。

总体来看,北欧民众教育充分体现了民主与自由的思想。北欧国家的教育体系是在教育水平低下和大多数人无法接受高等教育的情况下发展起来的,旨在确保每个人都能获得教育和发展的机会,并最终实现教育的平等。[1] 北欧国家还注重培养终身学习的文化,鼓励人们不断更新和提高自己的知识和技能,以适应不断变化的社会和经济环境,并鼓励职业教育和技能培训,以确保人们具备所需的技能,能够胜任各种职业和工作。在北欧国家,民众教育机构分布广泛,很多都设在社区中心,方便居民学习。同时,民众教育还注重与社区居民的沟通和合作,充分了解居民的需求和兴趣,提供符合需求的课程和活动。这种以社区为中心的供给模式,可以更好地满足居民的学习需求,提高教育的普及率。

2. 学习圈

学习圈是一种源于北欧国家的教育形式,其起源可以追溯到 20 世纪初。在北欧地区,学习圈是被广泛应用和实施的成人教育形式,为广大公众提供了广泛而开放的教育机会,这种教育形式以自由、平等、民主为价值引领。在 20 世纪初期,北欧国家开始兴起一股普及成人教育的潮流,以提高普通民众的文化水平和社会素质,使其更好地适应社会发展的需要。这一潮流的背景是当时北欧国家社会、经济和政治环境的变化,如工业化、城市化、民主化等。在这样的背景下,北欧国家政府开始积极推动普及成人教育,并发展了一系列适应当地特点的教育形式和机构,其中包括瑞典学习圈。1902 年,奥斯卡·奥尔森创建了第一个学习圈,随着学习圈的影响范围不断扩大,瑞典政府开始提供各方面的帮助和支持。这种教育形式主要通过志愿者和社会组织的方式进行组织和实施,以满足当地民众的学习需求,北欧学习圈作为其中的一种形式,由于其灵活性和适应性,在当地得到了广泛的推广和应用。

学习圈是在民主、平等和自由理念的指导下运作的一种实践活动,它真正体现了人人平等参与的精神。在瑞典,学习圈不仅吸纳成员,更进一步体现了以参与者为主体、自下而上地自发组织学习的特点。每个成员参加学习圈时,秉承着自愿的原则,自愿加入到学习中并可以进行选择和学习。每一个学习圈

---

[1] 郝美英.北欧、美国、日本和新加坡社区教育理念探析[J].成人教育,2010,30(12):95—96.

内的成员都享有平等的权利,包括参与学习圈进行学习以及对学习圈的发展提出意见的权利。在学习圈中,相关项目如学习目标、学习内容、学习合作的方式以及学习进程等各个方面,都由学习圈的每个成员进行协商来共同决定。这种自下而上的协商和决策模式,有助于培养成员的民主意识和自主能力,使得学习圈能够更好地满足成员的需求和兴趣。瑞典学习圈的运作模式,不仅具有民主、平等、自由等价值观的理论支撑,更以实践方式彰显了这些价值观的实际意义。在学习圈中,每个成员都可以自由地表达自己的想法和观点,不受地位、年龄、性别等方面的限制。这种平等的参与和自由的表达,有利于促进成员之间的交流和学习,增强彼此之间的理解和尊重。

学习圈是一个由自愿参加的成人组成的小团体,其目标是提供公民意识的培养和知识的普及。这个过程中,学习小组教师的角色是引导和支持学习者的学习,而不是授课。学习小组的主要特点是以开放性的对话为核心,学习者之间相互平等交流,对话的主题通常涉及个人和社会的生活和问题。这种类型的学习小组由一群对相同主题或话题感兴趣的人组成,在规定的时间(通常每周一次,大概持续 12 周)聚集在一起,主题范围涵盖语言、运动、手工艺和音乐等。参加学习圈的学习不是为了专业目的,而是出于学习新技能、获取新知识的意愿,旨在个人发展和社会目的上。① 学习圈的发展也得到了政府的有效支持,1912 年,瑞典政府决定支持学习圈活动,资助购买成员所需的图书。1947 年,瑞典政府颁布了一项新法律,规定只要学习圈完成基本任务,就有资格直接获得政府的财政支持。自 20 世纪 90 年代始,瑞典国家成人教育委员会负责分配政府拨款,并对学习圈的活动进行监督、调查和评估。②

近年来,瑞典的学习圈得到了广泛的认可和支持,每年组织的学习圈数量达到惊人的 30 万个。这些学习圈涵盖了各种各样的主题和领域,从语言学习、音乐表演到环保和社区建设等。据统计,每年有超过 170 万人参加这些学习圈,其中的许多人甚至会参加多个学习圈,表明他们对终身学习的追求和热情。据推测,实际的个体参加者数量可能会更高,预计每年在 150 万人到 200 万人③。这些数字表明了瑞典人民对于学习和知识的渴求,也反映了瑞典社会高

---

① Milana M, Webb S, Holford J, et al. The Palgrave International Handbook on Adult and Lifelong Education and Learning ‖ The Ideals and Practices of Citizenship in Nordic Study Circles[J]. 2018, 10.1057/978-1-137-55783-4(Chapter 41):797—815.
② 王中,汪国新. 社区学习共同体与瑞典"学习圈"的比较研究[J]. 成人教育,2020,40(01):24—29.
③ 孙玲,和震. 瑞典非正规教育模式探析[J]. 职教论坛,2017,No. 659(07):80—84.

度重视教育和人才培养的态度。

北欧学习圈对北欧国家的成人教育产生了重大影响,并被公认为全球成人教育的典范,学习圈因其促进社会凝聚力、民主参与和终身学习的能力而备受推崇。一方面,学习圈为个人提供了一个聚在一起讨论共同感兴趣的话题的空间,这有助于打破社会障碍、建立合作关系,在一定层面上促进了民主参与,鼓励个人在开放和尊重的环境中分享自己的意见和想法。另一方面,学习圈通过为个人提供相互学习的空间和为个人提供发展新技能和知识的空间,促进了一种超越正规教育的学习文化,提升了终身学习的参与度和动力,也可以提高他们的就业能力和职业前景。

二、主要启示:强调自主、自助、自治

北欧国家的民众中学和瑞典的学习圈是北欧国家注重培养民众自主、自助和自治能力的具体体现。这种教育理念和实践不仅注重学习者自主学习能力的培养,也关注民众的自主、自助和自治能力的提升。在这种教育模式中,民众能够学习如何独立思考、自主学习、自我管理和自我评估,这有助于提高他们的学习动力和效果,让他们在学习中更具主动性和自我驱动力。同时,北欧国家的社区教育也注重发挥民众的参与和自治能力,在社区教育的组织和管理中,让民众参与到决策和管理中来,形成一种共同负责的社区教育模式。这种模式能够更好地满足民众的学习需求和解决实际问题,让民众更好地理解和应用所学知识,更好地解决实际问题,并且积极参与到规划、实施和评估中来,为社区教育的针对性和实效性提供更好的保障。这种自主、自助、自治的理念与我国当前推行的治理理念不谋而合,在社区教育供给中,不仅需要政府部门的大力支持,还需要自下而上的民间力量的推进与实施。

首先,在供给理念和供给内容上,一是社区教育应该更加注重弱势群体的学习和教育,为各个阶层的民众开放教育资源,提供平等的教育机会,让每个学习者都能够充分地发挥自己的潜能。同时,在教学理念上,社区教育应该注重个体的平等、对话与交流,让学习者在自主探究、自我发现和自我解决问题中获取知识和技能,增强学习的可持续性和实用性。二是社区教育在加强人文教育方面也应借鉴北欧的办学方针。社区教育应该开展丰富多彩的文化活动,加强人文教育,弘扬人文精神,营造良好的社区人文环境。在这个过程中,社区教育应该注重提高国民的人文素质,让每个人都能够获得更多的文化知识和审美情

趣,更好地享受文化生活。三是在社区教育中,应该鼓励民众参与到学习中来,让他们自主选择、自我管理和自我评估,提高学习的主动性和自我驱动力。同时,社区教育应该通过培训和指导,帮助学习者更好地了解自己的学习需求和兴趣,制定个性化的学习计划,进一步提高学习效果和满意度。通过这样的方式,社区教育可以更好地发挥自主、自助和自治的积极作用,促进社区教育的可持续发展。

其次,在社区教育供给运行方面,民众高等学校通过政府、学校、社会群体、学生和教师等多方主体的协调与合作,实现了一定程度的平衡。对于我国社区教育的发展来说,社区教育的发展主要是自上而下的路向,即主要依靠政府部门通过在不同地域的试点工作,逐步推进社区教育的发展。我国可以借鉴北欧国家民众教育的管理方式,理顺各主体之间的关系,积极鼓励多方参与治理。例如,社区学校可以积极与社区内外的教育资源相互联动,鼓励多方共同参与到社区学校资源建设和管理中,坚持政府主导、学校组织、多主体共同参与的治理关系,汇聚社会力量,共同推进学校的建设和发展。此外,社区教育也应该注重多方面的参与,尤其是关注弱势群体的教育需求和资源供给,增强社区教育的凝聚力和活力。通过这种方式,社区教育能够更好地满足民众的教育需求,促进社区教育的发展。

最后,北欧民众教育的自主、自助和自治特征有助于增强社区教育的针对性和实效性。北欧国家的社区教育是一种基于社区需求和特点的教育模式,它能够更好地满足民众的学习需求和解决实际问题。培养民众的自主、自助和自治能力,可以让他们更好地理解和应用所学知识,更好地解决实际问题,并且在社区教育的组织和管理中,能够积极参与到规划、实施和评估中来,为教育的针对性和实效性提供更好的保障。这样可以使社区教育更加符合实际需求,更加实用和有效。这种社区教育模式的创新和实践,对我国社区教育的供给体系建设有很强的借鉴意义。

✦ 第二节 ✦
日本社会教育供给的经验与启示

在日本,社会教育也称为社区教育,其最初借鉴的是欧美社区教育的发展模式,后与本国国情相结合,形成了独具日本特色的社区教育体系。日本社区教育主要强调立法保障和法制化,规定了社区教育机构的组织形式、管理制度、课程设置、教学质量等方面的具体要求和标准,以确保社区教育的质量和效果,同时,依靠志愿性的生活文化服务活动,积极开展区域性社区文化和体育活动,旨在提升国民的道德水平、增进身心健康、陶冶情操等,并以此促进文化事业发展和加强社会福祉的保障。

一、基本经验

在19世纪中后期,日本开始了旨在普及知识和开阔视野的社会教育之旅。作为该国近代博物馆事业的起始,文部省于1872年主办了一次博览会,并将展品和设施原貌保留,定期对民众开放。这次活动被认为是日本政府实施社会教育政策的开端,为该国未来的教育改革奠定了基础。[1] 同年,文部省颁布了《学制令》,标志着日本第一次教育改革的开始。通过该次改革,日本不仅确立了现代学校教育制度,而且促进了社会教育活动的发展,促使日本教育体系逐步完善。初期,日本政府认识到单纯依靠学校教育无法满足社会发展的需求,因此积极借鉴西方先进经验,建立各种社会教育设施,如图书馆、博物馆等机构,开始推广知识和技术的启蒙活动。[2] 此外,还开展了识字教育、补习教育和民众教育等多项活动,以便让更多人获得接受教育的机会,不断提高整个社会的文化素养和科技水平。

19世纪末,日本政府开始着手制定更为完善的社会教育政策。为了强化国民思想,塑造良好的社会道德,文部省在1911年成立了通俗教育调查委员会,这也是日本最早的社会教育机构。[3] 十年后,文部省在普通学务局内设立了专门管理通俗教育、图书馆、博物馆和青年团等教育活动的社会教育主务科。直到1924年,该科室升格为社会教育科,开始负责成人教育、特殊教育、图书馆、博物馆以及其他社会教育事务的管理,这标志着日本社会教育地位的正式确立。[4] 在接下来的几年中,文部省内还成立了社会教育局,该局下设青年教育

---

[1] 陈宝堂.日本教育的历史与现状[M].合肥:中国科学技术大学出版社,2004:193.
[2] 学制百年史编集委员会.学制百年史——初期的社会教育[OL]. http://www.mext.go.jp/b_menu/hakusho/html/others/detail/1317642.htm.
[3] 陈宝堂.日本教育的历史与现状[M].合肥:中国科学技术大学出版社,2004:194.
[4] [日]大串隆吉.日本社会教育史和终身教育[M]. EIDELL研究所,1998:42.

科、成人教育科、庶务科,协调学校教育与社会教育共同发展,以推动日本社会教育事业的进一步发展。

第二次世界大战结束后,日本政府加大对社区教育的重视,大力推进社区教育法制化的进程。其自 1945 年以后就制定了一系列旨在保护公民学习权的教育法律和法规,以保障社区教育的顺利开展。1949 年,文部省在国家层面颁布了一项意义重大的法律,即《社会教育法》。该法规定了国家和地方公共团体应根据法律规定积极推进学校教育、社会教育和家庭教育的融合,以满足日益增长的公民文化需求,保障公民在任何时间和场所都能够享受参与文化教育活动的权利。此外,《社会教育法》还要求国家为社区教育活动提供必要的经费支持,以保障其顺利进行。日本政府还制定了《图书馆法》和《博物馆法》,并将公民馆、图书馆和博物馆规定为开展社区教育的三大基本设施,以加强社区教育的基础设施建设。这三部法律被并称为"日本校外教育三法"。历经多次修订和补充,这些法律为战后日本社区教育的创建和发展提供了重要的法律保障,极大地推动了日本社会文化的进步和发展。由此可见,《社会教育法》《图书馆法》和《博物馆法》的出台不仅有助于促进校内外教育的有机融合,更是为日本的社会文化繁荣奠定了坚实的法律基础。①

20 世纪 70 年代之后,日本已崛起为世界经济和技术的领先国家。然而,经济增长的放缓,社会和产业结构的深刻变化,以及学历社会的弊端等问题越来越显著。为了应对这些社会变革,日本启动了第三次教育改革。与前两次教育改革不同,这次改革着眼于本国的实际情况,不再单纯地模仿西方,而是不断探索适合自身的改革道路,把拓展社会教育功能和增强社会教育设施作为新的发展方向,其中,公民馆作为社区教育开展的重要设施迅速发展起来。公民馆是第二次世界大战结束后日本社会教育的产物,其主要由地方政府在 1946 年根据《社会教育法》广泛建立的,旨在鼓励人们积极参与社区发展,日本几乎每个社区都建立了公民馆,这些公民馆由地方市政当局和人们管理,不受政府干预。同时,这些公民馆可以在市政委员会的监督下为邻近地区自由组织任何形式的社区教育活动。自 20 世纪 70 年代末到 90 年代,终身教育和终身学习理念被引入日本,1971 年 4 月,日本政府颁布《关于为适应急速变化社会构造的社会教育的方向》,提出以往的学校教育和社会教育均要在终身教育理

---

① 黄文贵,周杨嘉源,法洪萍. 现代社区教育的国际分类及启示[J]. 现代远距离教育,2020,No. 191 (05):10—17. DOI:10.13927/j.cnki.yuan.20201120.001.

念下进行全面改革。1990年,日本颁布了第一部全国性的《终身学习促进法》,"终身学习"这一词的使用范围超过了社会教育。该法律规定在国家和都、道、府、县一级建立终身学习委员会,支持地方促进终身学习,规定在指定社区发展终身学习,并开展调查以评估居民的学习需求,还成立了国家终身学习咨询委员会,该委员会现已并入中央教育委员会。

自20世纪90年代以来,日本经济衰退,公民馆面临严重的预算消减,甚至一些公民馆与其他机构合并,由私营部门运营。[1] 根据统计数据,公民馆参与的人数一直在下降,从2005年的17 143人下降到2008年的15 943人,根据MEXT2017年的报告,2015年继续下降到14 171人。[2] 但此时日本社会教育实施机构发展迅速,成为满足各类人群学习需求的重要载体,包括图书馆、博物馆、儿童和青年中心、妇女教育中心、社会体育设施等。

2002年3月,日本政府颁布了《关于完善终身(生涯)学习振兴措施及推进机制的法律》(简称《终身学习完善法》),这部法律意在程序方面完善和补充《终身学习振兴法》。2006年,日本修订了《教育基本法》,该法阐明了日本教育的基本宗旨和原则,规定"社会应允许所有公民在一生中随时随地地继续学习,并适当运用终身学习的成果来完善自己。"

近年来,日本不断加强其终身教育和终身学习体系的建设,推崇学校与社会的融合和居民主导型的地区终身学习体系等新的教育理念和实践。社区教育作为终身教育和终身学习的重要组成部分,一直发挥着不可或缺的作用。为了建立更为完善的终身学习体系,日本教育改革着力于充分发挥家庭和社区的教育功能,提供更为多样化和便捷的学习机会。

二、主要启示:强调立法保障和法制化

立法保障和法制化是日本社区教育得以长期发展的基础,通过立法保障和法制化,确保了日本社区教育活动的稳定性和规范性,为社区居民提供更好的教育服务和发展机会。在日本,社区教育的立法保障和法制化涉及多个层面,

---

[1] Wang Q. Japanese Social Education and Kominkan Practice: Focus on Residents' Self-Learning in Community[J]. New Directions for Adult and Continuing Education, 2019, 2019(162): 73-84.
[2] Meepan W, Noklang S. The Comparative Study of Community Learning Center Model: The Case Study of Oketo Town Kominkan, Japan and Songkhla Smart Center, Thailand[J]. Journal of Research and Curriculum Development, 2022, 12(2).

各级政府都在不断完善相关的法律、政策和规章制度,以确保社区教育活动的稳定性和规范性,为我国完善社区教育供给体系提供了良好的借鉴意义。

一是形成了体系完备的社区教育法律体系。日本政府非常注重为社会教育提供立法保障。从日本社会教育的发展和立法历程来看,早期的社会教育法律体系的基础是《社会教育法》。该法规定了社会教育的目的、原则和内容,并为社会教育的发展提供了基本的保障和支持。此外,日本还制定了一系列与社会教育相关的法律和规定,为社会教育的实施提供了更为具体和细致的保障。这种立法保障和法制化的特点,使得日本的社会教育工作具有更高的规范性和稳定性,并为其发展提供了有力的支持和保障。20世纪80年代,日本先后颁布了《关于终身教育》《教育改革推行大纲》等法规,并逐步完善了《终身学习振兴法》等法律。现在,日本的社区教育政策法律体系已经非常完备,包含母法、子法、政令、省令、条例和规则等,形成了从中央到地方的法律体系,有利于政策的落实和执行。① 相比之下,我国虽然提出了一些推行社区教育和终身教育的构想,部分地方政府也出台了一些法规和条例,但还没有形成全国性的完整的法律体系,终身教育和终身学习体系的构建缺乏强有力的法律保障。因此,应加快推进社区教育和终身学习体系的法治建设,让全国性的法律与地方性的法律法规相结合,通过健全的法律体系保障社区教育与终身学习的顺利开展。

二是纵横上下的社区教育行政组织机构。日本在社区教育的行政管理机构方面,建立了从中央到地方的教育行政机关,有效地协调和管理社区教育事业。在此基础上,他们还设立了社会教育审议会议等咨询机构,为社区教育政策的制定提供意见和监督。目前,日本的社会教育机构与终身学习事务部门、推进中心等机构,与中央的社会教育局、终身学习局、终身学习审议会等专门行政机构有机地结合,共同推动社区教育和终身教育的管理工作。这种行政机构的纵横贯通,为日本社区教育的发展和终身学习的推进提供了有力的保障。相比之下,我国尚未建立明确的社区教育和终身学习的行政管理机构,这对于我国社区教育和终身学习事业的发展带来了不利影响。为此,我国可以借鉴日本的经验,及时建立权责分明、协调合作的行政组织机构,从中央到地方实现有机结合,保障我国社区教育和终身学习的顺利推进。此外,这种行政管理机构应该与相关部门紧密配合,完善社区教育和终身学习的管理体系,提高教育质量和覆盖面。

---

① 郝维谦,李连宁.各国教育法制比较研究[M].北京:人民教育出版社,1998:187.

三是完善的社区教育供给体系与教育计划和评估体系。日本的社区教育供给体系非常完善,政府和地方自治体会根据不同地区和群体的需求,提供各种类型和形式的社区教育活动,包括文化、体育、艺术、科技等方面的课程和活动,以满足不同人群的学习需求。此外,日本的社区教育活动也注重社会合作,各种社会组织、企业和居民都可以参与和组织社区教育活动。在教育计划和评估方面,日本政府建立了完善的社会教育计划和目标,也会对社会教育活动的实施效果进行评估和反馈,以不断完善和提高社会教育的质量和效果。此外,日本采用多元化的管理方式和手段,包括传统的行政管理方式、社会合作、市场化运作等多种方式来管理社区教育活动,以确保社区教育活动的多样性和覆盖面。为了推动我国社区教育事业的发展,应该借鉴日本的经验,建立起完善的社区教育供给体系与教育计划和评估体系。

第三节 美国社区教育供给的经验与启示

美国是世界上社区教育发展较早的国家之一,美国社区教育的发展主要源于19世纪末20世纪初的社区学校运动,这一运动旨在为青少年提供各种学科和职业培训课程,以及丰富多彩的活动机会。随着时间的推移,社区教育逐渐从单一功能的实体发展为一个为人群提供服务的多功能实体,成为美国教育体系中不可或缺的组成部分。美国社区学院是开展社区教育的主要形式,同时,学校、企业、图书馆等也参与到社区教育中来,社区教育机构在提供教育服务的同时,注重满足不同人群的需求,根据不同年龄、需求、背景和文化等特点,开展成人教育、学前教育、职业培训、兴趣爱好课程等多种教育课程和活动。社区教育供给体系的完善,不仅为广大居民提供了方便、实用和多样化的教育选择,而且也有助于提高整个社区的文化素质和综合素养。除了传统的课堂教学,美国社区教育还注重开展社会实践、文化艺术、体育健身等多种形式的活动,以便更好地满足不同人群的需求和提升社区的整体发展水平。同时,社区教育机构还积极利用现代技术手段,如网络课程、远程教育等,不断拓展教育服务的覆盖面和深度,以适应时代和社会的发展需要。

一、基本经验

(一) 美国社区教育的发展历程

社区学院在美国社区教育发展历程中扮演着重要的角色。早在19世纪末期,由于传统的学校教育无法满足广大中学生进入大学的强烈需求以及成人教育的需求,全美初级学院协会应运而生。该协会为各地提供了资金和组织上的支持,帮助建立社区学院。随着时间的推移,社区学院从最初只提供文凭课程的职业学院,逐渐发展成为提供广泛课程的高等教育机构,为那些没有经济实力或者没有足够的时间去大学上学的人提供了上大学的机会。1920年,美国联邦政府教育总署举办了第一次全美初级学院会议,旨在探讨如何提高初级学院的教育质量和培养更多的专业人才。会议成立了美国初级学院协会,这是社区学院历史上的重要事件之一。20世纪30年代,美国经济危机中的失业大军要求接受再教育并得到就业指导,促进了美国社区教育运动的飞速发展。社区学院成为满足这种需求的最佳途径之一,吸引了更多的学生。在这一时期,社区学院还开始扩大其课程设置,增加了更多的职业课程,以帮助学生获得更好的职业发展机会。

20世纪中叶,随着社区学院的社会服务功能不断拓展,这些学院逐渐发展成为以社区为中心的高等学府。在这一时期,社区学院逐渐具备了为转学准备、进行职业教育、开展普通教育、为社区服务的职能。1947年,美国总统高等教育委员会提议将社区学院作为公立初级学院的名称,并提出社区学院以多种功能和服务为整个社区提供教育服务。这一时期,社区学院的职业教育职能继续增加,成为主要的教育职能之一。随着科技的快速发展和新知识的普及,许多传统行业及岗位的性质发生了很大的改变。与此同时,第二次世界大战结束后大批军人复员、大量移民涌入,人们逐渐认识到为了得到和保持一份工作就必须接受教育。在这样的背景下,社区学院在短期内迅速发展壮大。在接下来的十年里,大量的社区学院相继诞生,平均每个星期就有一所社区学院出现,社区学院的迅速发展给整个社区教育带来了显著的变革。社区学院不仅仅是提供职业教育的场所,更是一种为当地社区服务的重要机构。社区学院为成人教育、文化教育、艺术培训、公共事务、社区服务等提供了丰富多彩的教育项目和服务。在社区学院的帮助下,很多人得以提高自己的知识水平、技能水平,实现了自我提升,也促进了美国社会经济的繁荣和发展。

到20世纪80年代,美国社区教育协会(NCEA)成立,社区教育有了全国性的组织机构,美国的社区教育经历了快速发展,各种联邦立法措施如《成人教育法案》《美国 2000 年教育目标法》《学校与就业机会法》《建筑社区——对一个新世纪的展望》等也逐渐为推进社区教育提供了法律保障。如今,社区学院已成为美国社区教育的核心阵地,它通过与社区内各方面的协作,为社区服务对象提供各种教育设施和机会,关注人的全面发展,提高教育质量,开设学术性课程,并建立健全的网络学习多元化体系。[①]

随着社区教育实践的不断普及,社区学院已经成为美国公立教育系统重要的组成部分。此外,社区教育还以各种形式融入其他公立和私立大学的教育体系,成为许多大学的重要社会服务之一。除此之外,社区教育还得到了许多社区机构和组织的广泛支持和参与,如社区教育中心、公共图书馆、博物馆、社区中心、音乐厅等公共设施,以及其他非营利性组织或民间组织。[②] 这些组织共同合作,实现了教育资源的共享与整合,提供了更加多样化的教育服务。可以看出,美国社区教育的参与者广泛多样,包括各种行业、单位、部门、家庭和个人,还包括社区居民、商业组织和政府部门等各方面的力量。他们不仅能够发挥教育的施教功能,还能够发挥受教功能,从而实现教育共建共享的目标。这些广泛参与的社会力量是美国社区教育能够顺利开展和实施的必要条件。社区教育的不断发展,不仅促进了社区的进步,也提高了整个公立教育体系的质量和水平,从而更好地服务社会,培养更多有用的人才。

(二) 美国社区教育的服务功能

美国社区教育的服务功能非常广泛,其以当地社区成员的生存和发展需求为宗旨,根据社区成员的发展需求和个人背景开展教育服务,因此,美国社区学院从最初的转学教育为主,逐渐发展为兼有职业教育、补偿教育、社区服务、转学教育等职能广泛的社区教育职能机构。

1. 职业教育

美国社区教育在职业教育领域扮演着重要角色,为学生和职场人士提供了广泛的课程和培训。社区学院是美国职业教育的重要组成部分之一,涵盖医生、护士、教师、律师、工程师、厨师、司机等各行各业的职业课程,为学生提供良好的职业发展和就业机会,这些课程在某种程度上能够为学生提供强大的专业

[①] 路晓丽. 美国社区教育的现状与趋势探析[J]. 中国成人教育,2016,No. 399(14):109—111.
[②] 张永,道格拉斯·珀金斯. 美国社区教育的缘起、演进与启示[J]. 全球教育展望,2016,45(11):58—66.

性。此外,社区教育也提供各种培训和继续教育课程,以帮助职场人士不断更新技能和提高工作效率,从而在职场中取得更好的职业机会和晋升前景。这些课程的定制化方案,既能满足企业和组织的职业需求,也能够充分考虑到特定行业和地区的职业发展特点和需求。社区教育与企业和社区合作,制定出一系列职业培训方案,以更好地为行业提供所需的人才,也为职场人士提供更多的学习和职业发展机会。

2. 补偿教育

美国社区学院在终身教育和高等教育体系中扮演着重要角色。社区学院提供的补偿教育为没达到中学文化程度的青年和成人提供补习的机会,使他们能够进入两年制学院学习专业知识和技能,被学者称为"平等主义在高等教育的体现"。[①] 补偿教育的主要内容是基础教育和综合教育项目,其中包括读、写、算等基本知识和能力的培养。补偿教育非常注重对每个学生的个别关注,以确保每个学生都能够在最佳的学习状态下完成学业。社区学院会根据学生的学习情况,为每个学生量身定制学习计划,并且提供各种不同程度的班级供学生自由选择。此外,社区学院还会为学生提供特别咨询和个别辅导,以确保他们可以在学习中获得最大的帮助和支持。补偿教育是一种致力于消除教育不平等的重要手段,尤其是针对那些处于不利境况下的成人学生。通过提供相应的教育资源和支持,这些学生可以克服他们所面临的各种挑战和障碍,从而获得同等的受教育机会。

3. 社区服务

社区学院的社区教育立足本社区,为社区居民提供服务,包括培训企业职工、提供专业或论证咨询、主办各种文体活动、开展科学普及活动,以及举办各类短训班、讲习会、研讨会等。社区教育的教学方法灵活多样,或采取班级上课,或通过媒介进行教学,教学活动也在校外进行。一门课程的教学时间可能只有几小时、一个周末、几天、几星期,教学内容根据居民的不同需要来确定。社区学院充分考虑到社区可能的教育需求,尤其是职业教育需求。具体而言,社区学院服务的典型群体有高中生及高中毕业生、社会待业和失业人员、在职人员、军人等。通过这些服务,社区学院希望为居民提供更多、更好的学习机

[①] Center for Community College Student Engagement. 2014. Contingent Commitments, Bringing Part-Time Faculty Into Focus (A Special Report From the Center for Community College Student Engagement). A

会,提高他们的综合素质,促进社区的发展和进步。

4. 转学教育

社区学院最初的主要功能是为了帮助学生顺利转学到四年制大学继续学习学士学位课程。这种转学教育开设了与四年制学院和大学的一、二年级相似的课程和系科专业,其费用相对职业教育和补偿教育等更为低廉。同时,这种教育的时间比较灵活,学生可以根据自己的情况选择一毕业就转学,或者工作几年后再转学,甚至还没有读完就转学。最初,转学教育提供的主要是人文学科,但现在已经扩大了范围,不再局限于文理系科的学生。现在,一些职业系科的毕业生也开始转入相应学校的相应年级,从而大大丰富了转学教育的内容。通过社区学院的转学教育,不仅使许多学生成功地转学到四年制大学继续深造,而且为社区提供了更高水平的人才和更广泛的知识技能,促进了当地经济和社会的发展。

二、主要启示:强调针对不同人群构建供给完善的体系

社区教育是美国教育体系中不可或缺的重要组成部分。它的出现源于社会对教育的需求,旨在为社区居民提供多样化的教育服务,包括基础教育、职业教育、文化教育等。同时,社区教育也为社区的发展和经济繁荣作出了贡献,提高了社区居民的素质和竞争力。美国社区教育的成功经验不仅在供给内容和形式上,更在于它如何构建适应不同人群需求的教育体系。美国社区教育的教育体系涵盖了多个层次和领域,如转学教育、职业教育、补偿教育和社区教育等。基于此,中国社区教育在借鉴和学习美国社区教育的经验的同时,也需要注重本土化的特色和需求,灵活地运用适合中国实际的教育模式,建立符合本地特点的教育供给体系,提供更适合中国社区居民的优质、个性化的教育服务。

从社区教育供给主体来看,美国社区教育的供给主体之所以能够实现多元化发展,离不开政府、学校、非营利组织和社会力量等多方合作的支持。除了社区学院是美国开展社区教育的主要机构,还包括社区教育中心、公共图书馆、博物馆、社区中心、音乐厅等公共设施,同时,社区组织和学校也在社区教育中发挥着不可或缺的作用。政府在社区教育中扮演着重要角色,不仅提供经费和政策支持,还通过制定规划和指导意见等方式,引导社区教育的发展方向。同时,学校也是社区教育供给主体的重要组成部分,除了提供课程和培训,还可以为社区教育中心提供场地和资源支持,促进社区教育与学校教育的有效衔接。除

了政府和学校,社区组织也是社区教育供给主体不可或缺的组成部分。社区组织可以根据社区居民的需求和特点,提供丰富多彩的社区教育服务,如文化活动、义工服务、家庭教育、健康教育等。同时,社区组织也可以通过资源整合和合作,提高社区教育的效率和质量,为社区居民提供更多元化、贴近需求的教育服务。在我国,社区教育的供给主体主要集中在政府和学校,缺乏社区组织的参与。为了促进社区教育的发展,应该加强政府和社区组织的合作,鼓励社区组织积极参与社区教育的开展,丰富社区教育的供给主体,以满足不同人群的需求。同时,也需要通过完善社区教育的法律法规和政策支持,为社区教育提供更加稳定和可持续的发展环境。

在供给内容上,在美国的社区教育中,构建针对不同人群的完善的教育体系,是实现社区教育发展的重要手段之一。这种体系注重个性化需求,致力于提供更多元化、个性化的教育内容和选择,并且灵活运用多种教育形式,以提高教育服务的质量。例如,转学教育为那些中途辍学或需要重新学习的学生提供了衔接学业的机会,职业教育为学生提供了直接获得就业技能的教育途径,补偿教育则是针对需要帮助的学生提供专项辅导服务,社区教育则在充分考虑学生兴趣爱好和需求的基础上,提供文化、艺术、体育等多元化的课程和活动。美国社区学院不仅为传统的高中毕业生提供通向四年制大学的途径,还为广大社区成人提供进修、转专业、升职等机会。除此之外,还为一些学业或社会生活上有困难的人提供专门的课程和服务,如残疾人士、退伍军人、贫困家庭的孩子等。美国社区教育的供给内容非常丰富多样,包括职业培训、文化艺术、健康管理等方面的课程。我国社区教育的供给内容相对较少,主要集中在文化、娱乐和职业技能方面的课程,面向的对象也是以社区老年人为主。在未来的发展中,应该加强对社区教育的研究,提高对不同人群需求的认识,创新教育内容,丰富社区教育的供给。

第七章

教育现代化视域下完善社区教育供给的对策

在中国式教育现代化战略的指引下,建设学习型大国、服务人民群众对教育的美好向往是我国进入新时代教育改革发展的重大课题。社区教育不只是面向社区开展的教育活动,更是建设学习型大国的基层载体。建立系统、完善的社区教育供给,不仅是对社区教育体系构建的补充,更是面向新时代教育发展的时代需求。目前,社区教育发展仍困囿于不平衡、不充分的首要矛盾之中,集中表现为社区教育供给模式、供给结构、供给质量无法与日益旺盛的学习需求结构相匹配,社区教育处于构建服务全民终身学习的教育体系和建设学习型大国的关键节点,亟需予以持续优化发展,不断推进社区教育的高质量发展。

✦ 第一节 ✦

供给模式:基于政府主导的多元主体协同供给

公共服务的供给模式经历了三个阶段:一是政府主导的供给阶段;二是第三方参与供给的阶段;三是多元主体共同供给的阶段。公共服务供给模式转变的过程,体现了供给理念从对产品的关注转向对公共利益的关注。社区教育供给模式也可以分为政府供给、私人供给和多主体供给。政府对教育供给的全权管理、大包大揽,会产生教育供给效率低下甚至无法满足差异性的教育需求,过于市场化的教育供给又会引发教育的公共性危机。当前,多元主体供给的供给模式已经成为重要的发展趋势,其最大的优势在于能够实现公共产品的有效供给,以缓解单一供给的局限性和人民群众差异化的教育需求。所谓多主体供给模式,主要是指两种以上的主体进行有效组合形成的教育供给模式,通过分工与合作形成优势互补,进而满足各种供给要件。以美国社区教育为例,政府、高校、地方社区以及图书馆、博物馆等公共服务机构均承担不同的教育服务供给角色,提供不同形式的社区教育项目,开展面向社区和老年人的教育服务活动。① 在多主体供给模式中,政府、市场、社会组织在教育服务供给中的角色与定位是其中的核心问题,它们之间可以采用特许经营、政府购买、合同、志愿服务、凭单制等方式共同参与社区教育供给服务中,能够充分发挥政府、社会组织、市场以及社会公共服务机构的共同力量。

一、重视政府在社区教育供给中的引导和协调作用

政府是国家公共部门,因其公益性和公共性特征在公共服务供给中履行主导职责,并承担规划引领、基本服务、有效监管的责任。在前文分析中,社区教育作为一种准公共产品,政府对社区教育进行组织与管理具有天然的优势,在有关社区教育政策文件中也大多将政府作为社区教育的供给主体。随着政府服务理念的转变,政府不仅仅是以直接的形式参与公共产品的供给,还可以以间接的形式参与公共产品的供给。

社区教育的政府直接供给是指政府是社区教育的投资者、生产者和提供者,一方面,我国社区教育是由政府倡导、政策部署得以兴起和发展;另一方面,社区教育的产品属性决定着社区教育的管理方式,使得政府在社区教育中发挥着主导性作用。目前,我国社区教育实行的是国家、省(自治区、直辖市)、区(县)、街道(乡镇)四级管理,国家层面管理社区教育的最高行政机构是教育部职业教育与成人教育司。在各省市级一般设有终身教育促进委员会(或学习型城市建设工作领导小组、社区教育领导小组、社区教育联席会议等)统筹社区教

---

① 高茜,许玲."互联网+"时代美国老年教育服务供给模式探析[J].中国职业技术教育,2020(33):34—40.

育工作。县（区）层面则成立社区教育工作领导小组，其一般设在教育行政管理部门，具体统筹与指导社区教育发展。基层社区教育的运行与发展主要是由各个基层的街道办事处和社区居委会。在当前的社区教育供给中，仍然是以政府单一供给为主，社会组织、居民等在社区教育供给中参与度较低，缺乏灵活、多元的社会参与机制，政府无法承担日益旺盛的社区、居民以及社会发展对社区教育的需求，造成社区教育供给总量不足，供需矛盾较大。

首先，政府需要确立明确的制度框架，以确保社区教育供给能够适应不断变化的教育需求。这包括制定灵活的政策和法规，以便及时应对教育需求的变化，并确保供给机构和服务能够有效地满足社区的多样化需求。其次，政府应主动促进各供给主体之间的合作与协调。这可以通过建立多边合作机制、设立交流平台和促进信息共享来实现。政府可以鼓励供给主体之间的合作项目，共同开发社区教育各类资源和各种服务项目，以提高社区教育供给的质量和多样性。此外，政府在社区教育供给中需体现公共利益，以确保公平和正义的价值目标得以实现。政府应制定公正的政策和监管措施，防止不公平竞争和市场失灵现象的发生。同时，政府还应确保社区教育的可及性，通过补贴政策或资助措施，帮助经济困难或弱势群体获得优质的社区教育资源。

二、发挥市场在社区教育供给中的重要推动力量

公共产品理论强调，公共产品的性质决定其供给方式并非只由政府提供，一些准公共产品通过市场机制往往能够取得更高的供给效率，特别是在"政府失灵"状态下市场发挥着重要的作用。党的十八届三中全会决定，把市场在资源配置中的基础性作用提升到决定性作用，这是一个重大的理论创新和实践创新，对社区教育供给具有深刻的影响。社区教育作为一种准公共产品，引入市场机制，能够在竞争与创新中扩大社区教育供给的规模和质量，满足更多元化的社区教育需求。作为社区教育公共服务一种有效的供给渠道源，各种供应者根据需求和市场机会进行创新和竞争，使得社区教育可以有更多元化的选择，以满足不同人群的需求。另外，市场机制可以提高教育资源的有效配置和利用，通过市场竞争，教育供应者被激励提高效率和降低成本。

一是积极引入市场竞争机制。建立开放的市场准入机制，制定明确的市场准入标准和程序，为有资质、符合条件的教育机构和培训机构提供参与社区教

育供给的机会。这样可以吸引更多专业机构和有竞争力的教育服务提供者进入社区教育领域,丰富供给,提高服务质量。推行政府购买服务,政府可以增加对社区教育服务的购买力度,通过招标、竞争性谈判等方式选择优质的教育机构提供教育服务。这样可以激发市场竞争,提高教育服务的效率和质量。同时,鼓励社会资本参与,政府可以设立教育基金,吸引社会资本投资社区教育项目。同时,鼓励企业通过捐赠、设立教育基金等方式支持社区教育,提供资金和资源支持。

二是加强对社会力量参与社区教育供给的准入和监管。首先,设立准入门槛,建立明确的社区教育服务机构准入标准,包括资质要求、教学质量要求、师资要求等,确保参与社区教育供给的机构具备一定的能力和素质。其次,加强监管机制,建立健全的监管体系,加强对社区教育服务机构的监督和评估,确保其按照规定提供教育服务,保障教育质量和学生权益。最后,建立公开透明的信息发布平台,及时发布社区教育服务机构的资质、教学成果、投诉处理等信息,提供给社区居民选择和监督的参考依据。

总之,市场的作用是实现有效学习资源供给的关键,但它需要与政府和社会组织的合作相结合,以确保多样化学习需求的满足。只有通过市场机制的自由运行和不断优化,才能够建立一个更加包容和适应性强的学习环境,让每个社区居民都能够实现其学习的潜力和发展。

三、拓展社会组织在社区教育供给中的空间

尽管当前社区教育供给主要以政府为主,但从社区教育发展的历史来看,社区教育在正式从政策层面予以推进之前,上海市率先建立了真如中学社区教育委员会,该委员会是以镇政府、学校、企事业单位等 72 个单位联合协同参与教育管理的社区性团体协调组织,其中,真如镇政府发动社会各方面筹措资金,保证教育经费的投入。随后在上海市的示范作用下,各地逐渐成立了类似组织发展社区教育。社会组织主要是指在政府与企业之外的各类机构,其中包括志愿团体、民间协会、公益组织、基金会等。根据莱克斯·M. 萨拉蒙的第三者政府理论,社会组织可以在公共产品供给中发挥由于政府提供公共产品和服务不足的补充作用,因此在公共服务的传输上必须依赖社会组织,并指出社会组织在公共产品供给中充当开拓与创新者、改革与倡导者、价值维护者以及服务提

供者等角色。① 社会组织是政府与公众沟通联络的重要载体,也逐渐成为不可或缺的社区教育供给主体。

一是加强社会组织培育。政府可以通过补贴和奖励的方式,鼓励社会组织提供优质的教育服务。例如,对那些在教育质量、师资水平、教学创新等方面表现出色的组织,给予一定的经济奖励,以激励其不断提高服务质量。此外,政府购买服务也是一种有效的方式。政府可以根据社区居民的需求,与社会组织签订服务合同,购买其提供的教育服务。通过这种方式,政府可以充分利用社会组织的资源和专业能力,为社区居民提供多样化的学习机会。

二是提升社会组织的服务能力。服务能力直接决定着社会组织的发展情况和其参与公共服务供给的质量和效率。② 长期以来,我国社会组织参与社区教育普遍存在专业化程度偏低、服务效能偏低、承接政府项目的能力不足等问题。③ 因此,为提升社会组织参与社区教育供给的服务效能,要为社会组织搭建合作与交流的平台。可以通过组织行业交流会议、专题研讨和培训班,促进社会组织之间的交流与学习。同时,可以建立在线社区或平台,提供资源共享、经验分享和合作机会,促进社会组织之间的合作与协作,形成良好的行业生态。

三是加强社会组织与政府、学校和企业等机构的合作与交流。通过建立合作平台和机制,促进资源共享、互利共赢。政府可以提供必要的政策支持和项目合作,鼓励社会组织参与公共服务供给,并给予适当的经费和项目支持。学校和企业可以提供专业知识、实践经验和资源支持,与社会组织合作开展教育项目和社区服务,共同推动社区教育的发展。

四、唤醒社区居民参与社区教育供给的意识

供需双方沟通渠道畅通机制的主要功能在于改变公众以一种被动接受者的身份来等待社区教育供给服务的格局,旨在唤醒公众对社区教育供给的表达意愿、主体意识和权利意识,以激发公众的参与热情和积极性。当前,社区居民

---

① L. M. Salamom. Rethinking Public Management: Third-Party Government and the Changing Forms of Government Action, Public Policy, 1981: 255—275.
② 李珺. 推动社会组织参与终身教育公共服务的政策举措——来自英美日的经验与启示[J]. 职教论坛,2018(08):87—92.
③ 丁红玲,杨尚林. 政府推进社会组织参与社区教育策略研究[J]. 职教论坛,2019,No.711(11):101—106.

对社区教育的认知以及对社区的归属感和认同不足,在参与社区教育供给的意识上还不够充分,社区教育供给现代化发展需要重视社区居民在供给动力机制的作用,畅通沟通渠道,赋权社区居民参与社区教育供给的协商和决策,并在此过程中增进与社区、政府、社会的互动和交往,形成社区教育发展共同体。具体而言,畅通的沟通渠道使公众不再被动地等待社区教育服务的提供,而能够积极表达对教育供给的需求和期望。公众被赋予参与决策和规划的主体地位,有机会参与到社区教育供给的设计、制定和评估过程中。供给主体通过收集和分析公众的意见和建议,能够更加准确地把握公众的需求,并根据公众的反馈进行相应调整和改进。这种沟通渠道的畅通,还能够建立起供需双方之间的互信关系,公众感受到自己的声音被重视和回应,从而增强对供给主体的信任感。同时,供给主体通过积极回应公众的需求和意见,展现了对公众权益的尊重和关注,进一步增强了公众的参与热情和积极性。这种积极的互动和沟通关系为社区教育供给的精准度和多样性提供了重要支持。公众能够表达自己的特定需求和意见,供给主体能够更好地理解和响应这些需求,从而优化教育供给的内容和形式。通过广泛的公众参与,社区教育供给将更贴近实际需求,更具多样性,能够更好地满足社区成员的教育需求。

党的二十大报告提出推进中国式现代化建设,其中,中国式社区教育现代化是政府引导居民广泛而深入地参与的现代化。[①] 在新公共服务理论看来,"满足公共需求的政策和项目可以通过集体努力和合作得到最有效并且最负责的实施"。[②] 因此,新公共服务理论将政策执行的焦点放在公民参与和社区建设上来,他们认为公民和政府官员都有责任参与问题的讨论并实施解决问题的方案。因此,社区居民不仅是社区教育供给的受益者,更是社区教育供给的参与者和建设者,在社区教育供给中,社区居民参与的素养和能力是实现社区教育供给高质量发展的内生动力。当前,我国社区教育中的居民参与无论在广度上还是深度上都远远不够,严重影响到社区教育的成效和发展,[③]需要从以下几个方面予以完善。

---

① 邵晓枫,罗志强.中国式社区教育现代化:概念生成、内涵特征与逻辑体系[J].现代远距离教育,2023,No.206(02):88—96.DOI:10.13927/j.cnki.yuan.20230525.001.
② 罗伯特·B·丹哈特,珍妮特·V·丹哈特,刘俊生,等.新公共服务:服务而非掌舵[J].中国行政管理,2002(10):7.
③ 邵晓枫,罗志强.我国社区教育中居民参与的几个主要问题[J].现代远程教育研究,2017,No.146(02):67—76.

一是营造包容和开放的参与环境,确保社区居民的参与是平等、自由和受尊重的。鼓励多样化的意见和观点,尊重居民的权益和多样性。同时,提供及时反馈和回应,让居民感受到他们的参与是有意义的和有价值的。二是建立健全的社区居民参与机制,确保他们能够有效地参与社区教育供给的决策和管理。例如,成立社区居民委员会、教育咨询小组或家长代表会等,为居民提供表达意见和建议的渠道,并定期组织座谈会、会议和讨论,让居民参与决策过程。三是加强公民教育,加强公民教育是培养居民参与社区教育供给能力的关键。通过注重公民素养和价值观的培养、践行公民行动的实践、提升主体意识,成为有思想、有行动的建设者,居民可以更加积极地参与社区教育的规划、决策和实施,共同推动社区教育的发展和进步。

◆ 第二节 ◆
供给结构:基于高效治理的社区教育精准供给

构建基于高效治理的社区教育精准供给模式,需要从理念、组织、机制、保障等方面进行系统变革,进而通过供给主体结构优化、供给内容结构优化、供给方式结构优化来推动精准供给。

一、供给主体结构优化:增强社区教育供给协同化的内生动力

2016年,《教育部等九部门关于进一步推进社区教育发展的意见》提出,"推动形成党委领导、政府统筹、教育部门主管、相关部门配合、社会积极支持、社区自主活动、市场有效介入、群众广泛参与的社区教育协同治理的体制和运行机制"。我国学者李新华认为,准公共产品具有有限排他性和竞争性、公益性、外部性等特征,需要采用复合型协同供给机制,即以准公共产品增值为核心的一种多元主体合作博弈的行为。[①] 因此,社区教育作为准公共产品的公共教育,其供给主体和供给方式可实行多元化供给模式,即政府不再是公共教育唯一的投

---

① 李新华.高职教育协同供给机制的审思与建构——基于准公共产品供给机制的分析[J].职教发展研究,2021(02):32—40.

资、供给主体,需要打破传统的社区教育供给运行机制的困境,推进市场、社会组织以及志愿者团体参与社区教育的投资与供给过程,增强社区教育供给现代化的服务效能。在社区教育供给运行机制的具体实施中,政府自身要摒弃全权负责、大包大揽的供给理念,减少对社区教育供给的过度干预,强化政府与市场及社会组织等供给主体之间的协调合作机制,加深不同社区教育供给主体之间的沟通与交流,并且能够对市场、社会以及社会群体之间的诉求做到精准识别与有效回应,突出整体的社区教育利益,搭建起社区教育供给平台系统。

(一)供给主体之间相互弥补和促进的竞争机制

在社区教育供给中,政府、市场、社会组织以及社区居民都属于重要的主体。然而,当前社区教育供给的活力不足,使得社区教育供给多为政府单一供给,市场和社会组织以及社区居民参与的动力和保障不足,不利于形成多主体共同供给的格局。社区教育作为准公共产品,政府在其供给过程中发挥着主导作用,其源于社区教育供给是关系全体人民成果共享的教育产品,因此具有公平性。政府在社区教育供给中能够以其公共权力的权威性让公众享有平等、公正、优质的社区教育资源,但在资源配置效率上远远不够。市场供应机制的优点是可以通过自己的竞争机制来实现社区教育资源的优化,它的劣势在于其追求利润的最大化而很难保证公众能够平等地享受公共服务,而能够有效率地提供具有公益性公共服务的社会组织就成了社区教育政府供给机制和市场供给机制的有益补充。[1]

因此,在社区教育供给中需要建立多元主体参与的竞争机制,通过提升供给参与意识、打通参与渠道、丰富参与形式等,不断推动政府之外的私人部门和社会组织积极参与社区教育的供给,满足社区居民多元化、差异化、立体化的社区教育需求,不断提高社区教育供给效率和质量,为各类人群提供优质的社区教育服务。"不仅应鼓励民间力量参与投资建设和运营,而且应当营造公平的竞争环境,利用竞争机制产生的压力,促使服务主体不断改进公共服务的质量"。[2] 在社区教育供给中,可以通过特许经营、政府购买服务、使用者付费、凭单制等手段提高社区教育供给的效率和质量,优化社区教育资源的配置。

---

[1] 郑晓燕.完善公共服务供给主体多元发展的保障机制[J].湖北民族学院学报(哲学社会科学版),2013,31(02):67—70.

[2] 淮建军,刘新梅.公共服务研究:文献综述[J].中国行政管理,2007,No.265(07):96—99.

（二）供给主体之间建立协调互动机制

合理的治理体系是社区教育供给机制良性运作的重要保障，合作主体间的信任与责任价值是防止社区教育供给过程中"碎片化"现象的关键要素。协调互动机制需要建立在各供给主体之间的信任与责任意识基础上。政府应当通过加强监管与考核，确保各供给主体履行教育责任，提高社区教育供给的透明度和责任感。同时，各供给主体应增强合作意识，建立相互信任的合作关系，共同促进社区教育的发展。社区教育供给不应局限于个别主体的利益，而应强调整体利益。政府在政策制定中应兼顾社区的整体需求和发展方向，协调各方力量，实现社区教育资源的合理配置和共享。为了实现供给主体间的协调互动，还需要建立一个完善的供给平台系统，包括信息共享平台、资源整合平台、协作合作平台等，以促进供给主体之间的交流和合作。

（三）供给主体之间形成决策表达机制

社区教育供给是社区教育发展和居民综合素养提升的关键要素，涉及政府、教育机构、居民等多个主体。建立高效的决策表达机制，有助于增进各主体之间的合作与协调，促进信息的流动，使得各方能够及时了解彼此的需求、资源和计划，从而更好地协调合作。当前，不同主体之间存在诸多问题，例如，信息不对称导致各主体对社区教育供给情况了解不足，利益关系的复杂性使得主体之间可能存在利益冲突并导致决策难以达成一致，决策流程的不透明和参与度的不足也限制了决策表达的效果。

一方面，要最大限度地降低层级关系，发展平行合作关系，促进主体之间的相互理解，以增加其与其他供给决策主体平等对话、协商的机会。各主体之间应该建立定期的沟通与合作机制，通过会议、座谈和工作坊等形式，加强交流和互动。政府部门可以定期与教育机构和社区组织进行座谈，了解他们的需求和问题，以便更好地制定政策和资源配置方案。教育机构也可以与政府和社区组织合作，共同解决教育资源短缺和教学质量改进等问题。

另一方面，要创新社区居民需求表达机制。党的十九届四中全会提出，"要创新公共服务提供方式，鼓励支持社会力量兴办公益事业，满足人民多层次多样化需求，使改革发展成果惠及全体人民""畅通和规范群众诉求表达、利益协调、权益保障通道"。需求表达机制是促进公共服务供需两侧信息对称、协调供需两侧信息融通的根本途径，国家陆续出台了相关政策，推进人民群众需求表达的有效实现。2016年12月财政部、民政部发布的《关于通过政府购买服务支持社会组织培育发展的指导意见》中提出,"积极探索建立公共服务需求征集机制"。由于社区教育的公益性特征,我国社区教育的供给模式不能完全由市场进行充分供给,在现有的社区教育供给体系中,作为受益者的社区居民更多处于被动接受的角色,这种自上而下的社区教育供给的行政依赖模式,使得社区居民所需要的教育和学习内容无法得到充分的了解,容易造成社区教育供给与需求的信息不对称,从而导致社区教育供需失衡。因此,只有建立社区教育供给主体与社区居民之间的信息传递和沟通的渠道,才能够使供给客体(社区居民)的需求得以顺畅表达,社区教育的供给主体才能够根据需要作出及时和有针对性的供给反馈与回应。

二、供给内容结构优化:提升社区教育供给现代化的能级水平

社区教育供给内容是社区教育供给中的核心要素,既包括有形的社区教育资源,也包括无形的社区教育资源。社区教育供给内容如何影响着社区教育供给是否有效性,其并非单一的课程类别与资源形式,而是在理念、结构、空间等方面形成互相联系的统一整体。教育现代化理念下,社区教育供给内容也更加强调系统性、整体性、公平性与优质性,不仅是面向每一个个体的教育需求,更是积极引领和创造学习者的教育需求,以不断满足新时代下建设学习型大国的要求。

(一)构建现代化的社区教育课程体系

1. 理念上:凸显人文性和现代性

从国际社区教育内容来看,美国、西欧、日本等国家和地区强调民主性和人文性,具体包括补习教育、职业教育、公民教育、社会福利活动、职业教育、时事政治、艺术教育等,并凸显国家的核心价值取向。我国社区教育供给内容应不断回应人民群众的需求、社区治理需求和国家发展需求,在具体内容的设计理念上凸显人文性和现代性,在关注个人的精神成长和技能提升的基础上,通过社区教育资源的提供和教育形式的变革,促进社区居民在人文关怀、创新思维、思维素养、心理特性等方面的现代人格发展,从而发挥社区教育服务社区和谐、社会发展、国家繁荣的重要作用。

2. 结构上:凸显系统性和层次性

社区教育供给内容不是一成不变的,而是动态发展的;不是零散构成的,而

是具有系统性和层次性的。社区教育供给内容的系统性表现在两个方面：一是社区教育供给内容的完备性，是面向社区内各类不同人群的教育内容，是面向个体、社区和社会发展的教育内容；二是社区教育供给内容是完整有序、相互联结的，在思想、知识、技能上呈现出螺旋式上升。社区教育供给内容的层次性体现在两个方面：一要在坚持先进性和广泛性的前提下，要进行不同层次课程内容的设计，包括个性化与普遍性、高水平和初水平、主旋律与多样化等的辩证关系；二要兼顾普遍性与差异性的需要，对不同年龄阶段、不同职业类别的人群进行分类供给。

3. 空间上：注重互补性与开放性

当前，社区教育在终身教育体系中是以非正式、非正规的教育形式存在的，服务全民终身学习的教育体系建设中强调教育资源的整合和不同教育类型的贯通，对于社区教育供给内容而言，并不是在自己的"圈子"中进行课程资源的开发与应用，而是要将社区教育内容扩大到学校、家庭、社会三个空间领域，社区教育内容要与这三个空间的学习内容同向同行、合力互补。

（二）提供个性化的社区教育供给内容

社区教育在面对广泛而复杂的人群时与传统学校教育存在显著区别。社区教育的学习需求因个体能力和兴趣的不同而产生差异，包括知识基础和需求类型等方面。然而，社区教育所能提供的内容是有限的。因此，利用信息技术为社区居民提供适合的学习内容成为构建个体化教育体系的重要内容。数字教育资源已经成为现代教育公共服务的重要组成要素，2021年7月，教育部等六部门发布的《关于推进教育新型基础设施建设构建高质量教育支撑体系的指导意见》提出，要建设定位清晰、互联互通、共建共享的资源体系，社区教育作为终身教育的重要板块，在提高在线学习资源供给和服务质量上发挥着不可替代的作用。当前，社区学习资源仍然存在诸多问题，如学习资源的在线支持服务不足、资源共享机制不够完善、缺乏资源认证机制，[1]以及学习资源的情景化和体验性不够等，这些都影响着社区教育学习资源的智能化发展。有学者指出，人工智能下的学习资源具有丰富性、继起性、关联性和严密性，[2]为此，在数字赋能下，社区教育学习资源需要实现以下三个方面：

---

[1] 李可,董利亚.智慧学习环境下社区学习资源整合模式探析[J].成人教育,2019,39(12):36—41.
[2] 小威廉·E 多尔.后现代课程观[M].王红宇宙,译.北京:教育科学出版社,2015.

(1) 开放性。一方面,依托互联网、大数据等技术,将不同地区、学校、平台的社区教育资源进行汇集,并进行优质资源的甄别与筛选,形成资源整合库,扩大社区教育在线学习资源的适用范围。另一方面,社区学校作为社区教育的基层办学机构,在各类资源的整合中要发挥积极性和主动性,除了政府主导建设的社区教育基础性学习资源,更要充分利用互联网的优势,构建以社区学校为主导的校本化学习资源,加强与同类型学校、企业、科研机构以及社会组织的合作,破除学习资源整合的障碍和壁垒,这些资源除了可以支撑虚实空间融合、线上线下教学整合的学习支持,还可以服务于教学管理、教师成长和终身教育数字治理。

(2) 层次性。当前,我国数字化学习平台中存在的海量学习资源逻辑体系不清、连接关系松散[①]、资源重复建设等问题突出,在云计算、人工智能、物联网等技术支撑下,将学习资源进行类别、区域、层次、形式等分类和汇总,根据社区居民的学习需求,建设养生、文化、技能、健康、艺术等类型的数字化学习资源;根据社区居民学习程度的差异,建设阶梯式的学习资源;根据社区居民学习方式偏好的差异,建设微课、短视频、网络直播课等不同形式的学习资源。同时,面对浩瀚冗杂的学习资源,为帮助学习者有效地选择高质量的学习资源,要形成学习资源之间的智慧联结,构建内容丰富、层次分明的资源库,让学习者通过快速检索提取学习资源,通过对学习者全过程采集与分析,深度了解学习者的学习能力和学习过程中的动态数据,及时为学习者调整和更新学习内容,建立起面向每一位学习者的个人学习资源地图,为学习者构建完整的知识体系。

(3) 生成性。互联网时代的学习资源观呈现出新的特点,学习资源不再是静态的客观知识和生硬的素材堆积,如电子书、视频、教材等,而是包含动态的生成性内容和学习者的学习过程数据,如学习笔记、论坛讨论、练习结果等,学习者与学习资源之间更多体现的是传输与接收的单向关系。社区教育能够面向最广泛的社区居民,更能深入地了解基层群众的学习需求和学习心声,并通过智能化的手段进行采集和分析,为学习者个性化资源推荐提供依据。同时,社区居民也不再只是学习资源的享用者,还是学习资源的创造者、生成者。社区(老年)学校作为基层办学单位,更要关注社区居民对学习资源的参与,特别是贴近居民日常生活、解决居民实际问题以及服务社区治理的生成性资源,结

---

① 陈明选,李兰.我国数字教育平台资源配置与服务:问题与对策[J].中国远程教育,2021(01):17—26+77.

合区域特色打造"一校一优课",根据学习者的学习过程数据进行资源的升级和开发,满足、引领和创造学习者的学习需求,实现以智能化、个性化为核心的学习资源建设和服务模式。

三、供给形式结构优化:推进社区教育供给现代化的数字治理

党的十八大以来,党中央高度重视发展数字经济、数字社会,将其上升为国家战略。习近平总书记高度重视信息化建设和数字经济、数字中国建设,多次强调数字化、网络化、智能化在中国特色社会主义现代化建设中的重要意义,从国家层面部署推动数字经济发展。"推进教育数字化,建设全民终身学习的学习型社会、学习型大国"。这是教育数字化第一次被写入党的代表大会报告,是以习近平同志为核心的党中央作出的重大战略部署,赋予了教育在全面建设社会主义现代化国家中新的使命任务,明确了教育数字化未来发展的行动纲领。习近平总书记在中共中央政治局第五次集体学习时强调,"教育数字化是我国开辟教育发展新赛道和塑造教育发展新优势的重要突破口",并要求"进一步推进数字教育,为个性化学习、终身学习、扩大优质教育资源覆盖面和教育现代化提供有效支撑"。通过大数据、云技术、物联网等现代信息技术引领社区教育供给规模和质量,是社区教育现代化发展的重要方向。

以上海市长宁区为例,"学在数字长宁"成为区域终身教育智能学习平台,数字化已经成为长宁区市民参与终身教育的主要方式,自2009年起牵头上海市终身教育数字化学习协作组(原上海市推进数字化学习社区建设协作组),持续推进信息化建设,目前,若干个社区教育信息化项目已经在上海市16个区实现全覆盖,远程辐射到中西部地区,社区教育供给的范围和质量都在技术引领下不断提升。

(一)基于大数据的社区教育供给需求精准识别与提供

当前,我国的社区教育供给仍然以政府供给为主导,并按照社区学院-社区学校-居(村)居委学习点的运行逻辑提供社区教育供给职能,在整体上形成了由政府统一规划供给体制、自上而下逐级配置的社区教育服务,因此,缺乏对基层社区居民精准的学习需求的感知与回应。在智能化、智慧化的信息化时代,大数据驱动的社区教育供给需要改变传统由政府主导的社区教育供给逻辑,加快社区教育供给主导思维向需求挖掘思维的转换,深入挖掘人民群众的学习需

求,通过对社区教育供给的运作管理,达到实时、动态的需求和供给的精确匹配,这既是社区教育高质量发展的关键,也是实现让社区教育现代化建设成果更多、更公平地惠及全体社区居民以及服务学习型大国建设的重要路径。

在正规学校系统中,学习行为的数据相对集中和封闭,而服务于广大市民的社区教育由于其多样性和开放性的特点,使得数据的采集与分析更加复杂。为了解决这个问题,可以依托原有的数据库,并利用各种算法对数据进行全方位的采集和分析,以实现对市民学习过程的系统化、全流程和全方位的支持,为每个学习者建立精准的学习行为画像,实现实体空间与虚拟空间的有机统一,将学习过程、学习支持服务和数字治理相互耦合联动。借助现代信息技术对学习者行为特征进行刻画和分析,并通过建立画像模型,从海量的信息数据中精准匹配学习者个性化的知识需求,不断提升终身学习推送服务的智能化、情境化和精准化水平。通过智能化学习支持,每一位学习者都能够获得学习过程可记录、学习环境可感知和学习资源可连接的支持。通过全方位采集学习者的学习数据,可以了解学习者的学习兴趣、学习偏好、学习习惯等方面的信息。通过对学习者学习过程中产生的海量信息进行学习行为的研究,可以对学习者进行个性化的学习建议和学习资源推荐。同时,通过对学习者的画像分析,可以提供精准的学习支持和指导,为学习者提供个性化的学习路径规划和学习计划制定。

(二)基于智能高效的社区教育供给平台搭建

智能高效的社区教育供给平台是现代社区教育数字化建设的核心,它将加大对数字化教育技术和设备的投入,致力于提供先进的教育信息化平台和丰富的教育资源。平台的建设旨在汇聚多来源、多类型、多层次的优质学习资源,为学习者提供更多元化的学习选择。

首先,在数字化教育技术方面,智能化学习资源管理系统将是平台的关键组成部分,它将实现对学习资源的全流程管理,从资源采集、整合到发布和使用,确保学习资源的高效利用和优质体验。互联网时代,数据已经成为教育教学变革和校园智慧治理的驱动力,智慧环境的建设需要利用以泛在网和"云""端"为核心的技术形态,对市民学习数据进行动态监测和分析,让实体空间与虚拟空间在泛在的网络中有机衔接,实现学习者与学习环境、智能终端各种学习信息和学习数据的获取、采集、存储、分析与应用,让学习者身处一个全面感知的学习空间,服务社区教育教学。在感知设备的基础上,利用采集的肢体语言、表情、视频、图片、文字等数据进行通讯传输,将学校中的人与人、人与物、物与物之间进行互联互通,在云平台中对这些数据进行采集、存储、整理、分析和应用,一方面,形成的这些有价值的数据和信息可以刻画学习者的个人画像,帮助学习者个性化学习;另一方面,通过对学习者学习特征的分析、师生行为的监测、教学终端数据采集等,提升社区教育的数据治理能力,为终身教育决策提供支持。

其次,平台将注重多种类型智慧学习资源的系统性设计和整合。这包括传统的教材和课件资源、与互联网和社区相结合的线上学习资源以及由用户生成的共享学习内容等。更重要的是,智能高效的社区教育供给平台强调学习资源的体验性、可感性和开放性。为了提高学习者的学习动力和积极性,平台将关注资源的设计与表现形式,使学习过程更富有趣味性和互动性。同时,平台也将鼓励开放式资源的共享,允许教师、学生和其他社区成员共同参与资源的生成和分享,促进知识的共享和合作学习。此外,社区教育供给平台将不断扩大覆盖面,使优质学习资源能够辐射到全市及全国范围。通过与其他地区和机构的合作,平台将积极推动学习资源的互通互联,提高资源的普及率和共享度。

(三)基于人民群众感知的社区教育服务场景建设

党的二十大报告指出,要坚持以人民为中心的发展思想,采取更多惠民生、暖民心的举措,着力解决好人民群众急难愁盼的问题。在社区教育供给中,人民群众的满意度始终都是衡量社区教育质量的关键标准,除了从结果层面注重对人民群众满意度的测量,在社区教育服务场景的建设中也需要基于人民群众的真实体验进行建设与升级。随着信息化时代的到来,我国在 20 世纪 90 年代后期开始进行大规模教育信息化基础设施建设,进入 21 世纪,社区教育信息化开始受到重视,全国范围内陆续开展数字化学习平台、资源、方式的探索与实践,基本上搭建了社区教育信息化的基础网络。智慧学习环境是数字学习环境的高端形态,对学习环境的智慧升级是社区教育智慧发展的重要一步,社区教育中要由原来的多媒体教室升级为智慧教室,校园环境也需要进行智慧化的改造,建立智能化、网络化、泛在化的智慧学习网络。社区教育服务场景建设将智能技术贯穿于学习者学习的全过程,实现教与学、人与物的无缝协同融合,为学习者提供优质学习服务的智慧环境。

一方面,要从人民群众体验感的角度制定社区教育应用场景标准,除了场景应用的技术标准、数据规范以外,更重要的是要建立人民群众对公共服务场景应用的期望标准。例如,在社区教育中老年人群居多,具体的智慧学习场景建设中要基于老年人的生理特征和学习特征进行设计,保障社区教育学习资源真正能够满足社区居民的需求。在具体实践中,上海市长宁区基于老年人存在的数字鸿沟问题,积极推进老年教育智慧学习场景建设,包括"智慧金融""智慧生活""智慧客厅""智慧厨房""智慧康养"等模块,"智慧生活"学习场景采用传统授课、网络授课以及沉浸式体验相结合的模式,通过对数字化生活应用场景的模拟体验,让市民边用边学、边学边用,在学习的过程中不知不觉间融入真正的数字化生活,享受数字化给生活带来的便利。通过设置出行、消费等体验区域,每个区域配备智能交互显示系统,包括触摸式一体机、平板电脑等设备,以模拟各个区域所对应的生活场景,为学员提供沉浸式体验,引导学员依次进入模拟真实场景的区域进行学习。

另一方面,依托物联网,打造线上线下融合的社区教育智慧学习生态。搭建虚实共生、线上线下融合的市民智慧学习"双空间",推进学习环境可感知、学习方式可选择、学习资源可连接、学习空间可融通的教育教学流程再造。推进市民学习突破传统物理空间的局限,打造一批群众最关心、最需要、最受用的智慧学习应用场景,市民可在任意时刻、任意地点进入虚实融合的场域进行可视化学习,形成全覆盖、多场景的终身教育智慧生态体系,重点关注为特殊人群、弱势群体以及老年人群提供数字化友好环境,通过融合普惠的数字素养教育,帮助"数字原住民"提升网络素养、"数字移民"融入数字化生存环境、"数字贫民"跨越数字鸿沟,提升市民的获得感、满足感、参与度和融入度。

✦ 第三节 ✦

供给质量:基于体制重塑的社区教育供给保障

社区教育作为一种准公共产品,在提供公共产品时面临着供给的高成本、低效率和低产出等困境。如何保障社区教育的供给质量,是摆在政府和社会面前的一个重要问题。质量是供给的生命,要提高供给质量,必须建立在高质量的供给基础之上。要保证供给质量,需要通过体制重塑来保障社区教育供给质量,具体包括以量促质、以法规质、以督保质。

一、以法规质：加快社区教育立法保障与顶层设计

社区教育法治化是社区教育可持续发展的重要保障，是实现社区教育现代化的重要举措。通过建立健全的法律法规和政策体系，可以为社区教育提供明确的法律依据和规范框架。当前，我国社区教育供给方面的法律依据主要以行政法规、规章制度为主，由于立法的缺失，社区教育供给还未在相应的立法文件中得以确立，其供给模式改革缺乏有力的法律保障。纵观世界范围内社区教育供给的发展史，以日本、美国为代表的发达国家非常重视社区教育的立法保障和顶层设计，对社区教育实施的权责进行清晰界定，有力地保障了社区教育的发展。在推进社会主义现代化国家的建设中，要想顺利推进社区教育供给改革，就要加强社区教育立法与国家的整体法律改革发展的密切联系，在法律层面上规范社区教育供给的运行与发展。

（一）以法治化和系统化为基础的社区教育供给政策完善

政策功能内生于政策结构体系，充足的政策供给是保障政策整体功能的基础。[①] 法律法规是国家和政府为实现一定目标和任务而制定的行动准则与社会规范。当前，我国社区教育领域存在法律空白，与社区蓬勃发展的进展形成明显的矛盾。为了确保社区教育得到科学有效的持续发展，实现构建服务每一位学习者终身学习的教育体系和学习型大国的远大愿景，国家和政府有必要强化法治建设。这意味着要以法律的方式明确社区教育的法定地位，界定政府、各机构、各组织和个人在社区教育整体事业发展中的权责和义务，明确社区教育资金的增长机制，明确社区教育从业者的相关待遇和要求。同时，进行有效的顶层设计，包括战略规划、政策指导、制度创新等方面，以推动社区教育供给机制的持续发展。这需要政府在立法、政策制定和规划方面加强引导和支持，以及各相关方积极参与和配合。

其次，要加强社区教育法律与国家整体法律改革的联系。社区教育的立法保障应该与国家的整体法律框架相衔接，协调相关法律法规的制定和实施。这需要政府部门加强协同合作，建立起社区教育与其他教育领域、劳动就业、社会保障等方面的法律衔接机制，确保社区教育供给机制的顺畅运行。此外，还应

---

① 陈学飞.教育政策研究基础[M].北京：人民教育出版社，2011：69—77.

加强对社区教育立法的权威性和执行力度。健全的法律法规需要有相应的监督和执行机制,以确保法律规定的有效实施。政府应加强对社区教育的监管和评估,推动相关部门和机构履行法定职责,确保社区教育供给机制的合规运行。

(二) 以坚持人民立场为根本的基本社区教育供给政策话语

以人民为中心的教育价值取向是新时代中国特色社会主义教育理论体系的重要内容。[①] 党的十八大以来,习近平总书记多次强调坚持以人民为中心发展教育的思想,社区教育政策改革的顶层设计必须把握以人民为中心的核心方向,在复杂的局面中始终坚定人民立场、尊重人民主体、符合人民利益、坚持人民导向。一是在社区教育供给政策的设计、制定与执行中,要充分了解人民群众对多样化教育的需求以及对社区教育供给的满意度状况,以此作为重要依据;二是在社区教育供给政策的制定、执行和评估中,凸显社区教育的全民性特征,发挥社会及公众的参与,提升人民群众参与的广度和深度,使社区教育真正办成人民满意的教育,最终形成面向每个人、适合每个人、更加开放灵活的学习方式,协同推进教育强国和人才强国建设。

(三) 以高质量发展为目标的社区教育供给政策价值取向

习近平总书记在中共中央政治局第五次集体学习时强调,坚持把高质量发展作为各级各类教育的生命线。教育高质量发展是教育现代化的根本评判标准,社区教育供给的演变历程既体现了我国社区教育供给"量"的不断扩张,也体现了社区教育供给"质"的不断提升,自2016年《教育部等九部门关于进一步推进社区教育发展的意见》颁布以来,社区教育以内涵式供给服务广大人民群众,但这种"质"的提升仍然存在不均衡的现象,主要表现在社区教育供给内涵(如师资力量、课程设置、研究监测等方面)的不均衡和社区教育供给外延(如社区教育供给城乡、区域、人群等方面)的不均衡,这些都影响着社区教育供给品质的系统性和全方位提升。社区教育供给政策要在教育现代化理念的引领下,始终以高质量发展为目标,补齐短板,完善全年龄段的社区教育供给体系,适应现代信息技术、知识经济的调整,培养个体的综合素养,在更深层次上服务经济社会发展和社会变革。

---

① 王牧华,李若一.论以人民为中心的教育价值取向与政策路径[J].西南大学学报(社会科学版),2022,48(03):133—145.

(四) 以多元化治理为核心的社区教育供给政策执行环境

教育现代化的逻辑进路强调教育管理向教育治理转变、一元管理向多元共治转变、单向单维向创新多维转变。[①] 从社区教育供给政策的演变上，一些地方已经出台了相应的法律和条例，但从国家层面来看，社区教育政策的系统性、结构性和配套性供给明显不足，地方上也没有出台配套的实施意见或实施方案，导致社区教育供给在实际运行中难以落实落细。社区教育供给既需要多个政府部门相互协同与彼此合作，也需要社会组织、个人等社会力量的积极参与，更需要政策予以保障。随着治理理念在各个领域的广泛应用，社区教育供给也应以整体性治理为导向，秉承整合与协同的发展理念，协调好政府与其他社区教育供给主体、教育部门与其他行政部门以及社会的内在关系，增强市场与社会在社区教育供给中的使命感和责任感，形成在协同供给中培育、在培育中强化协同的整体治理格局，有效地回应公众对高质量社区教育的需求。

二、以量促质：形成以政府为主导、来源广泛的社区教育经费保障

社区教育的经费投入是支撑社区教育供给有效运作和发展的基础，合理的社区教育经费配置结构是社区教育供给效率的重要内涵。2000年，教育部正式启动社区教育实验建设，强调要"建立以政府投入为主，多渠道投入的社区教育经费保障机制"。然而，针对五地的实证调查显示，当前社区教育经费投入主要以政府投入为主，来源较为单一，同时，社区教育经费投入在地域上也存在不均衡的现象，并且经费投入额度还不足以支撑社区教育向更高质量发展。相比于社区教育的起步阶段，政府对社区教育的投入增长迅速，但目前，社区教育经费在国家教育总经费中的比例还不足5%，与义务教育、高等教育、职业教育等其他教育阶段相比相差甚远；在社区教育经费投入有限的情况下，也呈现出对社区教育经费配置结构的忽视，影响了社区教育的均衡和高质量发展。

首先，政府应当增加财政拨款，以提高社区教育经费在财政投入中的占比。

[①] 常青. 以中国式现代化治理推进高等教育高质量发展[J]. 国家教育行政学院学报, 2022, No. 299(11): 12—17.

在财政预算中分配更多的资金给社区教育,以满足人员培训、课程开发、设备更新等方面的需求,确保社区教育机构有足够的资源来提供高质量的教育服务。同时,政府应建立明确的经费分配政策,确保社区教育经费的公平分配。这包括制定公正的分配标准和程序,考虑到社区的教育需求、人口规模、社会经济状况等因素进行合理分配。经费分配应注重资源的合理配置,使得每个社区都能够享受到相对公平的教育资源。另外,政府在财政投入中应给予弱势社区教育足够的关注和支持,这些社区往往面临更多的教育挑战,如教育资源匮乏、师资力量不足等。政府可以通过增加经费拨款、提供额外的支持措施等方式,帮助这些社区提升教育质量,缩小与其他社区的教育差距。

其次,政府应建立健全的经费保障制度,对社区教育经费的筹措、划拨、分配、使用、监管等方面进行规范。这包括建立明确的经费筹措机制,如设立专门的社区教育经费管理机构或委员会,负责统筹规划和监督社区教育经费的使用。该机构或委员会可以由专业人士、教育专家和社区代表组成,负责制定经费管理政策、制度和标准,确保经费的透明度、合规性和有效性。

此外,政府还应积极鼓励社区居民、企业和非营利组织参与社区教育的捐赠和赞助。可以通过建立公益基金、设立奖学金和赞助项目等形式,引导社会各界提供资金支持,形成多元化的经费来源。政府可以提供相应的激励政策,如税收优惠或奖励机制,以鼓励更多捐赠和赞助行为。

最后,政府应加强对社区教育经费投入的监管和评估机制,确保经费的透明使用和合理分配。政府应建立有效的财务管理制度,确保社区教育经费的流向和使用情况的透明度,包括建立详细的财务报告和核算标准,要求社区教育机构进行财务记录和报告,并进行定期的财务审计。政府可以指定专门的财务机构或委员会负责监督和审查社区教育机构的财务管理,确保经费的合规使用;政府应定期进行评估,评估社区教育经费的使用效益和投入产出情况,包括对社区教育机构的教育质量、师资水平、学生学习成果等方面进行评估,并与经费投入进行对比分析,评估结果可以用于调整经费分配和优化资源配置,确保经费的有效利用和最大化效益。同时,政府还应加强对社区教育机构的质量监控。政府可以设立专门的教育监管机构或委员会,负责监督社区教育机构的运作,对教学质量、课程设置、教学资源配置等方面进行监测和评估,监控结果可以作为经费分配的参考依据,确保教育资源的公平分配和提升教育质量。

三、以督保质：建立基于公众导向的社区教育供给评价机制

教育现代化的建设与发展是一个多方面、多层次的过程，涉及政策制定、教育资源配置、教学方法改革等诸多方面。在此过程中，教育评价扮演重要的角色。它通过系统性地观察、测量和分析，旨在评估教育目标的实现程度、教学质量的提升情况以及教育改革的效果。社区教育评价是针对特定社区的教育工作进行评估的过程，其关注社区教育的现实情况和潜在的发展潜力，并通过收集和分析相关数据来评估社区教育的质量和效果。在社区教育供给评价中，重点考虑社区教育供给服务的水平，即社区提供的教育资源和服务的质量和数量。同时，也关注消费者对社区教育供给服务的满意度，即他们对教育服务的评价和需求的满足程度。此外，评价还会考虑供给行为的有效性，即社区教育组织在资源配置、课程设置和教学管理等方面是否能够达到预期目标。最后，评价还会探讨社区教育供给所带来的社会效益，如是否促进社会公平、提高社区发展水平等。这些必然涉及社区教育供给评价主体、评价方式、评价内容以及评价结果应用等方面。

当前，关于社区教育评价主要以教育部办公厅印发《社区教育示范区评估标准（试行）》（教育部教职成厅〔2010〕7号）为参考指南，很多社区教育评价工作呈现出"行政化"的特点，缺乏对具体社区教育活动效果的评估，以及在评估的具体实施上缺乏科学、有效的程序。科学的绩效评估是强化社区教育供给机制可持续发展的重要方式，也是提高社区教育供给决策机制的主要前提，在推进国家治理体系和治理能力现代化的时代背景下，亟需构建适合社区教育发展特征和符合教育现代化发展的社区教育供给评价机制。

（一）完善社区教育供给执行评估机制

习近平总书记强调："要围绕建设高质量教育体系，以教育评价改革为牵引，统筹推进育人方式、办学模式、管理体制、保障机制改革。"[①]社区教育供给评价的有效运行，离不开配套的社区教育供给的执行评估机制，一方面，要形成体系化的社区教育供给监测管理体系，针对上海、北京、浙江、成都、福建的实证调

---

① 翟博.深刻理解习近平总书记关于教育的重要论述核心思想和精髓要义[J].中国高等教育，2021，No.662(01):20—28.

查显示,半数以上的地区没有建立专门的社区教育督导部门,即便少数地区建立了社区教育督导部门,也大多是由教育督导室、督导委员会、教育局、社区学院直接管理,或者由其下设的部门监管,缺乏独立性和专业性,使得单靠教育行政部门的职能处室或者是社区教育机构去协调,举步维艰。因此,要构建以各级党委教育工作领导小组统筹领导、教育督导部门统一负责、多元主体参与的社区教育评估机构,各级政府要加强对社区教育与区域经济发展水平、人民素养综合提升以及城市文化软实力增强之间关系的认识,加强对社区教育供给评价执行体系建设的重视,并非仅把其当作"形式化"的手段。

另一方面,要建立配套的反馈和改进机制。社区教育本身面向的领域、人群就较为多元和广泛,需要协调民政、卫生、文化等多个部门的力量,共同推进社区教育供给的完善和发展,建立顺畅的评估—反馈的社区教育供给评价渠道,保证社区教育评价"闭环"的完成。作为政府督导以及专门的评估机构,要及时收集、整合社区教育供给评价的相关信息,分析社区教育供给的实施情况与实施效果,通过专业化、科学化的多维论证,形成社区教育供给评估报告,反馈给相关决策部门与社区教育机构,根据评估结果不断进行社区教育供给的优化和改进。

(二)构建多元化的社区教育供给评价协同主体

党的十九大提出了"打造共建共治共享的社会治理格局"的部署,对于社区教育供给而言,社区教育需要向市场和社会开放,而非在"教育"里面办教育,社会各界都需要参与到社区教育的发展中来,这意味着需要破除传统供给中政府单一供给模式,向多元主体互动的供给模式转变。延伸到社区教育供给评价上,要形成系统、开放、多元的评价理念,推进社会多元主体参与社区教育供给评价,基于不同利益相关者的价值追求,形成对社区教育供给的认知与反馈。

评价主体的多元性指的是参与社区教育供给评估的主体来自社会的各个层面和不同领域,涉及范围广泛。这包括教育行政部门、社区教育机构、教师、家长、学生、社区居民、社会组织以及相关的研究机构等。评价主体的多元性确保了评估过程的多角度、全面性和客观性。教育行政部门作为评估的重要主体,负责制定教育政策和规划,对社区教育供给进行监督和指导,具备政策制定和实施的权力和专业知识,能够从宏观的角度把握社区教育的整体发展情况。社区教育机构作为教育供给的直接提供者,对评估结果有着直接影响和反馈,通过提供教育资源、教学环境、教学质量等方面的信息,从实践的角度反映教育供给的实际情况。教师、社区居民作为教育服务的直接受益者,是评估过程中不可或缺的一部分通过提供对教育质量、教学效果、教育服务等方面的体验和意见,为评估结果的客观性和准确性提供重要依据。社区居民作为社会的基本单位,对教育供给有着直接需求和期望。他们的参与能够反映社区居民对教育服务的满意度、需求和意见,帮助评估人员更好地了解社区教育供给的实际效果和社会影响。

此外,社会组织和研究机构的参与也非常重要。社会组织能够代表特定群体的利益,提供专业的咨询和建议,促进教育供给的改善。研究机构能够提供科学的研究方法和专业的评估工具,为评估过程提供学术支持和技术指导。

综上所述,评价主体的多元性确保了社区教育供给评估的全面性和多角度性,使评估结果更具客观性和可靠性。各个主体的参与促进了共同理解和合作,为教育现代化建设提供了重要的参考依据。

(三) 推进社会参与的社区教育供给评价方式

在优化社区教育的社会评价过程中,要坚持科学、可行、高效的原则,不断地对社区教育供给评估的方式和途径进行创新和扩展,让其更加简单易行。首先,在对社区教育进行社会评估时,可以采取多种方式,充分体现社区教育评价主体的多元化特征。评价方法可以包括调查问卷、访谈、座谈会、观察记录等多种方式,以不同的主体角色参与评价过程。这样可以充分发挥社区教育评价主体的综合能力,强化评价指标的实用性,确保受教育者、评价人员等处于平等地位,并使社会群众既能享有参与评价的权利,又能享有评价结果的决定权利,从而真实地反映社会各界的意见。其次,可以采用全面评价法来拓展社区教育的社会评价范围,将校内评价和校外评价相结合,这样可以更全面地了解社区教育的质量和效果,促进教育改革和提高教育质量。最后,在社区教育的社会评价过程中,还应注重信息公开和参与合作。及时公开评价过程和结果,使广大群众能够了解评价情况并参与其中。建立起社区教育评价的参与平台和机制,鼓励各方参与者提出意见和建议,使评价过程更加民主和透明。

另外,大力发展基于智能技术的社区教育评价技术与方法。当前,在推进教育数字化发展的战略下,信息技术与社区教育的深度融合不仅体现在数字化社区教育资源的更新与普及上,还体现在运用大数据、人工智能、云计划、区块链等现代信息技术上,推进社区教育供给评价方式的革新,收集和整合社区教育供给相关的数据,包括学习者学习行为特征、课程资源等,通过数据分析和挖掘,能够深入了解社区教育供给的情况,并提供全面的评价指标和评估结果;通过机器学习和自然语言处理等技术,可以自动化地分析教育数据,识别关键特征和模式,并生成评价报告和建议,提高评价的效率和准确性,为决策者和教育管理者提供科学的参考和指导。

(四) 形成全流程的社区教育供给评价内容

教育现代化理念强调社区教育供给服务的重塑,这种重塑意味着突破原有的社区教育供给边界,从全流程的角度评价社区教育供给的质量,包括社区教育供给投入质量、社区教育供给过程质量、社区教育供给结果质量。

1. 社区教育供给投入质量

社区教育作为准公共产品,政府在其中扮演着至关重要的宏观指导角色。除了直接提供社区教育供给产品外,政府在社区教育供给政策的设计、执行和供给过程的指导与协调方面发挥着重要作用,社区教育供给投入质量是评估政府在社区教育领域的质量和效果的关键要素。社区教育供给投入的质量包含社区教育供给的设计与执行、资源的保障等,发挥政策引领和行政协调作用保证社区教育供给执行中的公平性、公正性、均衡性和开放性具有重要意义,如在社区教育经费投入、城乡社区教育资源供给分布等。同时,社区教育供给投入质量还包括社区教育供给服务是否得到充足的资源供应保障,如社区教育供给所需要的财力投入、人力投入、时间投入等。

2. 社区教育供给过程质量

蔡特哈姆尔等人在研究中指出,公共服务的过程质量与服务成果的交付方式和流程有关,强调的是公共服务的受益者能够体验或者感受到的质量,包括公共服务提供的有形性、可靠性、承诺性和共情性。[①] 有形性指的是社区教育提供的实际可触及性,包括设施、设备、人员和书面材料的外在可用性。这意味着社区教育机构必须提供适当的场所、设备和资源,以确保社区居民能够方便地获取所需的教育服务。例如,基层社区教育机构或者居委学习点应该有适当的教室、图书馆、文化活动室等社区教育学习场所,以支持各种类型的社区居民的学习需求。以上海长宁区为例,配合长宁区"15分钟社区美好生活圈"行动,依

---

① Zeithaml, V. A., Bitner, M. J., Gremler, D. D., & Pandit, A. (2000). Services marketing: Integrating customer focus across the firm.

托党群服务中心、新时代文明实践中心、邻里中心等载体,新建20家嵌入式基层学习点,依据不同点位培育一批适配课程,开展"15分钟社区美好生活圈"学习点位建设,进一步织密社区教育网络、延伸社区教育链。此外,有形性还包括提供足够数量和质量的教育工作者,以确保社区教育教学的质量。

可靠性是指社区教育供给的可信度,即服务的提供者能够可靠地、精准地履行承诺,以提供必要的教育服务。这意味着社区教育机构应该能够按时提供教育课程和支持服务,并遵守相关法规和政策。可靠性还包括确保教育工作者具备适当的资质和能力,以提供高质量的教育。此外,社区教育机构还应该建立有效的沟通渠道,与社区居民保持联系,及时解决问题和反馈。

承诺性是指社区教育供给的提供者可以通过展示专业知识、与人礼貌相待以及建立亲善关系来获取社区居民的信任和信心。这意味着教育提供者应该具备专业知识和技能,能够提供准确和可靠的信息和建议。他们还应该表现出对社区居民的尊重和关心,以建立良好的人际关系。承诺性还涉及教育机构与社区居民之间的合作和互动,以满足他们的需求和期望。

共情性是指社区教育供给的提供者能够将社区居民视为个体,给予他们关怀和个性化的关注。这意味着教育提供者应该了解社区居民的背景、需求和兴趣,并根据个人差异提供定制化的教育服务。共情性还包括倾听和理解社区居民的意见和反馈,并根据这些反馈进行调整和改进。通过与社区居民建立良好的关系和互动,供给主体可以更好地满足他们的教育需求。

3. 社区教育供给结果质量

社区教育供给结果质量也被称为社区教育供给效果,指的是社区教育供给对受益者个人、社区和社会等方面产生的影响和效果。服务效率是指社区教育供给所提供的服务结果与所付出的成本之间的平衡,社区教育供给应该在尽可能高效的情况下提供高质量的教育服务。例如,教育机构应合理地利用资源,提供有效的教学方法和教育工具,以提高社区居民的学习效果,并在保证教育质量的前提下控制成本。个人收益主要指个人在接受社区教育供给服务后所获得的有形利益,个体的知识水平提升、个人素养的提高以及个人幸福感的增强等方面。通过接受优质的社区教育供给服务,个人可以获得更广泛的知识和技能,提升自身竞争力,并改善个人的生活质量。优质的社区教育供给服务应该能够激发社区居民的参与意愿,促进社区的互动和交流,建立良好的社区关系,并为社区居民提供更多的学习和发展机会。

（五）加强社区教育供给评价结果的追踪与应用

以评促建、以评促改、以评促管、以评促强，是教育评价的本体功能，完善评价结果运用，综合发挥导向、鉴定、诊断、调控和改进作用。[①] 前文的实证调查结果显示，当前社区教育监测与评价结果总体上能够有序开展，并且能够定期形成、发布社区教育监测报告等，社区教育管理者也有意识地将社区教育供给评价结果与社区教育的发展联系起来，但仍然处于表层上供给评价结果的运用，未能基于社区教育供给机制的整体性和系统性视角思考社区教育供给评价结果的科学内涵和重要价值。特别是在中国式教育现代化发展的理念引领下，社区教育供给评价必然需要适应社区教育发展的新形势以及社区教育治理模式，其中，社区教育评价结果如何应用以及如何来改进社区教育供给服务是不可忽视的重要环节，只有通过评估-反馈-改进形成完整的社区教育供给评价生态，才能凸显社区教育供给评价的价值。

第一，推进社区教育供给制度创新。从公共服务质量管理的构成要素、特征及作用来看，公共服务质量改进的实质就是制度创新。[②] 社区教育供给评价是社区教育供给机制中的重要环节，不仅能够检验社区教育供给是否满足社区居民的需要，还能够针对社区教育供给中存在的瓶颈与问题，结合建设学习型大国对社区教育提出的新要求，对社区教育供给进行调整与优化，不断推进社区教育供给的制度创新。

第二，加强社区教育供给评价改进的追踪机制。2020年10月，《深化新时代教育评价改革总体方案》发布，该文件提出要建立常态化的监测体系，形成监测、改进与评价三位一体的评价模式，将评价结果作为后续建设的主要依据，注重评价的持续性、过程性和改进性。在社区教育供给评价中，评价的结果不只是完成工作任务，而是在对评价结果分析的基础上，不断发现问题、修正问题并改进问题，不断优化社区教育供给机制的改进。

[①] 时艳芳.高等教育评价结果：困境、反思与改进[J].重庆大学学报(社会科学版)，2022，28(02)：108—120.

[②] 王家合.论地方政府公共服务质量管理的制度创新[J].理论探讨，2011(06)：138—141.

参考文献

1. 论著

[1] 安东尼 B. 阿特金森,斯蒂格里茨公共经济学[M]. 蔡江南,等译. 上海:上海三联书店,1992:637.
[2] 陈宝堂编著. 日本教育的历史与现状[M]. 合肥:中国科学技术大学出版社,2004:194.
[3] 陈丽. 中国教育改革开放 40 年[M]. 北京:北京师范大学出版社,2019:2.
[4] 陈学飞. 教育政策研究基础[M]. 北京:人民教育出版社,2011:69—77.
[5] 大串隆吉. 日本社会教育史和终身教育[M]. EIDELL 研究所,1998:42.
[6] 戴维·奥斯本,特德·盖布勒. 改革政府:企业精神如何改革着公营部门[M]. 北京:中国人民大学出版社,2001.
[7] 丹尼斯谬勒. 公共选择[M]杨春学,等,译. 北京:中国社会科学出版社,1999:15.
[8] 费孝通. 社会学概论[M]. 天津:天津人民出版社,1984:283.
[9] 郭治安. 协同论[M]. 太原:山西经济出版社,1991:79.
[10] 郝维谦,李连宁主编. 各国教育法制比较研究[M]. 北京:人民教育出版社,1998:187.
[11] 厉以贤. 现代教育原理[M]. 北京:北京师范大学出版社,1988:9.
[12] 孙培青. 中国教育史[M]. 上海:华东师范大学出版社,2009:380.
[13] 谭来兴. 中国现代化道路探索的历史考察[M]. 北京:人民出版社,2008:97.
[14] 王传纶,高培勇. 当代西方财政经济理论[M]. 北京:商务印书馆,1998:18—24.
[15] 王恩发,马超,贺宏志,等. 当代社区教育的比较研究[M]. 北京:中央民族大学出版社,2001.4.
[16] 王建廷. 区域经济发展动力与动力机制[M]. 上海:上海人民出版社,2007:117—120.
[17] 王善迈. 教育投入与产出研究[M]. 石家庄:河北教育出版社,1995:321.
[18] 王铁军. 教育现代化论纲[M]. 南京:南京师范大学出版社,1999:34—45、131—133.

[19] 小威廉·E 多尔.后现代课程观[M].王红宇宙,译.北京:教育科学出版社,2015.
[20] 许彬.公共经济学导论:以公共产品为中心的一种研究[M].哈尔滨:黑龙江人民出版社,2003.
[21] 詹姆斯 M.布坎南.公共财政[M].北京:中国财政经济出版社,1991:22.
[22] 张少刚.方兴未艾的全民终身学习:2014 年社区教育满意度调查报告[M].北京:中央广播电视大学出版社,2015:29.
[23] 郑永廷.人的现代化理论与实践[M].北京:商务印书馆,2003:350—351.
[24] 中央教育科学研究所.中华人民共和国教育大事记(1949—1982)[M].北京:教育科学出版社,1983:8.
[25] 周延军.新时代社区教育若干问题研究[M].北京:北京时代华文书局,2020.

2. 英文文献

[1] Birch E, Kenyon P, Koshy P, et al. Exploring the Social and Economic Impacts of Adult and Community Education [M]. National Centre for Vocational Education Research, 252 Kensington Road, Leabrook, South Australia 5068.

[2] Birch E, Kenyon P, Koshy P, et al. Exploring the Social and Economic Impacts of Adult and Community Education [M]. National Centre for Vocational Education Research, 252 Kensington Road, Leabrook, South Australia 5068, Australia (Cat. no. 915; $23.50 Australian). Tel: 08 8333 8400; Fax: 08 8331 9211; e-mail: vet_req@ncver.edu.au; Website: http://www.ncver.edu.au. For, 2003.

[3] Center for Community College Student Engagement. 2014. Contingent Commitments, Bringing Part-Time Faculty Into Focus (A Special Report From the Center for Community College Student Engagement).

[4] Chang, P.C. Education for Modernization in China [M]. New York: Columbia University, 1923.

[5] Commission of the European Union. Memorandum on Lifelong Learning for Active Citizenship in a Europe of Knowledge[R]. Brussels: DG Education and Culture, 2001.

[6] Dougherty K, Bakia M. The New Economic Development Role of the Community College[J]. 1999.

[7] L. M. Salamom. Rethinking Public Management: Third-Party Government and the Changing Forms of Government Action, Public Policy, 1981: 255-275.

[8] Mayfield-Johnson S. Adult learning, community education, and public health: Making the connection through community health advisors[J]. New Directions for Adult and Continuing Education, 2011(130):65-77.

[9] McClenaghan, Pauline (2000). Social Capital: Exploring the theoretical foundations of community development education. British Educational Research Journal, 26(5), 565-582. doi: 10.1080/713651581.

[10] Meepan W, Noklang S. The Comparative Study of Community Learning Center Model: The Case Study of Oketo Town Kominkan, Japan and Songkhla Smart Center,

Thailand[J]. Journal of Research and Curriculum Development,2022,12(2).
[11] Milana M, Webb S, Holford J, et al. The Palgrave International Handbook on Adult and Lifelong Education and Learning ‖ The Ideals and Practices of Citizenship in Nordic Study Circles[J]. 2018, 10.1057/978-1-137-55783-4(Chapter 41): 797-815.
[12] SAMUELSON P A. The Pure Theory of Public Expenditure [J]. The Review of Economics Statistics, 1954, 36(4): 387-389.
[13] Wang Q. Japanese Social Education and Kominkan Practice: Focus on Residents' Self-Learning in Community[J]. New Directions for Adult and Continuing Education, 2019 (162): 73-84.
[14] Zeithaml, V. A., Bitner, M. J., Gremler, D. D., & Pandit, A. (2000). Services marketing: Integrating customer focus across the firm.

3. 中文文献

(1) 学位论文
[1] 陈丽丽.北欧民众教育研究[D].福州:福建农林大学,2015:12.
[2] 董明涛.农村公共产品供给机制创新研究[D].天津:天津大学,2011:78.
[3] 顾凤佳.上海学习型城市建设研究[D].上海:华东师范大学,2020:46.
[4] 郭玲玲.我国青少年公共体育服务供给机制研究[D].北京:北京体育大学,2016:19.
[5] 武志红.中国公务员制度再发展研究[D].上海:华东师范大学,2009:70.
[6] 席恒.公共物品供给机制研究[D].西安:西北大学,2003:26.
[7] 辛静.新公共服务理论评析[D].长春:吉林大学,2008:36.
[8] 张会新.我国资源型产业集群的动力机制研究[D].西安:西北大学,2009:86.

(2) 期刊论文
[1] 柏良泽.公共服务研究的逻辑和视角[J].中国人才,2007(05):28—30.
[2] 常青.以中国式现代化治理推进高等教育高质量发展[J].国家教育行政学院学报,2022,No.299(11):12—17.
[3] 车富川,祁峰.教育服务供给侧结构性改革的思考[J].现代教育管理,2017(05):33—37. DOI:10.16697/j.cnki.xdjygl.2017.05.006.
[4] 陈建华.论中国式教育现代化的意蕴及其实践逻辑[J].南京社会科学,2023,No.426(04):1—9.
[5] 陈丽,谢浩,郑勤华.我国教育现代化视域下终身学习的内涵与价值体系[J].现代远程教育研究,2022,34(04):3—11.
[6] 陈明选,李兰.我国数字教育平台资源配置与服务:问题与对策[J].中国远程教育,2021(01):17—26+77.
[7] 陈乃林.改革开放进程中社区教育的发展轨迹与基本经验[J].终身教育研究,2018,29(06):12—17.
[8] 陈滔宏.教育评估方法技术初探[J].上海教育评估研究,2020,9(02):17—21.
[9] 陈岩,赵丹.基于精准供给的社区教育公共服务:价值审视与实现机制[J].终身教育研究,2019,30(02):47—52.

[10] 陈岩.精准供给视域下社区教育联盟的结构要素与实践策略研究[J].教育理论与实践,2020,40(22):14—17.

[11] 陈之腾.上海首个"终身学习需求与能力调研成果"出炉[J].上海教育,2018(25):48—51.

[12] 程天君,陈南.中国教育现代化的百年书写[J].教育研究,2020,41(01):125—135.

[13] 程仙平.老年教育公共服务体系的构建逻辑与图景——基于新公共服务理论视角[J].河北师范大学学报(教育科学版),2019,21(04):95—100.

[14] 程仙平.政府购买社区教育服务的理性思考和策略选择[J].河北师范大学学报(教育科学版),2014,16(06):117—122.柯玲,黄旭.社区教育产品属性界定与供给选

[15] 褚宏启.教育现代化2.0的中国版本[J].教育研究,2018,39(12):9—17.

[16] 褚宏启.教育现代化的本质与评价——我们需要什么样的教育现代化[J].教育研究,2013,34(11):4—10.

[17] 崔珍珍,何润燕.社区教育供给侧改革内涵与外延探究[J].广州广播电视大学学报,2020,20(03):1—5+106.

[18] 戴妍,黄佳攀.中国式教育现代化的演进逻辑、实践样态与推进理路[J].教育学术月刊,2023(03):20—28.

[19] 翟博.深刻理解习近平总书记关于教育的重要论述核心思想和精髓要义[J].中国高等教育,2021,No.662(01):20—28.

[20] 翟静丽.教育管理体制改革与教育有效供给[J].教育与经济,2000(S1):18—20.

[21] 丁海珍.教育现代化视域下社区教育发展的路径选择[J].职教论坛,2020(03):119—125.

[22] 丁红玲,林红梅.社区教育有效供给研究[J].中国成人教育,2016(01):151—155.

[23] 丁红玲,杨尚林.政府推进社会组织参与社区教育策略研究[J].职教论坛,2019,No.711(11):101—106.

[24] 杜万松.公共产品、公共服务:关系与差异[J].中共中央党校学报,2011,15(06):63—66.

[25] 杜幼文.社区教育的社会效益评价问题[J].现代远程教育研究,2012(06):3—9.

[26] 樊丽明,石绍宾.公共品供给机制:作用边界变迁及影响因素[J].当代经济科学,2006(01):63—68+126.

[27] 樊洋.供给侧改革下扩大社区居民教育资源供给路径——以上海市松江区S镇为例[J].经济研究导刊,2022(09):64—66.

[28] 范会芳,张宁.需求视角下社区教育供给机制的构建——以河南省社区教育实践为例[J].成人教育,2021,41(04):23—27.

[29] 冯增俊.试论我国教育现代化的基本任务的主要特征[J].中国教育学刊,1995(04):5—8.

[30] 高丙成.我国教育现代化评价指标体系的构建与应用[J].教育科学研究,2019,No.292(07):5—12.

[31] 高茜,许玲."互联网+"时代美国老年教育服务供给模式探析[J].中国职业技术教育,2020(33):34—40.

[32] 高书国. 中国教育现代化六大趋势[J]. 人民教育,2020(08):36—41.
[33] 苟鸣瀚,刘宝存. 中国式教育现代化的时代书写与经验阐析[J]. 中国电化教育,2023,(03):9—16.
[34] 顾明远,马忠虎. 教育现代化:中国教育改革和发展的路径与愿景——顾明远教授专访[J]. 苏州大学学报(教育科学版),2014,2(01):1—5+126.
[35] 顾明远. 关于教育现代化的几个问题[J]. 中国教育学刊,1997(03):10—15.
[36] 顾明远. 试论教育现代化的基本特征[J]. 教育研究 2012,(9):4—10,21.
[37] 郭利明,郑勤华. 互联网推动教育服务供给变革:需求变化、转型方向与发展路径[J]. 中国远程教育,2021(12):21—27+62+76—77.
[38] 国卉男,贾兰兰. 学习型城市延寿宣言:通过终身学习建设健康而富有韧性的城市[J]. 当代职业教育,2021(06):11—12.
[39] 国卉男,赵华,李珺. 比较视野下社区教育的均衡化发展[J]. 中国远程教育,2019(03):50—57.
[40] 国卉男,朱亚勤,游赛红. 社区教育现代化的理念及实践转向研究[J]. 职教论坛,2020(03):97—104.
[41] 郝美英. 北欧、美国、日本和新加坡社区教育理念探析[J]. 成人教育,2010,30(12):95—96.
[42] 何鹏程,宋懿琛. 教育公共服务的理论探讨[J]. 教育发展研究,2008(09):39—43+48.
[43] 胡洪彬. 中国式教育现代化支撑体系的结构、机理与优化[J]. 现代教育管理,2023(07):34—43.
[44] 胡晓风,陈廷湘. 论陶行知以新教育推进中国现代化的思想[J]. 社会科学研究,2003(02):113—117.
[45] 淮建军,刘新梅. 公共服务研究:文献综述[J]. 中国行政管理,2007,No.265(07):96—99.
[46] 黄利群. 论教育现代化[J]. 普教研究,1997(01):12—14.
[47] 黄文贵,周杨嘉源,法洪萍. 现代社区教育的国际分类及启示[J]. 现代远距离教育,2020(05):10—17.
[48] 黄新华,马万里. 从需求侧管理到供给侧改革政策变迁的内在逻辑[J]. 新视野,2017,No.204(06):34—40.
[49] 黄云龙,史悦秀. 关于建构发展性社区教育评价模式的设想[J]. 教育发展研究,2006(24):67—70.
[50] 黄云龙. 我国社区教育的嬗变、发展态势及其实践策略[J]. 教育发展研究,2005(18):71—79.
[51] 季诚钧,莫晓兰,朱亦翾,等. 中国式教育现代化:内涵、问题与路径[J]. 浙江社会科学,2023,No.322(06):90—97+159.
[52] 贾康,徐林,李万寿,姚余栋,黄剑辉,刘培林,李宏瑾. 新供给经济学在中国改革中的关键点分析[J]. 现代产业经济,2013(07):7—13.
[53] 贾晓璐. 简论公共产品理论的演变[J]. 山西师大学报(社会科学版),2011,38(S2):31—33.

[54] 建设学习型城市北京宣言——全民终身学习:城市的包容、繁荣与可持续发展[J].高等继续教育学报,2014,27(01):2—5.

[55] 蒋纯焦.中国共产党教育现代化探索的世纪历程[J].河北师范大学学报(教育科学版),2021,23(04):10—18.

[56] 蒋云根.我国现阶段教育公共服务存在的问题及对策研究[J].天津行政学院学报,2008(01):53—58.

[57] 靳希斌.教育经济学中几个理论问题的思考[J].教育与经济,1998(01):1—5.

[58] 靳永翥.公共服务及相关概念辨析[J].中共贵州省委党校学报,2007(01):62—64.

[59] 孔祥.城市社区体育公共服务体系建设的供给主体及实现路径[J].体育与科学,2011,32(04):66—71.

[60] 赖长春.略论社区教育评价指标体系构建:顾客满意度测评视角[J].职教论坛,2017(09):48—51.

[61] 劳凯声.社会转型与教育的重新定位[J].教育研究,2002(02):3—7+30.

[62] 李成威.公共产品提供和生产的理论分析及其启示[J].财政研究,2003(03):6—8.

[63] 李珺.推动社会组织参与终身教育公共服务的政策举措——来自英、美、日的经验与启示[J].职教论坛,2018(08):87—92.

[64] 李可,董利亚.智慧学习环境下社区学习资源整合模式探析[J].成人教育,2019,39(12):36—41.

[65] 李勉.基础教育评估监测:教育督导体系建设的新领域和新挑战[J].中国考试,2021(05):48—55.

[66] 李明旭,邵晓枫.我国社区教育均衡发展:问题与改革路径[J].职教论坛,2020,36(07):115—122.

[67] 李盼道,徐芙蓉.公共产品供给的理论逻辑与实践[J].西安石油大学学报(社会科学版),2019,28(04):15—27.

[68] 李新华.高职教育协同供给机制的审思与建构——基于准公共产品供给机制的分析[J].职教发展研究,2021(02):32—40.

[69] 厉以宁.关于教育产品的性质和对教育的经营[J].教育发展研究,1999(10):9—14.

[70] 梁昌勇,代翚,朱龙.基于SEM的公共服务公众满意度测评模型研究[J].华东经济管理,2015,29(02):123—129.

[71] 林正范.关于教育现代化的若干思考[J].杭州师范学院学报,1998(1):1—6.

[72] 刘宝存,苟鸣瀚.中国式教育现代化:本质、挑战与路径[J].中国远程教育,2023,43(01):12—20.

[73] 刘昌亚.加快推进教育现代化 开启建设教育强国新征程——《中国教育现代化2035》解读[J].教育研究,2019,40(11):4—16.

[74] 刘朝晖,扈中平.对西方教育现代化历程的回顾与思考[J].比较教育研究,1998(05):8—12.

[75] 刘慧娟,蒋文立,陈人雄,等.论城市社区教育[J].上海教育科研,1988(05):7—9+34.

[76] 刘秀峰,杜茜茜.中国式教育现代化的演进逻辑与路向前瞻[J].教育发展研究,2023,43(06):10—17.

[77] 刘尧.我国社区教育发展现状、问题及对策[J].华中师范大学学报(人文社会科学版),2010,49(04):143—148.

[78] 刘云生.供给侧结构性改革:教育怎么办?[J].教育发展研究,2016,36(03):1—7.

[79] 路晓丽.美国社区教育的现状与趋势探析[J].中国成人教育,2016,No.399(14):109—111.

[80] 罗伯特·B·丹哈特,珍妮特·V·丹哈特,刘俊生,等.新公共服务:服务而非掌舵[J].中国行政管理,2002(10):32.

[81] 罗殷.供给侧改革背景下社区教育资源整合优化路径研究[J].当代职业教育,2020(05):83—89.

[82] 吕恒立.试论公共产品的私人供给[J].天津师范大学学报(社会科学版),2002(03):1—6+11.

[83] 马晓燕.教育有效供给的理论界定[J].教育评论,2002(04):35—36.

[84] 庞丽娟,杨小敏.关于教育供给侧结构性改革的思考和建议[J].国家教育行政学院学报,2016(10):12—16.

[85] 庞丽娟.教育供给侧结构性改革:改什么,如何改[J].民主,2017(10):10—11.

[86] 瞿华.论教育服务供给的影响因素[J].经济问题探索,2006(12):128—131.

[87] 邵晓枫,刘文怡.百年来中国社区教育的现代性审视及前瞻[J].河北师范大学学报(教育科学版),2020,22(03):97—105.

[88] 邵晓枫,罗志强.我国社区教育中居民参与的几个主要问题[J].现代远程教育研究,2017,No.146(02):67—76.

[89] 邵晓枫,罗志强.中国式社区教育现代化:概念生成、内涵特征与逻辑体系[J].现代远距离教育,2023,No.206(02):88—96.

[90] 申国昌,白静倩.中国式教育现代化的内涵、表征及实施路径[J].河北师范大学学报(教育科学版),2023,25(04):14—23.

[91] 沈光辉,陈晓蔚.我国社区教育政策的演进历程、文本分析和改进策略[J].中国远程教育,2019(05):11—18+92.

[92] 沈光辉.我国社区教育的发展现状与推进措施研究[J].继续教育,2008,No.146(01):13—15.

[93] 沈启容.现代化视域下社区教育的国际比较[J].职教论坛,2020(03):112—118.

[94] 施雪华,朱晓静.教育公共服务供给理论体系梳理与分析[J].理论探讨,2016(03):136—140.

[95] 石连海,李护君.中国式教育现代化的价值意蕴、现实阻隔及路径优化[J].教育学报,2023,19(02):57—69.

[96] 时艳芳.高等教育评价结果:困境、反思与改进[J].重庆大学学报(社会科学版),2022,28(02):108—120.

[97] 宋崇鑫.社区教育初探[J].华东师范大学学报(教育科学版),1989,No.23(01):71—74.

[98] 宋乃庆,杨黎,范涌峰.新时代教育现代化:内涵、意义及表现形式[J].教育科学,2021,37(01):1—8.

[99] 宋亦芳.社区教育多元办学主体培育的理念与行动——基于《中国教育现代化2035》终身教育战略的思考[J].河北师范大学学报(教育科学版),2019,21(06):101—108.

[100] 宋懿琛.公共教育服务的形成、内涵与供给机制[J].中国教育政策评论,2011(00):13—25.

[101] 孙建军,何涛,沈最意.公共服务供给理论的发展脉络:基于供给模式的分析[J].中共四川省委党校学报,2010,(03):36—39.

[102] 孙杰远.中国式教育现代化的基本问题[J].中国远程教育,2023,43(06):1—10.

[103] 孙玲,和震.瑞典非正规教育模式探析[J].职教论坛,2017,No.659(07):80—84.

[104] 谈松华.教育现代化的区域发展模式及其机制[J].教育发展研究,2006(13):48—52.

[105] 唐祥来.公共产品供给的"第四条道路"——PPP模式研究[J].经济经纬,2006(01):17—20.

[106] 田正平,李江源.教育制度变迁与中国教育现代化进程[J].华东师范大学学报(教育科学版),2002(01):39—51.

[107] 王宏,杨东.现代社区教育发展的若干规律探析[J].中国远程教育,2012(10):25—31+36+95.

[108] 王家合.论地方政府公共服务质量管理的制度创新[J].理论探讨,2011(06):138—141.

[109] 王金霞,赵丹心.构建中国教育早期现代化分期研究的指标体系[J].河北大学学报(哲学社会科学版),2006(05):11—17.

[110] 王牧华,李若一.论以人民为中心的教育价值取向与政策路径[J].西南大学学报(社会科学版),2022,48(03):133—145.

[111] 王善迈.教育服务不应产业化[J].求是,2000(01):52—53+57.

[112] 王燕枝,王韵睿.社区教育融入深度社区治理:精准供给机制的探索[J].成人教育,2020,40(02):33—37.

[113] 王毓.政府公共服务改革:构建社会主义和谐社会的迫切要求[J].当代经理人,2006(07):221—222.

[114] 王中,汪国新.社区学习共同体与瑞典"学习圈"的比较研究[J].成人教育,2020,40(01):24—29.

[115] 王胄."教育现代化"研究综述[J].上海教育科研,1996(05):38—41.

[116] 翁列恩.大数据驱动公共服务质量改进:内在逻辑、创新实践与机制构建[J].学海,2023,No.199(01):94—102.

[117] 邬志辉.中国百年教育现代化演进的线索与命题[J].中国地质大学学报(社会科学版),2002(04):45—49.

[118] 吴宏超,范先佐.我国教育供求研究的回顾与反思[J].教育与经济,2006(03):24—27.

[119] 吴开俊.教育有效供给与教育结构关系刍议[J].广州大学学报(综合版),2000(05):24—28.

[120] 吴忠民.中国现代化建设模式的转变——从外在拉动型现代化到自觉内生型现代化[J].江海学刊,2018(05):125—138+239.

[121] 吴遵民,蒋贵友.公共危机背景下社区教育功能再思考——基于社区治理的视角[J].

教育研究,2020,41(10):92—101.
[122] 吴遵民.服务全民终身学习教育体系构建的若干思考——基于服务与融合的视角[J].中国远程教育,2020,41(07):16—22+68.
[123] 吴遵民.关于对我国社区教育本质特征的若干研究和思考——试从国际比较的视野出发[J].华东师范大学学报(教育科学版),2003(03):25—35.
[124] 夏志强,付亚南.公共服务的"基本问题"论争[J].社会科学研究,2021(06):19—29.
[125] 项贤明.创新人才培养是教育现代化的战略核心[J].中国教育学刊,2017,(9):71—75.
[126] 谢凌凌.基本公共教育服务体系:一个理论框架的构建[J].教育学术月刊,2012(08):20—24.
[127] 谢维和.关于我国教育现代化的几点思考[J].教育科学研究,1997(02):1—5.
[128] 徐会作.利用共词聚类分析我国社区教育研究热点[J].中国远程教育(综合版),2015(003):50—54.
[129] 徐莉,杨然,辛未.终身教育与教育治理在教育现代化中的逻辑联系——实现《中国教育现代化2035》的思考[J].中国电化教育,2020(01):7—16.
[130] 徐小洲,孟莹,张敏.学习型城市建设:国际组织的理念与行动反思[J].教育研究,2014,35(11):131—138.
[131] 杨东,韩雯,张华亮,等.上海社区教育面向现代化的关键问题探析[J].职教论坛,2020(003):105—111.
[132] 杨东平.教育现代化:一种价值选择[J].中国教育学刊,1994(02):19—21.
[133] 杨明.中国教育离现代化目标有多远[J].教育发展研究,2000(08):9—14.
[134] 杨小微,游韵.教育现代化的中国视角[J].教育研究,2021,42(03):135—148.
[135] 杨小微.迈向2035:中国教育现代化的目标定位[J].华中师范大学学报(人文社会科学版),2019,58(05):38—44.
[136] 杨兆山,李松楠.中国式教育现代化何以可能[J].社会科学战线,2023(07):234—243.
[137] 叶忠海.社区教育实验工作20年:成就、特色和展望[J].河北师范大学学报(教育科学版),2020,22(04):38—41.
[138] 袁广林.供给侧视野下高等教育结构性改革[J].国家教育行政学院学报,2016(06):15—22.
[139] 袁利平.教育现代化的现代性向度及其超越[J].陕西师范大学学报(哲学社会科学版),2020,49(01):159—168.
[140] 袁连生.论教育的产品属性、学校的市场化运作及教育市场化[J].教育与经济,2003(01):11—15.
[141] 袁淑玉,陈拳.社区教育现代化发展路径探析[J].成人教育,2018,38(11):39—42.
[142] 詹勇,王文婷.建立基于供给侧改革的协同育人平台运行机制[J].中国高等教育,2016(10):24—27.
[143] 张炳林,宁攀.教育现代化内涵解读及推进策略研究[J].数字教育,2017,3(06):21—27.
[144] 张春华,吴亚婕.社区教育满意度评价模型构建及实践研究[J].中国远程教育,2020,

41(07):69—75+77.

[145] 张昊,杨现民.数据驱动教育服务供给的框架构建与实践探索——基于"服务金三角"模型的分析[J].中国远程教育,2020(08):45—54.

[146] 张建.教育治理体系的现代化:标准、困境及路径[J].教育发展研究,2014,34(09):27—33.

[147] 张磊,申秀清.社区教育财政供给困境分析——以中西部社区教育发展为例[J].职教论坛,2016(18):71—76.

[148] 张胜军,孙建波.社区教育供给侧结构性改革的动因与路径[J].职业技术教育,2019,40(34):52—57.

[149] 张秀岩.充分发挥社区教育促进社会持续发展的作用——国际社区教育发展的重要趋势[J].天津电大学报,1998(S1):19—22.

[150] 张序.与"公共服务"相关概念的辨析[J].管理学刊,2010,000(002):57—61.

[151] 张旸.新时代高等教育供给的实践逻辑[J].内蒙古社会科学(汉文版),2018,39(03):156—160.DOI:10.14137/j.cnki.issn1003—5281.2018.03.024.

[152] 张永,道格拉斯·珀金斯.美国社区教育的缘起、演进与启示[J].全球教育展望,2016,45(11):58—66.

[153] 郑金洲.教育现代化与教育本土化[J].华东师范大学学报(教育科学版),1997(03):1—11.

[154] 郑晓燕.完善公共服务供给主体多元发展的保障机制[J].湖北民族学院学报(哲学社会科学版),2013,31(02):67—70.

[155] 仲红俐.供给侧结构性改革背景下社区教育供给模式探析[J].成人教育,2018,38(11):40—43.

[156] 仲红俐.社区教育供给侧改革推进研究——基于马克思主义哲学的视阈[J].安徽广播电视大学学报,2019(02):28—33.

[157] 周翠萍.政府在教育服务供给中的定位[J].上海教育科研,2010(06):29—32.

[158] 周海涛,朱玉成.教育领域供给侧改革的几个关系[J].教育研究,2016,37(12):30—34.

[159] 朱敏慧.乡村振兴战略背景下社区教育供给路径与策略[J].职业教育(中旬刊),2021,20(12):3—5+12.

[160] 祝智庭,许哲,刘名卓.数字化教育资源建设新动向与动力机制分析[J].中国电化教育,2012(02):1—5.

4. 研究报告

[1] 吴宏超.调节教育供求矛盾的新视角[C].2009年中国教育经济学学术会议论文集,1153—1159.

[2] 王少华.供给侧改革:城区社区教育面临的新课题[A].四川大学出版社.社区教育(2016年5月号 总第29期)[C].2016:2—6.

5. 电子资源

[1] 何齐宗,张德彭.我国教育现代化研究的历程、进展、困境与前瞻[J/OL].现代教育管

理:1—14[2023-07-13]. https://doi.org/10.16697/j.1674-5485.2023.07.003.

［2］教育部. 2020年全国教育工作会议召开[EB/OL].（2020-01-11）[2020-02-08]. http://www.moe.gov.cn/jyb_xwfb/gzdt_gzdt/moe_1485/202001/t20200111_415187.html.

［3］刘训华,代冉. 中国式教育现代化:概念、意蕴与战略基点[J/OL]. 宁波大学学报(教育科学版):1—8[2023-02-09]. http://kns.cnki.net/kcms/detail/33.1214.G4.20221227.1139.001.html.

［4］学制百年史编制委员会. 学制百年史——初期の社会教育[EB-OL]. http://www.mext.go.jp/b_menu/hakusho/html/others/detail/1317642.htm.

［5］余闯. 教育改革也要供给侧发力[N]. 中国教育报,2016-03-03(001). DOI:10.28102/n.cnki.ncjyb.2016.000671.

［6］周洪宇,黄立明. 2016中国教育改革发展热点前瞻[N]. 中国教育报. 2016-03-10(007).

附 录

✦ 附录一 ✦
社区教育供给服务满意度调查问卷

一、基本信息

1. 性别：
① 男　　　　　　　　　② 女
2. 年龄段：
① 18—45 岁　　② 46—60 岁　　③ 61—79 岁　　④ 80 岁以上
3. 身份：
① 本区域社区居民　　　　② 本区域就职人员
③ 其他_____
4. 职业：
① 退休人员
② 国家机关、党群组织、企业、事业单位负责人
③ 专业技术人员
④ 办事人员和有关人员
⑤ 商业、服务业人员

⑥ 农、林、牧、渔业生产人员及辅助人员

⑦ 生产、运输设备操作人员及有关人员

⑧ 军人

⑨ 其他_____

5. 文化程度：

① 初中及以下　　② 高中及中专　　③ 大专或本科　　④ 研究生及以上

6. 个人年收入：

① 5万元以下　　② 6—15万元　　③ 16—30万元　　④ 30万元以上

7. 生活所在区：

① 全国社区教育实验区

② 全国社区教育示范区

③ 省（直辖市）级社区教育实验区

④ 省（直辖市）级社区教育示范区

⑤ 不清楚

⑥ 其他_____

二、社区教育参与情况

8. 你对本社区社区教育的了解程度：

① 从未听说　　② 不太了解　　③ 基本了解　　④ 比较了解

⑤ 非常了解

9. 你平均每周参加社区教育的频率为几次？

① 0次　　② 1—3次　　③ 4—6次　　④ 7次及以上

10. 你参加过以下哪些社区教育的活动？（多选）

① 参观、旅游等游学活动

② 手工艺活动、文娱活动（观影活动等）、知识能力竞赛活动

③ 各种知识讲座、科普教育（消防知识、防诈骗、普法知识、信息技术知识等）

④ 实践及交流活动（垃圾分类实践、书画交流会等）

⑤ 社区的知识宣传活动（文明城市宣传、社区垃圾分类知识宣传等）

⑥ 社区老年学校/培训班的课程

⑦ 社团/团队的兴趣小组、文体活动（摄影、书画等活动）

⑧ 其他_____

11. 你所在社区的社区教育机构有（多选）：

① 区教育学院/老年大学　　　② 街道(镇)社区(老年)学校
③ 居(村)委会教学点　　　　④ 睦邻学习点
⑤ 不清楚　　　　　　　　　⑥ 其他_____

12. 参与社区教育的过程中,社区教育机构是否有明确的、成文的管理章程:
① 有章程,但作用不大
② 有章程,并以此为依据进行组织管理
③ 没有明确成文的章程对形式和内容的评价
④ 不清楚

13. 你认为社区教育的日常管理工作制度的落实程度:
① 落到实处　　② 基本落实　　③ 徒有形式　　④ 不清楚

14. 你在参与社区教育过程中遇到的问题有(多选):
① 责任划分不清晰　　　　　② 管理制度化不强
③ 职能部门管理落实不到位　④ 教师管理制度有待完善
⑤ 文化服务制度不完善　　　⑥ 没有遇到
⑦ 不清楚　　　　　　　　　⑧ 其他_____

15. 你所在社区教育机构的教师主要有(多选):
① 社区院校的专职教师
② 其他单位的专业技术人员(包括其他单位的教师)
③ 退休的专业技术人员(包括退休教师)
④ 有组织的宣讲团
⑤ 社会志愿者
⑥ 不清楚

16. 你所在社区教育机构的教师年龄段是(多选):
① 18—45 岁　　② 46—60 岁　　③ 61—79 岁　　④ 80 岁以上

17. 你所在社区教育机构的教师在上课时是否分发讲义、教材等学习资料:
① 是　　　　　② 否　　　　　③ 部分有

18. 你所在社区教育机构的教师多久更新课程内容?
① 多数教师一个学期更新一次　　② 少数教师一个学期更新一次
③ 多数教师一个学年更新一次　　④ 少数教师一个学年更新一次
⑤ 几乎没有更新　　　　　　　　⑥ 不清楚

19. 你学习的课程在网上是否有匹配的学习资源?

① 有 ② 部分有
③ 没有 ④ 不清楚(选择③、④跳至21题)

20. 有匹配学习资源的课程多数有哪些学习资源?
① 有微课、在线测试和课件 ② 只有微课、在线测试
③ 只有微课和课件 ④ 只有微课
⑤ 只有在线测试和课件 ⑥ 其他_____

21. 你认为社区教育师资建设上(多选):
① 高质量师资缺乏 ② 师资流动性大
③ 师资经费不足 ④ 师资培训不足
⑤ 优秀师资作用未得到充分发挥 ⑥ 教师管理制度有待完善
⑦ 整体情况良好 ⑧ 其他_____

22. 你能参与社区教育课程及活动的地点是(多选):
① 区社区学院/老年大学 ② 街镇社区(老年)学校
③ 村(居)委社区教学点 ④ 社区睦邻学习点

23. 离你最近的社区教育教学点有多远:
① 很近,步行15—30分钟
② 稍远点距离,需搭乘30分钟内的地铁或公交
③ 很远,交通不方便,需花费1个小时以上

24. 现有的社区教育活动场所有哪些?(多选)
① 图书馆 ② 多功能剧场
③ 社区培训教室 ④ 社区老年活动室
⑤ 展览厅 ⑥ 多媒体教室
⑦ 开放式文化活动广场 ⑧ 文化活动中心
⑨ 其他_____

25. 总体来看,你认为社区教育资源建设:
① 资源充足,能满足居民的多样化需求
② 资源充足,但难以满足居民的多样化需求
③ 资源难以覆盖全体居民

26. 有无专门的在线学习平台(包括网站):
① 区里有,街道没有 ② 区里没有,街道有
③ 都没有 ④ 不清楚

27. 你认为社区教育在数字化学习资源建设上(多选):

① 资源数量不足

② 资源质量有待提高

③ 数字化学习资源宣传度有待加强

④ 资源检索便捷度较差

⑤ 网站链接速度较慢

⑥ 网站权限设置受限

⑦ 软、硬件资源及技术支撑平台有待提升

⑧ 不清楚

⑨ 其他_____

28. 目前,你所在社区教育机构开展教学的时间段有(多选):
① 工作日白天　　② 工作日晚上　　③ 周末白天　　　④ 周末晚上

29. 目前,你所在社区的教育机构开展教学的目标人群有(多选):
① 60 岁及以上老年人　　　　　② 在职人员培训
③ 青少年教育活动　　　　　　　④ 外籍人员
⑤ 农民工、残障人士等弱势群体　⑥ 其他_____

30. 你所在社区的教育机构是否针对青年人员开课?
① 有　　　　　② 没有　　　　③ 不清楚(选择②、③跳至 32 题)

31. 你所在社区的教育机构为青年人员开设的课程有(多选):
① 市民教育类(法律教育、科普教育、环保教育等)
② 健康教育类(健康生活、中医养生、心理健康等)
③ 艺术修养类(舞蹈、绘画、声乐、电影、艺术设计等)
④ 文化素养类(文学欣赏、国学、民俗文化等)
⑤ 实用技能类(信息技术、投资理财、中西烹饪等)
⑥ 体育健身类(棋牌技艺、休闲旅游、球类运动等)
⑦ 其他_____

32. 你所在社区的教育机构是否有白领班级?
① 有　　　　　② 没有　　　　③ 不清楚(选择②、③跳至 34 题)

33. 你所在社区的教育机构为白领开设的课程有(多选):
① 市民教育类(法律教育、科普教育、环保教育等)
② 健康教育类(健康生活、中医养生、心理健康等)
③ 艺术修养类(舞蹈、绘画、声乐、电影、艺术设计等)
④ 文化素养类(文学欣赏、国学、民俗文化等)

⑤ 实用技能类(信息技术、投资理财、中西烹饪等)
⑥ 体育健身类(棋牌技艺、休闲旅游、球类运动等)
⑦ 其他_____

34. 你所在社区的教育机构是否针对老年群体开课?
① 有　　　　　　② 没有　　　　　③ 不清楚(选择②、③跳至36题)

35. 你所在社区的教育机构为老年群体开设的课程有(多选):
① 市民教育类(法律教育、科普教育、环保教育等)
② 健康教育类(健康生活、中医养生、心理健康等)
③ 艺术修养类(舞蹈、绘画、声乐、电影、艺术设计等)
④ 文化素养类(文学欣赏、国学、民俗文化等)
⑤ 实用技能类(信息技术、投资理财、中西烹饪等)
⑥ 体育健身类(棋牌技艺、休闲旅游、球类运动等)
⑦ 其他_____

36. 你对社区教育的哪些系列课程更感兴趣?(多选)
① 市民教育类(法律教育、科普教育、环保教育等)
② 健康教育类(健康生活、中医养生、心理健康等)
③ 艺术修养类(舞蹈、绘画、声乐、电影、艺术设计等)
④ 文化素养类(文学欣赏、国学、民俗文化等)
⑤ 实用技能类(信息技术、投资理财、中西烹饪等)
⑥ 体育健身类(棋牌技艺、休闲旅游、球类运动等)
⑦ 其他_____

37. 开展社区教育课程的主要形式是(多选):
① 以在教室集体上课为主　　　② 以开展集体活动为主
③ 网络教学　　　　　　　　　④ 分发资料在家自主学习

38. 你最喜欢的社区教育组织形式是:
① 社区活动　　　　　　　　　② 专题讲座
③ 体验式学习或实践　　　　　④ 系列课程
⑤ 移动在线学习　　　　　　　⑥ 其他_____

39. 你参与社区教育是为了(多选):
① 丰富业余生活　　　　　　　② 培养兴趣爱好
③ 结识新朋友　　　　　　　　④ 提高生活能力
⑤ 了解周边环境　　　　　　　⑥ 提升职业技能

⑦ 尚未参加过　　　　　　　　⑧ 没有目的

40. 参与社区教育给你的影响是(多选)：

① 丰富了业余生活　　　　　　② 培养了兴趣爱好

③ 结识了新朋友　　　　　　　④ 提高了生活能力

⑤ 了解了周边环境　　　　　　⑥ 提升了职业技能

⑦ 尚未参加过　　　　　　　　⑧ 没有任何影响

41. 你认为在社区教育课程创新上(多选)：

① 创新能力不足　　　　　　　② 品牌打造不足

③ 系列研发不足　　　　　　　④ 特色不足

⑤ 时常有想法、没师资　　　　⑥ 缺乏专家指导

⑦ 整体情况良好　　　　　　　⑧ 不清楚

⑨ 其他_____

42. 你了解社区教育的途径是：

① 社区活动　　　　　　　　　② 微信公众号推送

③ 电视和广播　　　　　　　　④ 报纸和书刊

⑤ 互联网　　　　　　　　　　⑥ 朋友介绍

⑦ 其他_____

43. 你认为社区教育在宣传上：

① 宣传渠道不足　　　　　　　② 招生能力不足

③ 社会影响范围与程度不足　　④ 整体情况良好

⑤ 不清楚　　　　　　　　　　⑥ 其他

44. 你对本社区的社区教育品牌的了解程度：

① 从未听说　　　　　　　　　② 不太了解

③ 基本了解　　　　　　　　　④ 比较了解

⑤ 非常了解

45. 在社区教育的品牌建设方面,你建议优先在哪些方面加强(多选题)？

① 建立品牌制度(架构、识别、传播等)

② 精神文化建设(愿景、使命、定位、理念、口号、精神等)

③ 完善视觉识别系统(标志、图形、办公、广告等)

④ 加大品牌传播投入类(展会、评选、荣誉、广告等)

⑤ 不清楚

⑥ 其他_____

46. 能影响你参与社区教育活动的因素有(多选)：
① 费用　　② 交通　　③ 课程内容　　④ 时间
⑤ 师资　　⑥ 学习环境/氛围
⑦ 其他_____

47. 你认为社区教育发展存在哪些问题或障碍(多选)：
① 人均可利用资源不足　　② 人文文化资源不足
③ 资源整合与共享有限　　④ 社会不够重视
⑤ 专业人才缺乏　　　　　⑥ 专业指导缺乏
⑦ 经费不足　　　　　　　⑧ 创新能力不够
⑨ 发展不平衡　　　　　　⑩ 管理制度不够完善
⑪ 文化引领作用不强　　　⑫ 学习场地不足
⑬ 不清楚　　　　　　　　⑭ 其他

✦ 附录二 ✦
社区教育发展基本情况调查

一、基本情况

1. 您所在地区(省/市/区)_____
2. 您的职务_____
3. 您在社区教育领域的工作年限_____
4. 区域面积_____
5. 区域内人口总数_____；常住人口数_____；外来人口数_____
6. 区域下属街镇_____个；社区(居委会)_____个；社区学校_____所；居民教学点_____个

二、社区教育体制机制

1. 所在地区上级政府是否定期制定社区教育发展规划和实施计划，纳入本区经济社会发展和社区教育发展规划(计划)之中并加以认真落实？
① 是,具体包括_____

② 否

2. 您所在地区社区教育的主管机构是_____上级机构是_____

3. 您所在地区是否有专门负责开展社区教育工作的职能科室？

① 是，人员数_____（人）

② 否

4. 本地区社区教育的职责部门是否有其他部门协同工作？

① 是，部门名称是_____

② 否

5. 您所在地区社区教育主体间的权责是否明确？

① 非常明确　　② 比较明确　　③ 一般　　④ 比较不明确

⑤ 完全不明确

6. 您所在地区是否建立了社区教育日常管理、责任目标、会议、评价、监察、激励等制度？

① 完全建立　　② 基本建立　　③ 一般　　④ 基本没有

⑤ 完全没有

7. 您所在地区是否建立了人员的聘任、关系解除、奖惩、监督等人事管理制度？

① 完全建立　　② 基本建立　　③ 一般　　④ 基本没有

⑤ 完全没有

8. 您所在地区是否建立了规范齐全的社区教育档案制度？

① 完全建立　　② 基本建立　　③ 一般　　④ 基本没有

⑤ 完全没有

9. 您在推进和落实社区教育相关制度的过程中遇到的问题有？（多选）

① 责任划分不清晰

② 管理制度化不强

③ 职能部门管理落实不到位

④ 部分制度有待完善

⑤ 其他

10. 您所在地区是否有关于社区教育的成文、成章的指导政策或法律法规？

① 有，但作用不大。概括介绍此政策、法律法规（名称、内容等）：_____

② 有,并以此为依据进行组织管理。概括介绍此政策、法律法规(名称、内容等):_____

_____

③ 无

11. 您认为以下哪几个方面的社区教育条例/法规/文件还需要进一步完善?(多选)

① 资源建设　　　　　　　② 经费设置

③ 队伍建设　　　　　　　④ 教育设施与网络建设

⑤ 管理体制　　　　　　　⑥ 其他_____

12. 您所在单位的社区教育专项经费投入是否达到常住人口每年人均不低于2元的标准?

① 是,不低于____元

② 否

13. 目前,您所在地区的社区教育经费投入是否充足?

① 非常充足　　　　　　　② 比较充足

③ 一般　　　　　　　　　④ 比较缺乏

⑤ 非常缺乏

其中,教育经费最缺乏的块面是_____,其主要经费来源是_____;
教育经费较充足的块面是_____,其主要经费来源是_____

14. 您所在地区的社区教育投入与居民学习需求的匹配度如何?

① 非常匹配　　　　　　　② 比较匹配

③ 一般　　　　　　　　　④ 不太匹配

⑤ 完全不匹配

15. 您所在地区的社区教育经费投入利用率如何?

① 90%及以上　　　　　　② 70%—90%

③ 50%—70%　　　　　　　④ 10%—50%

⑤ 10%及以下

16. 您所在地区是否注重社区教育数字化工作的投入?

① 非常重视　　　　　　　② 比较重视

③ 一般　　　　　　　　　④ 不太重视

⑤ 完全不重视

17. 社区教育投入是否公平,比如,有针对弱势群体进行补偿(如专门增加残疾人、外来务工人员等的经费投入)？
① 非常公平　　　　　　　　② 比较公平
③ 一般　　　　　　　　　　④ 不太公平
⑤ 完全不公平

18. 您所在地区的社区教育的资金投入链是否稳定？
① 非常稳定　　　　　　　　② 比较稳定
③ 一般　　　　　　　　　　④ 不太稳定
⑤ 完全不稳定

19. 是否对从事社区教育的人员学历、技能等有明确规定？
① 非常明确　　　　　　　　② 比较明确
③ 一般　　　　　　　　　　④ 比较模糊
⑤ 非常模糊

20. 社区教育工作者队伍主要来源于？（多选）
① 专任制-全职担任　　　　② 选派制-临时选派
③ 聘任制-临时雇佣　　　　④ 志愿制-志愿参与
⑤ 其他_____

21. 近五年来您所在地区社区教育专兼职教师规模发展情况？
① 教师规模逐年下降
② 教师规模基本稳定
③ 教师规模逐年扩大

22. 您所在地区组织社区教育管理队伍、专兼职教师培训的频率？
① 两周一次　　② 一月一次　　③ 两月一次　　④ 半年一次
⑤ 一年一次及以上

23. 您所在地区社区教育办学主体是否愿意主动参与教育教学改革创新？
① 非常愿意　　② 比较愿意　　③ 一般　　　　④ 不太愿意
⑤ 完全不愿意

24. 您所在地区社区教育办学主体是否定期申报、开展科研项目（包括实验项目)？
① 是，____申报/开展一次
② 否

25. 2021年，您所在地区社区学院承担区级以上社区教育课题研究_____个，社区教育实验项目_____个，在公开刊物发表论文_____篇

三、社区教育资源投入

1. 您所在地区社区教育在办学中整合了哪些场地资源？（多选）
① 中小学、职业院校、普通高校、开放大学相关场地设备
② 少年宫
③ 文化馆
④ 影剧院
⑤ 美术馆
⑥ 科技馆
⑦ 纪念馆
⑧ 文化活动中心、社区综合服务中心（站）
⑨ 图书馆
⑩ 其他_____

2. 近5年，您所在地区各社区教育办学主体开设的面授课程总数_____门；在线课程总数_____门

3. 您所在地区开发、开设的社区教育课程类别主要有？（多选，限选3项）
① 市民教育类（法律教育、科普教育、环保教育等）
② 健康教育类（健康生活、中医养生、心理健康等）
③ 艺术修养类（舞蹈、绘画、声乐、电影、艺术设计等）
④ 文化素养类（文学欣赏、国学、民俗文化等）
⑤ 实用技能类（信息技术、投资理财、中西烹饪等）
⑥ 体育健身类（棋牌技艺、休闲旅游、球类运动等）

4. 您所在地区在社区教育课程创新方面的情况如何？（多选）
① 创新能力不足　　　　② 品牌打造不足
③ 系列研发不足　　　　④ 课程特色不足
⑤ 师资力量不足　　　　⑥ 专家指导不足
⑦ 整体情况良好

5. 您所在地区社区教育的主要形式是？（多选）
① 教室上课　　　　　　② 实践活动
③ 网络教学　　　　　　④ 居家自学
⑤ 其他_____

6. 您所在地区在社区教育资源整合的情况如何？（多选）

① 可供利用资源有限　　　　　② 资源整合能力不强
③ 可利用渠道不足　　　　　　④ 整体情况良好
⑤ 其他_____

7. 您所在地区在数字化学习资源建设上面临的主要问题？（多选）
① 资源数量不足
② 资源质量有待提高
③ 资源检索便捷度较差
④ 网站链接速度较慢
⑤ 网站权限设置受限
⑥ 软、硬件资源及技术支撑平台有待提升
⑦ 数字化学习资源宣传度有待加强
⑧ 其他_____

8. 您所在地区社区教育办学主体是否都有网络覆盖（有线、无线 Wi-Fi），可连接互联网？
① 是
② 否，未覆盖的有_____

9. 您所在地区的社区学院是否有专门的学习服务平台（网站）？
① 是，名称为_____，注册人数_____
② 否

10. 您所在地区社区学院是否有专门的公众号？
① 是，名称_____，创建时间_____
② 否

11. 您所在地区建设社区教育智慧学习场景_____个，类别（就医、出行、消费等）主要有_____

12. 您所在地区社区学院是否有专人负责数字化支持与建设？
① 是，人数为_____
② 否

13. 目前，您所在地区有终身学习体验基地_____个

14. 近5年，您所在地区各社区教育主体开发的纸质资源（包括自编和共建教材）总数_____本，其中，公开出版教材总数_____本；开发的多媒体教学资源总数_____个

15. 您所在地区社区教育办学主体是否愿意进行教材的设计与开发？

① 非常愿意　　② 比较愿意　　③ 一般　　④ 不太愿意
⑤ 完全不愿意

16. 您所在地区每年开展规模500人以上的终身学习活动＿＿＿＿场,年均参与人次＿＿＿＿。其中,终身学习品牌活动有＿＿＿＿个

活动1名称＿＿＿＿＿＿＿＿＿＿＿＿,特色＿＿＿＿＿＿＿＿＿＿＿＿;
活动2名称＿＿＿＿＿＿＿＿＿＿＿＿,特色＿＿＿＿＿＿＿＿＿＿＿＿;
活动3名称＿＿＿＿＿＿＿＿＿＿＿＿,特色＿＿＿＿＿＿＿＿＿＿＿＿

四、社区教育成效与特色

1. 2021年,您所在地区在社区教育机构参与学习的老年人(60岁及以上)总数＿＿＿＿人;

青少年(18岁及以下)总数＿＿＿＿人;

外籍人士总数＿＿＿＿人;

外来务工人员总数＿＿＿＿人;

失业人员、残障人士等弱势群体总数＿＿＿＿人

2. 您所在地区获评社区教育示范街镇的有＿＿＿＿个;获评社区教育示范居民教学点的有＿＿＿＿个

3. 您所在地区学习小组、学习团队、学习型组织等数量和类型是否充足?
① 非常充足　　② 比较充足　　③ 一般　　④ 比较缺乏
⑤ 非常缺乏

4. 目前,您所在地区参与社区教育工作的主体有?(多选)
① 社区大学　　　　　　　② 社区学院
③ 街镇社区学校　　　　　④ 居村学习点
⑤ 党政群机关　　　　　　⑥ 公共文化场馆
⑦ 行业和企业协会　　　　⑧ 社会组织
⑨ 社区教育志愿者　　　　⑩ 其他＿＿＿＿＿＿

5. 您所在地区是否定期开展各类社区学习型组织创建评比活动,营造良好的学习氛围?
① 是,＿＿＿＿开展一次
② 否

6. 您所在地区是否能够对社区教育发展情况进行周期性考察?
① 是,＿＿＿＿考察一次

② 否

7. 您所在地区是否已建立了专门的社区教育督导部门？

① 是，名称是_____，建立年份是_____

② 否

8. 您所在地区是否建立了细化的"社区学院—社区学校—居委教学点"三级督导体系？

① 有督导体系，并有一定的作用

② 有督导体系，但作用不大

③ 没有督导体系

9. 您所在地区社区教育督导体系的监督指导效果如何？

① 效果很好　　② 效果较好　　③ 一般　　④ 效果较差

⑤ 毫无效果

10. 您所在地区在开展社区教育监测中，参与社区教育监测的主体主要有哪些？（多选）

① 上级教育行政部门

② 第三方专业教育评估机构或研究机构

③ 社区学习者

④ 外部评估专家

⑤ 第三方社会组织

⑥ 其他_____

11. 您所在地区在开展社区教育监测时，使用的监测方法主要有？（多选）

① 宏观统计数据分析　　　　② 大样本问卷调查

③ 专家现场考察　　　　　　④ 访谈

12. 当前，您所在地区社区教育监测结果发布与运用情况

	完全符合	比较符合	基本符合	不太符合	不符合
1. 能够定期形成、发布社区教育监测报告、年度统计报告等					
2. 智库和专业机构可以运用监测数据和结果开展专题研究					
3. 社区教育管理机构能够将监测结果与社区教育的发展联系起来，并应用于各级教育决策中					

(续表)

	完全符合	比较符合	基本符合	不太符合	不符合
4. 社区教育管理机构能够对整改效果进行效果追踪,实现评估结果的有效问责					
5. 没有开展社区教育监测					

13. 近5年,您所在地区社区教育工作获得的国家级和市级荣誉有(可扩充)

序号	荣誉名称	时间
1		
2		
3		
4		
5		
6		
7		
8		
9		
10		

14. 您所在地区社区教育的办学特色为_____

15. 您所在地区社区学院的品牌(特色)学习项目有_____个,名称为

16. 您所在地区社区教育(保障、管理、监测、办学等方面)还有哪些不足?
_____
_____

17. 您在推进社区教育工作(保障、管理、监测、办学等方面)有哪些建议?
_____
_____

附录三

访谈提纲

一、被访者的基本情况

1. 被访者的姓名、性别、年龄、学历水平；
2. 被访者的工作年限、从事社区教育工作年限；
3. 被访者的工作内容。

二、社区教育供给情况访谈

1. 您觉得教育现代化对社区教育供给带来哪些影响和趋势？
2. 您觉得当前社区教育供给发展和教育现代化还存在哪些差距或者需要提升的空间？
3. 党的二十大报告首次将"推进教育数字化"写入"办好人民满意的教育"部分，提出"推进教育数字化，建设全民终身学习的学习型社会、学习型大国"。您认为教育数字化对社区教育供给而言有哪些新挑战？
4. 您所在的地区有对社区教育供给进行监测吗？
5. 若有,您觉得对社区教育监测的效果如何？
6. 您认为在您从事社区教育管理工作和研究工作中社区教育供给还存在哪些问题？
7. 您觉得当前社区教育供给存在的这些问题如何解决？
8. 您所在的地区社区教育供给主要由哪些主体提供？主要采用哪些方式来提供资源、课程等？
9. 作为社区教育的管理者/研究者,您觉得当前社区教育供给的质量如何？
10. 在社区教育实践中,您有哪些比较有特色或者成功的社区教育供给案例？

图书在版编目(CIP)数据
教育现代化视域下社区教育供给研究/丁海珍著.
上海：复旦大学出版社,2024.9. -- ISBN 978-7-309-17514-1
Ⅰ.G779.2
中国国家版本馆 CIP 数据核字第 2024FM9037 号

教育现代化视域下社区教育供给研究
丁海珍　著
责任编辑/郭　峰

复旦大学出版社有限公司出版发行
上海市国权路 579 号　邮编：200433
网址：fupnet@fudanpress.com　　http://www.fudanpress.com
门市零售：86-21-65102580　　团体订购：86-21-65104505
出版部电话：86-21-65642845
上海新艺印刷有限公司

开本 787 毫米×960 毫米　1/16　印张 13.5　字数 228 千字
2024 年 9 月第 1 版
2024 年 9 月第 1 版第 1 次印刷

ISBN 978-7-309-17514-1/G・2606
定价：59.00 元

如有印装质量问题，请向复旦大学出版社有限公司出版部调换。
版权所有　　侵权必究